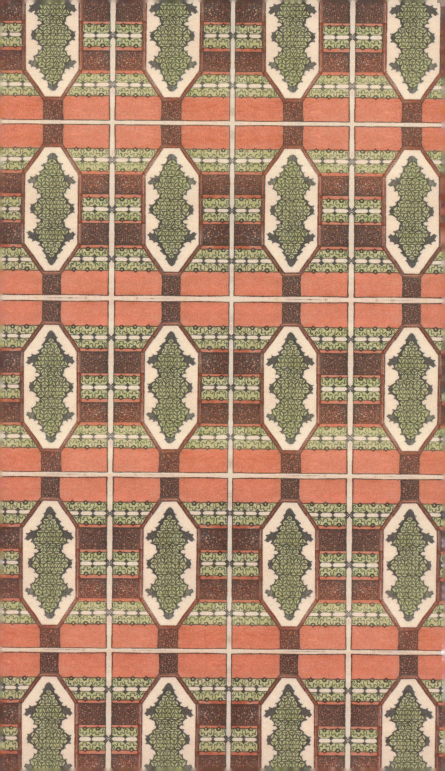

SIGMUND
FREUD
OBRAS COMPLETAS

SIGMUND
FREUD
OBRAS COMPLETAS VOLUME 3
PRIMEIROS ESCRITOS PSICANALÍTICOS
(1893-1899)

TRADUÇÃO PAULO CÉSAR DE SOUZA

2ª reimpressão

COMPANHIA DAS LETRAS

Copyright da tradução © 2023 by Paulo César Lima de Souza

Grafia atualizada segundo o Acordo Ortográfico da Língua Portuguesa de 1990, que entrou em vigor no Brasil em 2009.

Os textos deste volume foram traduzidos de *Gesammelte Werke*, volume I (Londres: Imago, 1952). Os títulos originais estão na página inicial de cada texto. A outra edição alemã referida é *Studienausgabe* (Frankfurt: Fischer, 2000).

Capa e projeto gráfico
Raul Loureiro / Claudia Warrak

Imagens das pp. 3 e 4, obras da coleção pessoal de Freud:
Estatueta de Vishnu, marfim, séc. XX
Sábio budista, ferro, dinastia Ming
Freud Museum, Londres

Preparação
Célia Euvaldo

Índice remissivo
Luciano Marchiori

Revisão
Ana Maria Barbosa
Huendel Viana

Dados Internacionais de Catalogação na Publicação (CIP)
(Câmara Brasileira do Livro, SP, Brasil)

Freud, Sigmund, 1856-1939.
  Obras completas, volume 3 : Primeiros escritos psicanalíticos (1893-1899) / Sigmund Freud; tradução Paulo César de Souza. — 1ª ed. — São Paulo: Companhia das Letras, 2023.

  Título original: Gesammelte Werke
  ISBN 978-65-5921-400-6

  1. Freud, Sigmund, 1856-1939 – Psicologia 2. Psicanálise
  I. Título.

22-137278   CDD-150.1952092

Índice para catálogo sistemático:
1. Psicanálise freudiana : Psicologia 150.1952092

Inajara Pires de Souza – Bibliotecária – CRB-PR-001652/O

Todos os direitos desta edição reservados à
EDITORA SCHWARCZ S.A.
Rua Bandeira Paulista, 702, cj. 32
04532-002 — São Paulo — SP
Telefone: (11) 3707-3500
www.companhiadasletras.com.br
www.blogdacompanhia.com.br
facebook.com/companhiadasletras
instagram.com/companhiadasletras
twitter.com/cialetras

SUMÁRIO

ESTA EDIÇÃO 9

PREFÁCIO A *REUNIÃO DE TEXTOS MENORES SOBRE A TEORIA DAS NEUROSES DOS ANOS DE 1893-1906* (1906) 13

CHARCOT (1893) 15

SOBRE O MECANISMO PSÍQUICO DOS FENÔMENOS HISTÉRICOS (1893) 32

AS NEUROPSICOSES DE DEFESA (1894) 49

OBSESSÕES E FOBIAS (1895) 68

SOBRE OS MOTIVOS PARA SEPARAR DA NEURASTENIA UM COMPLEXO DE SINTOMAS, A "NEUROSE DE ANGÚSTIA" (1895) 81
  [INTRODUÇÃO] 82
  I. SINTOMATOLOGIA CLÍNICA DA NEUROSE DE ANGÚSTIA 84
  II. INCIDÊNCIA E ETIOLOGIA DA NEUROSE DE ANGÚSTIA 94
  III. PRIMEIROS PASSOS PARA UMA TEORIA DA NEUROSE DE ANGÚSTIA 104
  IV. RELAÇÃO COM OUTRAS NEUROSES 111

A CRÍTICA À "NEUROSE DE ANGÚSTIA" (1895) 116

A HEREDITARIEDADE E A ETIOLOGIA DAS NEUROSES (1896) 139

NOVAS OBSERVAÇÕES SOBRE AS NEUROPSICOSES DE DEFESA (1896) 159
  I. A ETIOLOGIA "ESPECÍFICA" DA HISTERIA 161
  II. NATUREZA E MECANISMO DA NEUROSE OBSESSIVA 167
  III. ANÁLISE DE UM CASO DE PARANOIA CRÔNICA 176

A ETIOLOGIA DA HISTERIA (1896) 191

A SEXUALIDADE NA ETIOLOGIA DAS NEUROSES (1898) 232

O MECANISMO PSÍQUICO DO ESQUECIMENTO (1898) 263

LEMBRANÇAS ENCOBRIDORAS (1899) 275

TEXTOS BREVES (1897-1899) 304
  LISTA DOS TRABALHOS CIENTÍFICOS DO DR. SIGMUND FREUD, 1877-1897 305
  NOTA AUTOBIOGRÁFICA (1901 [1899]) 313

ÍNDICE REMISSIVO 315

ESTA EDIÇÃO

Esta edição das obras completas de Sigmund Freud pretende ser a primeira, em língua portuguesa, traduzida do original alemão e organizada na sequência cronológica em que apareceram originalmente os textos.

A afirmação de que são obras completas pede um esclarecimento. Não se incluem os textos de neurologia, isto é, não psicanalíticos, anteriores à criação da psicanálise. Isso porque o próprio autor decidiu deixá-los de fora quando se fez a primeira edição completa de suas obras, nas décadas de 1920 e 1930. No entanto, vários textos pré-psicanalíticos, já psicológicos, serão incluídos nos dois primeiros volumes. A coleção inteira será composta de vinte volumes, sendo dezenove de textos e um de índices e bibliografia.

A edição alemã que serviu de base para esta foi *Gesammelte Werke* [Obras completas], publicada em Londres entre 1940 e 1952. Agora pertence ao catálogo da editora Fischer, de Frankfurt, que também recolheu num grosso volume, intitulado *Nachtragsband* [Volume suplementar], inúmeros textos menores ou inéditos que haviam sido omitidos na edição londrina. Apenas alguns deles foram traduzidos para a presente edição, pois muitos são de caráter apenas circunstancial.

A ordem cronológica adotada pode sofrer pequenas alterações no interior de um volume. Os textos considerados mais importantes do período coberto pelo volume, cujos títulos aparecem na página de rosto, vêm em primeiro lugar. Em uma ou outra ocasião, são reunidos aqueles que tratam de um só tema, mas não foram publicados sucessivamente; é o caso dos artigos sobre a técnica psicanalítica, por exemplo. Por fim, os textos mais curtos são agrupados no final do volume.

Embora constituam a mais ampla reunião de textos de Freud, os dezessete volumes dos *Gesammelte Werke* foram sofrivelmente editados, talvez devido à penúria dos anos de guerra e de pós-guerra na Europa. Embora ordenados cronologicamente, não indicam sequer o ano da publicação de cada trabalho. O texto em si é em geral confiável, mas sempre que possível foi cotejado com a *Studienausgabe* [Edição de estudos], publicada pela Fischer em 1969-75, da qual consultamos uma edição revista, lançada posteriormente. Trata-se de onze volumes organizados por temas (como a primeira coleção de obras de Freud), que não incluem vários textos secundários ou de conteúdo repetido, mas incorporam, traduzidas para o alemão, as apresentações e notas que o inglês James Strachey redigiu para a *Standard Edition* (Londres: Hogarth Press, 1955-66).

O objetivo da presente edição é oferecer os textos com o máximo de fidelidade ao original, sem interpretações de comentaristas e teóricos posteriores da psicanálise, que devem ser buscadas na imensa bibliografia sobre o tema. Informações sobre a gênese de cada obra também podem ser encontradas na literatura secundária. Para questionamentos de pontos específicos e do próprio conjunto da teoria freudiana, o leitor deve recorrer à literatura crítica de F. Cioffi, J. Paris, M. Macmillan, E. Gellner e outros.

Após o título de cada texto há apenas a referência bibliográfica da primeira publicação, não a das edições subsequentes ou em outras línguas, que interessam tão somente a alguns especialistas. Entre parênteses se acha o ano da publicação original; havendo transcorrido mais de um ano entre a redação e a publicação, a data da redação aparece entre colchetes. As indicações bibliográficas do autor foram normalmente conservadas tais como ele as redigiu, isto é, não foram substituídas por edições mais recentes das obras citadas. Mas sempre é fornecido o ano da publicação, que, no caso de remissões do autor a seus próprios textos, permite que o leitor os localize sem maior dificuldade, tanto nesta como em outras edições das obras de Freud.

As notas do tradutor geralmente informam sobre os termos e passagens de versão problemática, para que o leitor tenha uma ideia mais precisa de seu significado e para justificar em alguma medida as soluções aqui adotadas. Nessas notas são reproduzidos os equivalentes achados em algumas versões estrangeiras dos textos, em línguas aparentadas ao português e ao alemão. Não utilizamos as duas versões das obras completas já publicadas em português, das editoras Delta e Imago, pois não foram traduzidas do alemão, e sim do francês e do espanhol (a primeira) e do inglês (a segunda).

No tocante aos termos considerados técnicos, não existe a pretensão de impor as escolhas aqui feitas como se fossem absolutas. Elas apenas pareceram as menos insatisfatórias para o tradutor, e os leitores e profissionais que empregam termos diferentes, conforme suas diferentes abordagens e percepções da psicanálise, devem sentir-se à vontade para conservar suas opções — que cada qual seja "feliz à sua maneira", como disse aquele famoso rei da Prússia, citado por Freud.

P.C.S.

PREFÁCIO A *REUNIÃO DE TEXTOS MENORES SOBRE A TEORIA DAS NEUROSES DOS ANOS DE 1893-1906* (1906)*

Atendendo a várias solicitações, resolvi apresentar aos colegas especialistas esta coletânea, que reúne os trabalhos menos extensos sobre as neuroses que publiquei desde 1893. São catorze textos, na maioria comunicações provisórias, que foram publicados em arquivos científicos ou revistas médicas, três deles em francês. Os dois últimos, exposições sucintas do meu ponto de vista atual sobre a etiologia e o tratamento das neuroses, foram tirados dos conhecidos volumes de L. Löwenfeld, *Die psychichen Zwangserscheinungen* [Os fenômenos psíquicos obsessivos], de 1904, e *Sexualleben und Nervenleiden* [Vida sexual e doença nervosa], de 1906 (4. ed.); escrevi-os por sugestão desse autor e amigo.**

Esta reunião serve como introdução e complemento a minhas publicações maiores que abordam os mesmos temas (*Estudos sobre a histeria*, em colaboração com o dr. J. Breuer, 1895; *A interpretação dos sonhos*, 1900;

---

* Prefácio a *Sammlung kleiner Schriften zur Neurosenlehre aus den Jahren 1893-1906*; traduzido de *Gesammelte Werke I*, pp. 557-8. [As notas chamadas por asterisco e as interpolações às notas do autor, entre colchetes, são de autoria do tradutor. As notas do autor são sempre numeradas.]

** Os "dois últimos textos" a que Freud se refere são de 1904 e 1906 e se acham no v. 6 destas *Obras completas*; dos três redigidos em francês, o primeiro é de 1893 e faz parte do v. 1 desta nossa edição, enquanto os dois outros estão incluídos no presente volume.

Psicopatologia da vida cotidiana, 1901 e 1904; *O chiste e sua relação com o inconsciente*, 1905; *Três ensaios sobre a teoria da sexualidade*, 1905; *Análise fragmentária de uma histeria*, 1905). O fato de eu haver posto o obituário de J.-M. Charcot no início desta coletânea pretende não só cumprir um dever de gratidão, como também marcar o ponto em que meu próprio trabalho começa a se diferenciar daquele do mestre.

Quem estiver familiarizado com a evolução do conhecimento humano não se surpreenderá com a informação de que nesse ínterim superei uma parte das opiniões aqui expostas, ao mesmo tempo que modifiquei outra parte delas. Mas a maioria pude conservar inalterada, e não há nada que eu necessite retirar por ser totalmente errado ou sem valor.

CHARCOT
(1893)

PUBLICADO PRIMEIRAMENTE EM *WIENER MEDIZINISCHE WOCHENSCHRIFT* [SEMANÁRIO MÉDICO DE VIENA], 43 (37), PP. 1513-20.
TRADUZIDO DE *GESAMMELTE WERKE I*, PP. 21-35.

Em 16 de agosto passado, Jean-Martin Charcot foi levado repentinamente pela morte, sem enfermidade ou sofrimento, encerrando uma vida feliz e notável. Nele a jovem ciência da neurologia perdeu precocemente seu maior incentivador, os neurologistas de todo o mundo perderam seu mestre, e a França, um de seus primeiros nomes. Ele tinha apenas 68 anos de idade, e sua robustez física e vivacidade intelectual pareciam, em consonância com seu desejo explícito, destiná-lo à longevidade de que fruíram não poucos trabalhadores intelectuais deste século. Os nove imponentes volumes de suas *Oeuvres complètes*, em que seus alunos reuniram suas contribuições à medicina e à neuropatologia, as *Leçons du mardi*, os informes anuais de sua clínica na Salpêtrière e outras obras mais — todas essas publicações sempre serão valiosas para a ciência e os seus discípulos, mas não poderão substituir o homem, que ainda tinha muito a nos dar e nos ensinar, e de cuja pessoa ou obra ninguém se aproximou sem aprender algo.

Ele sentia uma honesta e humana alegria pelo grande sucesso, e gostava de falar do seu começo e do caminho que percorrera. Sua curiosidade científica foi despertada cedo, já quando era um jovem *interne*,* segundo contou, graças ao rico — e incompreendido, naquele tempo — material neuropatológico que aparecia no hospital. Quando, juntamente com o médico-chefe, fazia a visita a uma das alas da Salpêtrière (no asilo para mulheres), passando

---

* Estudante de medicina que estagiava num hospital e substituía eventualmente o médico.

pela selva de paralisias, convulsões e espasmos, para os quais há quarenta anos não havia nome nem compreensão, ele costumava dizer: *Faudrait y retourner et y rester* [Seria preciso voltar ali e ali ficar], e manteve a palavra. Ao se tornar *médecin des hôpitaux* [médico-chefe de um hospital], logo buscou trabalhar na Salpêtrière, numa daquelas seções que abrigavam os doentes de nervos, e, uma vez ali, lá permaneceu — em lugar de, como podem fazer os médicos-chefes na França, mudar regularmente de hospital e de seção, e, portanto, de especialidade também.

Assim, aquela sua primeira impressão e o propósito que suscitou se tornaram decisivos em todo o seu desenvolvimento posterior. Dispor de um grande número de doentes crônicos permitiu-lhe utilizar o talento que era seu. Não era um homem reflexivo, um pensador, e sim alguém artisticamente dotado; como ele próprio disse, um *visuel* [visual], alguém que vê. Ele nos contou o seguinte sobre a sua maneira de trabalhar. Disse que costumava olhar sempre de novo para as coisas que não entendia, aprofundando a impressão a cada dia, até que subitamente lhe vinha a compreensão delas. Ante o olhar do seu espírito adquiria ordem, então, o aparente caos que era a repetição dos mesmos sintomas; surgiam os novos quadros nosológicos, caracterizados pela constante união de certos grupos de sintomas. Os casos extremos e completos, os "tipos", eram destacados mediante certa esquematização, e, partindo desses tipos, o olhar avistava a longa série de casos atenuados, de *formes frustes* ["formas gastas" ou "toscas"], que, a partir desse ou daquele traço característico do tipo, acabavam em algo indefinido. Esse gênero de trabalho intelectual, em que era ímpar, ele denominava "fazer nosografia", e tinha orgulho dele. Podíamos ouvi-lo dizer que a maior satisfação que alguém pode ter é enxergar algo novo, isto é, percebê-lo como novo, e em seus comentários ele sempre retornava a esse ponto, às dificuldades e méritos desse "enxergar". Indagava por que as pessoas da medicina enxergam apenas o que aprenderam a enxergar, dizia como é maravilhoso o fato de subitamente conseguirmos ver coisas novas — novas doenças — que provavelmente são tão antigas quanto a humanidade, e que ele próprio devia admitir que enxergava coisas, naquele momento, que por trinta anos havia ignorado nas salas de enfermos. A nenhum médico precisamos lembrar a riqueza de formas que a neuropatologia ganhou graças a ele, a precisão e a segurança de diagnóstico que foram possibilitadas por suas observações. Mas o discípulo que o acompanhava nas longas visitas aos salões de pacientes da Salpêtrière — esse museu de fatos clínicos, cujos nomes e traços peculiares eram devidos, na maior parte, a ele próprio — recordava-se de Cuvier, cuja estátua, na frente do *Jardin des plantes* [o jardim botânico de Paris], mostra esse grande conhecedor e caracterizador do mundo animal rodeado de uma multidão de figuras de animais, ou tinha de pensar no mito de Adão, que provavelmente sentiu em alto grau, quando Deus lhe mostrou os seres vivos do paraíso para separar e nomear, o prazer intelectual que Charcot tanto louvou.

Charcot também não se cansava de defender a intromissão da medicina teórica, os direitos do trabalho puramente clínico, que consiste em ver e ordenar. Certa vez, éramos um pequeno grupo de estudantes estrangeiros, educados na fisiologia acadêmica alemã, e o incomodávamos com objeções a suas novidades clínicas: "Isso não pode ser", disse-lhe um de nós, "isso vai de encontro à teoria de Young-Helmholtz". Ele não respondeu: "Tanto pior para a teoria, os fatos clínicos têm a primazia" ou coisa parecida; falou algo que nos deixou uma grande impressão: *"La théorie, c'est bon, mais ça n'empêche pas d'exister"* [A teoria é algo bom, mas não impede que as coisas existam].

Por muitos anos Charcot foi o titular da cadeira de anatomia patológica em Paris, e os trabalhos e conferências de neuropatologia, que ele realizava por iniciativa própria, como atividade paralela, trouxeram-lhe fama também no exterior. Para a neuropatologia, porém, foi uma sorte que o mesmo homem pudesse se encarregar das duas funções: por um lado, estabeleceu os quadros nosológicos mediante a observação clínica; por outro lado, mostrou que a mesma alteração anatômica se achava na base da doença, tanto no tipo como na *forme fruste*. É de conhecimento geral o êxito que esse método anatômico-clínico de Charcot alcançou no âmbito das doenças nervosas orgânicas — tabes, esclerose múltipla, esclerose lateral amiotrófica etc. Com frequência, eram necessários anos de espera paciente até se provar a existência de alteração orgânica nessas doenças crônicas que não levam diretamente à morte, e apenas uma instituição para doentes incuráveis como a Salpêtrière permitia acompanhar os pacientes por tão longos períodos. Charcot fez a primeira constatação desse tipo quando ainda não dispunha de um departamento. Por acaso, quando era estudante teve uma faxineira que sofria de um tremor peculiar e não conseguia trabalho devido à falta de habilidade. Ele percebeu que sua condição era a *paralysie choréiforme* [paralisia coreiforme], já descrita por Duchenne, mas de fundamento ignorado. Charcot manteve a interessante faxineira, embora ao longo dos anos ela viesse a lhe custar uma pequena fortuna em pratos e travessas. Quando ela morreu, por fim, ele pôde demonstrar que a *paralysie choréiforme* era a expressão clínica da esclerose múltipla cerebrospinal.

A anatomia patológica deve auxiliar a neuropatologia de duas formas: além de mostrar a existência da alteração mórbida, pode constatar sua localização, e todos sabemos que nos últimos vinte anos a segunda parte dessa tarefa despertou maior interesse e foi mais promovida. Também nesse trabalho a colaboração de Charcot foi extraordinária, embora as descobertas pioneiras não partissem dele. Inicialmente ele seguiu os passos de nosso conterrâneo Ludwig Türck, que, conforme dizem, viveu e pesquisou em relativo isolamento entre nós, e quando houve as duas grandes inovações que iniciaram uma nova era para o nosso conhecimento da "localização das doenças dos nervos" — os experimentos de estimulação de Hitzig e Fritsch e as descobertas de Flechsig sobre o desenvolvimento da medula —, ele fez, em suas conferências sobre a localização, a maior e melhor contribuição para harmonizar as novas teorias com o trabalho clínico e torná-las fecundas. No tocante, em especial, à relação da musculatura corporal com a zona motora do cérebro humano, devo lembrar que por muito tempo a natureza e a topografia mais exatas dessa relação permaneceram em aberto (havia representação conjunta das duas extremidades nos mesmos pontos? Ou representação da extremidade superior na circunvolução central anterior e da inferior na central posterior, ou seja, disposição vertical?), até que, enfim, observações clínicas prolongadas e experimentos de estímulo e de extirpação em pessoas vivas, por ocasião de cirurgias, decidiram em favor da opinião de Charcot e Pitres, segundo a qual o terço médio das circunvoluções centrais serve sobretudo para representar os braços, e o terço superior e a parte medial, para representar as pernas; ou seja, que há uma disposição horizontal na região motora.

Não conseguiríamos demonstrar a importância de Charcot para a neuropatologia enumerando cada uma de suas realizações, pois nos últimos vinte anos não houve muitos temas de algum interesse em cuja formulação e discussão a escola da Salpêtrière não participasse destacadamente. "A escola da Salpêtrière" era, naturalmente, o próprio Charcot, que com a riqueza de sua experiência, a transparente clareza de sua dicção e a plasticidade de suas descrições podia ser reconhecido, sem dificuldade, em cada trabalho dos discípulos. No círculo de estudantes que ele juntou ao seu redor e transformou em participantes de suas pesquisas, alguns desenvolveram consciência da própria individualidade e fizeram uma brilhante reputação, e às vezes aconteceu de um deles vir com uma afirmação que o mestre achava antes engenhosa que correta e que contestava ironicamente em palestras e conversas, sem que isso afetasse a harmoniosa relação com o discípulo. De fato, Charcot deixa uma legião de discípulos, e a qualidade intelectual e realizações destes são garantia de que a prática da neuropatologia em Paris não descerá tão cedo da altura a que Charcot a levou.

Em Viena já pudemos notar, repetidas vezes, que a importância intelectual de um professor acadêmico não vem necessariamente ligada a uma direta influência pessoal sobre os jovens, que se manifesta na criação de uma escola numerosa e significativa. Se Charcot foi bem mais feliz nesse ponto, devemos creditar isso às suas qualidades pessoais, ao encanto que emanava de sua figura e sua voz, à afável franqueza que distinguia seu comportamento assim que a relação com alguém ultrapassava o estágio inicial de distanciamento, à boa vontade com que punha tudo à disposição dos discípulos e à fidelidade que lhes teve por toda a vida. As horas que ele passava em suas alas de enfermos eram horas de convivência e troca de ideias com toda a sua equipe médica. Ele nunca se isolava nessas ocasiões; o mais jovem dos médicos tinha oportunidade de vê-lo trabalhar e podia interrompê-lo no trabalho, e da mesma liberdade gozavam os estrangeiros, que em anos posteriores nunca faltavam nas visitas dele aos doentes. Por fim, à noite, quando madame Charcot abria sua hospitaleira casa a uma companhia seleta — secundada por uma filha talentosa que se desenvolvia à semelhança do pai —, os discípulos e assistentes do marido sempre se achavam presentes e saudavam os convidados como se fossem parte da família.

Em 1882 ou 1883, as circunstâncias da vida e do trabalho de Charcot assumiram forma definitiva. Percebeu-se que a obra desse homem constituía parte da glória nacional, da qual se cuidava com zelo ainda maior após a desventurada guerra de 1870-1. O governo, à cuja frente se achava o velho amigo de Charcot, Gambetta, instituiu para ele uma cadeira de neuropatologia na faculdade — pela qual ele pôde abandonar a anatomia patológica — e criou uma clínica e institutos científicos anexos na Salpêtrière. *"Le service de M. Charcot"* passou a compreender, além das antigas salas de mulheres pacientes crônicas, também aposentos em que homens eram acolhidos, um grande ambulatório (a *consultation externe*), um laboratório de histologia, um museu, um departamento de eletroterapia, outro de olhos e ouvidos e um estúdio fotográfico especial, e todas essas coisas também foram motivos para ligar permanentemente à clínica ex-assistentes e discípulos, em posições estáveis. As construções de dois andares, de aparência desgastada, e os pátios que abrangiam, lembravam aos estrangeiros o nosso Hospital Geral, mas a semelhança não ia muito longe. "Talvez não seja bonito aqui", dizia Charcot ao mostrar ao visitante seus domínios, "mas há espaço para tudo o que se deseja fazer."

Charcot estava no auge da vida quando lhe colocaram à disposição essa abundância de recursos de ensino e pesquisa. Ele era um trabalhador incansável, sempre o mais diligente de toda a instituição, creio. Seu consultório privado, ao qual afluíam doentes "de Samarcanda e das Antilhas", não o afastava de suas atividades docentes e das pesquisas. Toda essa gente, sem dúvida, não buscava apenas o pesquisador célebre, mas igualmente o grande médico e benfeitor, que sempre conseguia achar uma resposta, e que bem intuía, quando o estado da ciência não lhe permitia saber. Com frequência lhe criticaram a terapia, que pela variedade de prescrições só podia ofender uma consciência racionalista, mas ele simplesmente prosseguiu com os métodos habituais da época e do lugar, sem se iludir muito quanto à sua eficácia. De resto, não era pessimista em sua expectativa terapêutica e continuamente favoreceu os ensaios de novos métodos de tratamento em sua clínica — tentativas essas cujo êxito breve se explicava por outras causas.

Como professor, Charcot era verdadeiramente cativante; cada uma de suas aulas era uma pequena obra de arte na construção e no desenvolvimento, de forma consumada, e eficaz de uma maneira que pelo restante do dia não nos saíam da mente as palavras escutadas e o assunto demonstrado. Raramente ele fazia a demonstração num só paciente, geralmente recorria a uma série deles ou a casos opostos que comparava. Na sala onde dava suas aulas havia uma pintura que mostrava o "cidadão" Pinel fazendo tirarem os grilhões dos pobres loucos da Salpêtrière; esse hospício, que tantos horrores presenciara durante a Revolução Francesa, foi também o lugar da mais humana das revoluções. Nessas aulas, o próprio mestre Charcot causava uma impressão singular; ele, que normalmente transbordava de jovialidade e energia e sempre tinha algo espirituoso a dizer, aparecia então sério e solene com o seu boné de veludo, até mesmo envelhecido, sua voz soava como que amortecida, e nós podíamos entender por que estrangeiros malevolentes chegavam a criticar toda a aula por sua teatralidade. Aqueles que assim falavam talvez estivessem habituados à ausência de forma das aulas clínicas alemãs, ou esquecessem que Charcot dava apenas *uma* aula por semana, que podia preparar cuidadosamente, portanto.

Com essas aulas solenes, em que tudo era preparado e tinha que dar certo, Charcot seguia provavelmente uma tradição arraigada; mas ele também sentia necessidade de proporcionar aos ouvintes um quadro menos polido de sua atividade. Para isso utilizava o ambulatório da clínica, do qual se ocupava nas chamadas *Leçons du mardi* [Aulas das terças-feiras]. Lá ele abordava casos que lhe eram totalmente desconhecidos, expunha-se a todas as vicissitudes de um exame, a todos os equívocos de uma primeira indagação, despia-se de sua autoridade para eventualmente confessar que num caso não tinha diagnóstico, que em outro a aparência o enganara, e nunca parecia tão grande aos seus ouvintes do que quando, pela minuciosa exposição dos seus raciocínios, pela total franqueza quanto a suas dúvidas e hesitações, se empenhava em diminuir o abismo entre o professor e os alunos. A publicação dessas conferências improvisadas dos anos de 1887 e 1888, primeiro em francês, depois também em alemão, ampliou enormemente o seu círculo de admiradores, e nunca uma obra de neuropatologia teve tamanho sucesso com os leitores médicos.

Aproximadamente na mesma época em que a clínica foi fundada e ele se afastou da anatomia patológica, houve uma mudança nos interesses científicos de Charcot, à qual devemos os seus mais belos trabalhos. Ele declarou que a teoria das doenças nervosas orgânicas estava completa naquele momento e começou a se dedicar quase exclusivamente à histeria, que assim, de repente, tornou-se o foco da atenção geral. Essa tão enigmática doença nervosa, sobre a qual os médicos ainda não tinham desenvolvido uma boa hipótese que permitisse estudá-la, havia caído em descrédito então, e isso se estendia tanto aos doentes como aos médicos que se ocupavam da neurose. Afirmava-se que na histeria tudo era possível e não se acreditava nos histéricos. Primeiramente, o trabalho de Charcot restituiu dignidade ao tema; pouco a pouco as pessoas abandonaram o sorriso derrisório, com que na época uma doente certamente contava; ela não era mais uma fingidora, já que Charcot, com toda a sua autoridade, defendia a autenticidade e objetividade dos fenômenos histéricos. Ele repetiu, em escala menor, o ato liberador devido ao qual o retrato de Pinel adornava o auditório da Salpêtrière. Uma vez removido o cego temor de ser enganado pelas pobres doentes, que até então impedira um estudo sério da neurose, podia-se indagar que espécie de abordagem levaria mais rapidamente à solução do problema. Um observador despreconcebido faria a seguinte ligação: se vejo alguém num estado com todos os sinais de um afeto doloroso, chorando, gritando, se torcendo, devo supor nesse alguém um processo psíquico cuja manifestação legítima são esses fenômenos físicos. Uma pessoa sadia seria capaz de informar qual impressão a atormenta; uma histérica responderia que não sabe, e logo se poria o problema de como um paciente histérico é dominado por um afeto cujo motivo ele afirma não conhecer. Se nos ativermos à conclusão de que é preciso que haja um processo psíquico correspondente, mas acreditarmos na afirmação do paciente, que o nega; se juntarmos os muitos indícios de que o paciente age como se o soubesse; se pesquisarmos a vida do paciente e nela encontrarmos um ensejo, um trauma que gerasse precisamente tais manifestações afetivas — então tudo isso apontará para uma solução: a de que o doente se acha num estado psíquico especial, em que as impressões ou lembranças delas não são mais ligadas por um laço, em que é possível uma lembrança externar seu afeto por fenômenos físicos sem que o grupo dos outros processos psíquicos, o Eu, saiba ou possa intervir, e a lembrança da conhecida diferença psicológica entre sono e vigília poderia diminuir a estranheza dessa hipótese. Não se objete que a teoria de uma cisão da consciência como solução para o enigma da histeria é demasiado distante para se impor a um observador despreconcebido e despreparado. Na verdade, a Idade Média escolheu essa solução ao declarar que a possessão por um demônio era a causa dos fenômenos histéricos; seria apenas questão de substituir a terminologia religiosa daquele tempo obscuro e supersticioso pela linguagem científica da atualidade.

Charcot não seguiu esse caminho para o esclarecimento da histeria, embora extraísse muita coisa dos relatos de processos de bruxas e de possessão para mostrar que as manifestações da neurose eram iguais às de hoje. Ele tratou a histeria como mais um tema da neuropatologia, fez a descrição completa de suas manifestações, apontou para as regras e leis dessas, ensinou a conhecer os sintomas que possibilitam um diagnóstico da histeria. As cuidadosas investigações que partiram dele e de seus discípulos se estenderam para os transtornos sensoriais da histeria na pele e nos tecidos profundos, o comportamento dos órgãos sensoriais, as peculiaridades das contrações e paralisias histéricas, dos distúrbios tróficos e das alterações do metabolismo. As muitas formas de ataque histérico foram descritas, foi feito um esquema que mostrava a configuração típica em quatro estágios do grande ataque histérico e permitia que se relacionassem os "pequenos" ataques comumente observados a essa configuração; assim também foram estudadas a localização e a frequência das chamadas "zonas histerogênicas", sua relação com os ataques etc. Dispondo-se de todos esses conhecimentos sobre o fenômeno da histeria, fez-se uma série de descobertas surpreendentes; foi encontrada a histeria no sexo masculino, em especial nos homens da classe trabalhadora, com uma frequência que não se imaginava; os médicos se convenceram de que certas coisas que se atribuía à intoxicação por álcool e chumbo faziam parte da histeria, e puderam incluir na histeria um bom número de afecções até então não compreendidas e isoladas, e distinguir a parte própria da histeria quando a neurose se juntava a afecções em quadros complexos. As pesquisas de maior alcance foram provavelmente sobre as doenças nervosas após traumas severos, as "neuroses traumáticas", cujo entendimento ainda agora se discute, a respeito das quais Charcot defendeu exitosamente a relação com a histeria.

Depois que as mais novas ampliações do conceito de histeria levaram tão frequentemente à rejeição dos diagnósticos etiológicos, surgiu a necessidade de investigar a etiologia da histeria. Charcot apresentou uma fórmula simples para ela: a única causa deve ser a hereditariedade; a histeria é, portanto, uma forma de degeneração, um membro da *famille névropathique*; todos os demais fatores etiológicos têm o papel de causas eventuais, de *agents provocateurs*.

Naturalmente, a construção desse grande edifício não se deu sem veemente oposição, mas era o infecundo antagonismo de uma velha geração que não queria ver suas concepções alteradas; os mais jovens entre os neuropatologistas, também na Alemanha, aceitaram em maior ou menor grau as teorias de Charcot. Ele próprio estava seguro da vitória de suas teorias sobre a histeria; se alguém lhe objetasse que os quatro estágios do ataque de histeria, a histeria em homens etc. não eram observados fora da França, ele sublinhava quanto tempo ele mesmo havia deixado de ver essas coisas e repetia que a histeria era a mesma em todos os lugares e todos os tempos. Era muito sensível à afirmação de que os franceses são um povo mais neurótico que os outros, de que a histeria é uma espécie de mau costume nacional, e alegrou-se quando um artigo sobre "um caso de epilepsia reflexa", de um granadeiro prussiano, tornou-lhe possível fazer um diagnóstico de histeria à distância.

Num ponto de seu trabalho, Charcot ainda ultrapassou o nível do seu tratamento usual da histeria e deu um passo que lhe assegurou para sempre a fama de ter sido o primeiro a explicar a histeria. Ao se ocupar do estudo das paralisias histéricas resultantes de traumas, teve a ideia de reproduzir artificialmente essas paralisias — que antes havia diferenciado cuidadosamente das orgânicas —, e para isso utilizou pacientes histéricos que pôs em estado de sonambulismo mediante a hipnose. Assim conseguiu provar, numa impecável cadeia de inferências, que tais paralisias são consequência de representações que dominaram o cérebro do paciente em momentos de disposição especial. Desse modo explicou-se pela primeira vez o mecanismo de um fenômeno histérico, e esse magnífico exemplo de pesquisa clínica foi depois retomado por seu discípulo Pierre Janet, por Breuer e outros, para esboçar uma teoria da neurose que coincide com o entendimento da Idade Média, após substituir por uma fórmula psicológica o "demônio" da fantasia clerical.

O fato de Charcot lidar com fenômenos hipnóticos em histéricos promoveu enormemente esse campo relevante de fatos até então negligenciados e desprezados, pois o peso do seu nome acabou em definitivo com as dúvidas quanto à realidade das manifestações hipnóticas. Mas o assunto puramente psicológico não condizia com a abordagem exclusivamente nosográfica que ele encontrou na escola da Salpêtrière. A limitação do estudo da hipnose aos pacientes histéricos, a diferenciação entre hipnotismo grande e pequeno, a postulação dos três estágios da "grande hipnose" e sua caracterização por fenômenos somáticos — tudo isso diminuiu de valor na estima dos contemporâneos quando Bernheim, discípulo de Liébault, pôs-se a construir a teoria do hipnotismo numa base psicológica mais abrangente e a fazer da sugestão o núcleo da hipnose. Somente os opositores do hipnotismo, que se contentam em ocultar a falta de experiência própria evocando uma autoridade, ainda se atêm às postulações de Charcot e gostam de usar um pronunciamento seu dos últimos anos, em que negou qualquer importância terapêutica à hipnose.

Também as teorias etiológicas que Charcot defendeu em sua doutrina da *famille névropathique*, e das quais fez o fundamento de toda a sua concepção das doenças nervosas, logo irão necessitar de mudanças e correções. Ele superestimou de tal forma a hereditariedade como causa que não deixou espaço para as neuropatias adquiridas, concedeu à sífilis um papel muito modesto entre os *agents provocateurs* e não distinguiu com suficiente clareza as afecções orgânicas das neuroses, nem quanto à etiologia nem nos demais aspectos. É inevitável que o progresso da nossa ciência, ao ampliar nossos conhecimentos, também reduza o valor de parte do que Charcot nos ensinou; mas mudança nenhuma dos tempos e das opiniões poderá diminuir a glória do homem cuja perda agora pranteamos — na França e em outros países.

Viena, agosto de 1893.

SOBRE O MECANISMO PSÍQUICO DOS FENÔMENOS HISTÉRICOS (1893)

TÍTULO ORIGINAL: "ÜBER DEN PSYCHISCHEN MECHANISMUS HYSTERISCHER PHÄNOMENE". PUBLICADO PRIMEIRAMENTE EM *WIENER MEDIZINISCHE PRESSE*, 34, N. 4, PP. 121-6, E N. 5, PP. 165-7. TRADUZIDO DE *GESAMMELTE WERKE. NACHTRAGSBAND*, PP. 183-95. TAMBÉM SE ACHA EM *STUDIENAUSGABE* VI, PP. 9-24.

Prezados senhores:[1]

Venho lhes falar de um trabalho cuja primeira parte já apareceu na *Zentralblatt für Neurologie* [Folha Central de Neurologia], assinada por Josef Breuer e por mim. Como veem pelo título, ele trata da patogênese dos sintomas histéricos e indica que as causas imediatas para o surgimento de tais sintomas devem se encontrar no âmbito da vida psíquica.

Antes de abordar o conteúdo desse trabalho conjunto, devo lhes explicar que posição ele ocupa e mencionar o autor e a descoberta que, ao menos na questão, nos serviram como ponto de partida, embora a nossa contribuição tenha se desenvolvido de forma independente.

Como os senhores sabem, todos os nossos progressos recentes na compreensão e no conhecimento da histeria derivam da obra de Charcot. Na primeira metade dos anos 1880, ele começou a dirigir a atenção à histeria, à "grande neurose", como dizem os franceses. Numa série de pesquisas, conseguiu demonstrar a existência de regularidades e leis ali onde a observação clínica de outros, insuficiente ou aborrecida, enxergara apenas simulação ou arbítrio misterioso. Pode-se dizer que remonta ao seu estímulo, direta ou indiretamente, tudo o que nos últimos tempos aprendemos de novo sobre a histeria. Mas entre os muitos trabalhos de Charcot, nenhum sobressai

---

[1] Conferência proferida pelo dr. Sigmund Freud no encontro do "Clube de Medicina de Viena", em 11 de janeiro de 1893. Texto estenografado revisto pelo conferencista. [Nota da publicação original.]

tanto, na minha avaliação, quanto aquele em que nos ensinou a entender as paralisias traumáticas que surgem na histeria, e, como é justamente a esse trabalho que o nosso dá continuação, permitam-me tratar desse tema mais uma vez perante os senhores.

Imaginem o caso de um indivíduo que, não tendo adoecido antes, e talvez sem qualquer problema hereditário, é afetado por um trauma. Esse trauma tem de preencher certas condições; tem de ser grave, isto é, de um tipo que envolva a ideia de um perigo mortal, de ameaça à existência. Mas não pode ser grave no sentido de fazer cessar a atividade psíquica; de outro modo, não haverá o efeito que dele esperamos. Não pode, digamos, implicar uma comoção cerebral, uma lesão realmente grave. Além disso, precisa ter uma relação especial com uma parte do corpo. Imaginem que uma madeira pesada atinja um trabalhador no ombro. Esse golpe o derruba, mas ele logo se convence de que nada aconteceu e vai para casa com uma leve contusão. Após algumas semanas, ou meses, ele acorda uma manhã e nota que o braço sujeito ao trauma está inerte, paralisado, depois que ele o utilizou normalmente naquele intervalo, no período de incubação, por assim dizer. Se for um caso típico, pode acontecer que ataques peculiares sobrevenham, que após uma aura o indivíduo subitamente caia, se enraiveça, delire, e, se ele fala durante esse delírio, do que ele diz se pode concluir que nele se repete a cena do acidente, talvez enriquecida de fantasias diversas. O que aconteceu aí, como explicar esse fenômeno?

Charcot explica esse processo reproduzindo-o, gerando artificialmente a paralisia num doente. Para isso, necessita de um paciente que já se encontre num estado histérico, do estado de hipnose e do método da sugestão. Ele põe esse doente em hipnose profunda, dá-lhe um leve golpe no braço, esse braço cai, fica paralisado e exibe os mesmos sintomas de uma paralisia traumática espontânea. O golpe também pode ser substituído por uma sugestão verbal direta: "Olhe, seu braço está paralisado"; também então a paralisia mostra as mesmas características.

Procuremos estabelecer uma analogia entre os dois casos: de um lado, o trauma; do outro, a sugestão traumática. O resultado final, a paralisia, é exatamente o mesmo em ambos os casos. Se o trauma de um caso pode ser substituído pela sugestão verbal no outro caso, é plausível supor que também na paralisia traumática espontânea essa ideia tenha sido responsável pelo surgimento da paralisia, e, de fato, vários pacientes relatam que no momento do trauma tiveram de fato a sensação de que seu braço era esmagado. Assim, o trauma poderia realmente ser equiparado à sugestão verbal. Mas falta uma terceira coisa para completar a analogia. Para que a ideia "o braço está paralisado" pudesse mesmo provocar no doente uma paralisia, era necessário que ele se encontrasse em estado de hipnose. O trabalhador não estava em hipnose, mas podemos supor que durante o trauma ele se achava num estado de espírito especial, e Charcot se inclina a comparar esse afeto ao estado artificialmente suscitado da hipnose. Desse modo, a paralisia traumática espontânea é inteiramente explicada e equiparada à paralisia criada por meio da sugestão, e a gênese do sintoma é inequivocamente determinada pelas circunstâncias do trauma.

Charcot repetiu esse experimento para explicar as contraturas e dores que aparecem na histeria traumática, e eu diria que dificilmente ele terá penetrado mais a fundo na compreensão da histeria do que nessa questão. Mas nesse ponto termina sua análise, ele não nos diz como surgem outros sintomas nem, sobretudo, como vêm a ocorrer os sintomas histéricos na histeria comum, não traumática.

Prezados senhores, mais ou menos na época em que Charcot esclarecia dessa forma as paralisias histero-traumáticas, o dr. Breuer dava assistência, entre 1880 e 1882, a uma jovem mulher que — com etiologia não traumática — havia contraído, cuidando do pai doente, uma severa e complicada histeria com paralisias, contraturas, perturbações da fala e da visão e todas as peculiaridades psíquicas possíveis.* Esse caso sempre terá importância na história da histeria, pois foi o primeiro em que o médico teve sucesso em elucidar todos os sintomas do estado histérico, verificar a origem de cada sintoma e, ao mesmo tempo, encontrar o caminho para fazer desaparecer o sintoma; foi, digamos, o primeiro caso de histeria tornado transparente. O dr. Breuer conservou para si as conclusões tiradas desse caso, até ter a certeza de que não era algo isolado. Depois que voltei,

---

* Referência a Anna O., o primeiro caso de *Estudos sobre a histeria* (1895).

em 1886, de um período de estudos com Charcot, comecei, sempre em entendimento com Breuer, a observar detidamente uma série maior de casos e a investigá-los nessa direção, e descobri que o comportamento daquela paciente era típico, na verdade, e que as conclusões que esse caso justificava podiam ser transpostas para uma série mais ampla de indivíduos histéricos, se não para todos eles.

Nosso material consistia em casos de histeria comum, ou seja, não traumática; procedíamos indagando, a cada sintoma, sobre as circunstâncias em que ele surgira primeiramente, e assim também buscávamos ter uma noção clara sobre a causa precipitadora que possivelmente teria sido determinante para esse sintoma. Ora, os senhores não devem pensar que esse é um trabalho simples. Quando perguntamos aos pacientes a respeito disso, em geral não obtemos resposta de início; num pequeno grupo de casos, os doentes têm seus motivos para não dizer o que sabem; em um número maior de casos, os pacientes não fazem mesmo ideia da relação entre os sintomas. O meio para saber algo é difícil; ele é o seguinte. Deve-se hipnotizar os doentes e depois lhes perguntar pela origem de determinado sintoma, quando surgiu pela primeira vez e de que se lembraram eles na ocasião. Enquanto se acham nesse estado, volta a recordação de que não dispõem no estado de vigília. Desse modo descobrimos que — expressando-o de forma um tanto grosseira — por trás da maioria, senão de todos os fenômenos da histeria, há uma vivência marcada de afeto, e que, além disso, ela é de espécie tal que imediatamente faz compreender o sintoma ao qual se refere; portanto, que esse sintoma é, mais uma vez, inequivocamente determinado. Agora, se os senhores me permitem comparar essa vivência marcada de afeto àquela grande vivência traumática que serviu de base para a histeria traumática, posso formular a primeira tese a que chegamos: *Há uma completa analogia entre a paralisia traumática e a histeria comum, não traumática*. A diferença é apenas que na primeira influiu um grande trauma, enquanto na segunda raramente se constata um único grande evento, mas sim uma série de impressões plenas de afeto; toda uma história de sofrimentos. Não é algo forçado equiparar essa história de sofrimentos, que aparece como fator ocasionador em histéricos, ao acidente que ocorre na histeria traumática, pois agora ninguém mais duvida de que mesmo no grande trauma mecânico da histeria traumática não é o fator mecânico que produz efeito, mas o afeto de pavor, o trauma psíquico. Disso resulta, em primeiro lugar, que o esquema da histeria traumática, tal como Charcot delineou para as paralisias histéricas, vale, de forma bastante geral, para todos os fenômenos histéricos ou, pelo menos, para a grande maioria deles; trata-se sempre do efeito de traumas psíquicos, que determinam inequivocamente a natureza dos sintomas assim gerados.

Permitam-me agora apresentar alguns exemplos que dizem respeito a isso. Primeiro um exemplo do surgimento de contraturas. Por todo o período da doença, a mencionada paciente de Breuer teve uma contratura do braço direito. Na hipnose verificou-se que, no tempo em que ainda não estava doente, ela tinha sofrido o seguinte trauma: estava sentada, meio adormecida, junto ao leito do pai enfermo, e seu braço direito ficou pendendo por trás do encosto da cadeira, o que o deixou dormente. Nesse instante ela teve uma pavorosa alucinação, a qual tentou afastar com o braço, sem conseguir. Assustou-se bastante com isso, e momentaneamente a coisa terminou ali. Apenas com a irrupção da histeria lhe veio a contratura do braço. Em outra paciente,* observei um peculiar estalo da língua no meio da fala, semelhante ao grito do galo silvestre. Há meses eu conhecia esse sintoma dela e o tomava por um tique. Apenas quando casualmente me informei sobre a origem dele, durante a hipnose, verificou-se que o ruído havia aparecido pela primeira vez em duas ocasiões em que ela tivera a firme intenção de se manter absolutamente quieta: certa vez, quando cuidava do filho gravemente doente — o cuidado de enfermos surge com frequência na etiologia da histeria —, ele havia acabado de adormecer e ela procurou não fazer ruído nenhum que o despertasse. Mas o temor disso transformou-se no ato (contravontade histérica!) e, comprimindo os lábios, ela fez aquele estalo com a língua. O mesmo sintoma surgiu pela segunda vez muitos anos depois, quando ela também quis se conservar em silêncio total e desde então permaneceu. Com frequência, uma só causa imediata não basta para fixar um sintoma, mas, quando esse

---

* Emmy von N., o segundo caso de *Estudos sobre a histeria*.

sintoma surge várias vezes acompanhando determinado afeto, ele se fixa e permanece.

Anorexia e vômitos se acham entre os sintomas mais frequentes da histeria. Conheço um bom número de casos que esclarecem de modo simples o surgimento desses sintomas. Assim, uma paciente leu, logo antes de se alimentar, uma carta que a magoou, e então vomitou a comida; depois disso os vômitos se tornaram crônicos. Em outros casos, o nojo à comida se relaciona indubitavelmente ao fato de as pessoas, devido à instituição da "mesa compartilhada", serem obrigadas a comer junto com outras que abominam. O nojo se transfere da pessoa para a comida. Particularmente interessante, quanto a isso, foi a mencionada senhora com o tique. Ela comia muito pouco e apenas forçada. Com a hipnose descobri que uma série de traumas psíquicos tinha finalmente produzido esse sintoma, o nojo à comida. Já na sua infância, a mãe, que era bastante severa, insistia para que ela comesse a carne que não havia comido no almoço, duas horas depois, a carne estando já fria e com a gordura enrijecida. Ela o fazia com nojo e conservou a lembrança disso, de modo que depois, quando não era mais sujeita a esse castigo, sempre sentia nojo nas refeições. Dez anos mais tarde, dividia a mesa com um parente que era tuberculoso e que, enquanto comia, sempre cuspia numa escarradeira, por cima da mesa. Algum tempo depois, foi obrigada a comer junto com um parente do qual sabia que tinha uma doença infecciosa. A paciente de Breuer se comportou, durante um período, como alguém que sofre de hidrofobia. Na hipnose verificou-se, como razão disso, que certa vez ela vira, inesperadamente, um cão bebendo água de um dos seus copos.

A insônia e o distúrbio do sono são também sintomas para os quais achamos, na maioria das vezes, uma explicação precisa. Por exemplo, durante anos uma mulher só conseguia adormecer às seis horas da manhã. Por muito tempo ela havia dormido no quarto adjacente ao do marido enfermo, que acordava às seis horas. A partir desse momento ela tinha sossego para dormir, e também se comportou assim muitos anos depois, durante uma doença histérica. Outro caso foi o de um homem, um paciente histérico que há doze anos dormia muito mal. Mas sua insônia era de uma espécie particular. No verão tinha um sono excelente, mas no inverno dormia mal, e no mês de novembro, particularmente mal. A que se ligava isso, ele não fazia ideia. A indagação revelou que doze anos antes, no mês de novembro, ele havia passado muitas noites em branco junto ao leito do filho, que estava com difteria.

Um exemplo de distúrbio da fala nos é dado pela paciente de Breuer, que já mencionamos várias vezes. Por um longo período da doença, ela falava somente inglês; não falava nem compreendia alemão. Esse sintoma remetia a um acontecimento anterior à irrupção da doença. Num estado de grande angústia, ela tentou rezar, mas não achava as palavras. Por fim, ocorreram-lhe algumas palavras de uma oração infantil inglesa. Ao adoecer, depois, não conseguia falar senão o inglês.

A determinação dos sintomas pelo trauma psíquico não é assim transparente em todos os casos. Com frequência, há apenas uma relação simbólica, digamos, entre a causa determinante e o sintoma histérico. Isso diz respeito sobretudo às dores. Assim, uma doente sofria de dores lancinantes entre as sobrancelhas.* A razão para isso estava em que certa vez, quando era criança, sua avó lhe lançara um olhar inquisitivo, "penetrante". A mesma paciente sentiu, por algum tempo, dores fortes no calcanhar direito, totalmente imotivadas. Verificou-se que essas dores tinham relação com uma ideia que a paciente teve quando foi introduzida na sociedade; sobreveio-lhe então o medo de não "entrar com o pé direito" ou "andar direito". Muitos doentes recorrem a tais simbolizações para um bom número das assim chamadas neuralgias e dores. Há como que uma intenção de exprimir o estado psíquico através do estado físico, e a linguagem corrente fornece a ponte para isso. Mas justamente para os sintomas histéricos típicos — como hemianestesia, estreitamento do campo visual, convulsões epilépticas etc. — não é possível provar a existência de um mecanismo psíquico desse tipo. No tocante às zonas histerogênicas, porém, conseguimos fazê-lo muitas vezes.

Com esses exemplos, que extraí de uma série de observações, estaria dada a prova de que é possível tranquilamente conceber os fenômenos da histeria comum seguindo o mesmo esquema da histeria traumática, de que, portanto, toda histeria pode ser vista como traumática no sentido do trauma psíquico, e de que todo fenômeno é determinado conforme a espécie do trauma.

---

* Cäcilie M., outro caso de *Estudos sobre a histeria*.

A outra questão a ser respondida seria: qual o tipo de nexo causal entre o fator determinante que descobrimos com a hipnose e o fenômeno que depois permanece como sintoma histérico duradouro? Esse nexo poderia ser múltiplo. Poderia ser do tipo que chamamos "de desencadeamento"; quando, por exemplo, alguém com predisposição para a tuberculose recebe um golpe no joelho, em consequência do qual desenvolve uma inflamação tuberculosa da articulação, isso é um desencadeamento simples. Mas não é o que sucede na histeria. Há outro tipo de causalidade, a direta. Vamos ilustrá-lo recorrendo à imagem do corpo estranho. Esse atua como causa estimuladora da doença continuamente, até que seja removido. *Cessante causa cessa effectus* [Cessando a causa, cessa o efeito]. A observação de Breuer ensina que entre o trauma psíquico e o fenômeno psíquico existe um nexo do segundo tipo; pois ele constatou o seguinte em sua primeira paciente: a tentativa de descobrir a causa determinante de um sintoma é, ao mesmo tempo, uma manobra terapêutica. O momento em que o médico descobre em qual ocasião um sintoma surgiu pela primeira vez e o que o provocou é também aquele em que o sintoma desaparece. Quando, por exemplo, um paciente traz o sintoma de dores e nós indagamos, na hipnose, de onde provêm essas dores, uma série de recordações lhe sobrevém. Se conseguimos fazê-lo ter uma recordação bem vívida, ele vê as coisas à sua frente com a efetividade* original; notamos que o paciente se encontra sob o pleno

---

* No original, *Wirklichkeit*, que geralmente se traduz por "realidade".

domínio de um afeto, e se o obrigamos a pôr em palavras esse afeto, vemos que, com a geração de um afeto forte, essa manifestação das dores volta a aparecer de modo bastante expressivo e que, a partir de então, esse sintoma desaparece como sintoma duradouro. Assim ocorreu em todos os exemplos apresentados. E houve o fato interessante de que a lembrança desse evento era muito mais vívida que a de outros, e o afeto que a acompanhou era talvez tão grande quanto havia sido na vivência real. É preciso supor que aquele trauma psíquico continua a operar no indivíduo em questão e que termina assim que o paciente fala sobre ele.

Acabei de observar que quando, seguindo nosso procedimento, chegamos ao trauma psíquico pela indagação durante a hipnose, descobrimos que a lembrança envolvida é extraordinariamente intensa e conservou todo o seu afeto. Cabe agora perguntar como um evento ocorrido há tanto tempo, talvez dez ou vinte anos, continua tendo poder sobre o indivíduo, por que essas lembranças não sofrem desgaste e caem no esquecimento.

A fim de responder a essa pergunta, quero antes fazer algumas reflexões sobre as condições que governam o desgaste das representações em nossa vida psíquica. Podemos partir de uma tese que seria expressa da forma seguinte: quando uma pessoa tem uma impressão psíquica, no seu sistema nervoso é intensificado algo que no momento chamaremos "soma de excitação". Ora, em todo indivíduo existe, para a conservação da sua saúde, o empenho de diminuir novamente tal soma de excitação. O aumento da soma de excitação ocorre por vias sensoriais, e a diminuição, por vias motoras. Pode-se dizer, então, que quando sucede algo a alguém, esse alguém reage a isso de maneira motora. Pode-se afirmar seguramente que dessa reação depende o quanto permanece da impressão psíquica inicial. Consideremos isso com base num exemplo particular. Um indivíduo sofre uma ofensa, recebe um golpe ou algo assim, então o trauma psíquico se vincula a um aumento da soma de excitação do sistema nervoso. Surge instintivamente a tendência a diminuir de imediato essa excitação aumentada; ele golpeia de volta, e agora se sente mais leve, talvez tenha reagido de forma adequada, ou seja, descarregou-se do que lhe foi acrescentado. Ora, essa reação pode ter diferentes formas. Para aumentos de excitação bem leves talvez bastem alterações no próprio corpo: chorar, xingar, enraivecer-se etc. Quanto mais intenso o trauma psíquico, maior é a reação adequada. A mais adequada, porém, é sempre o ato. Mas, como observou espirituosamente um autor inglês, o indivíduo que lançou ao inimigo um xingamento, em vez de uma seta, foi o fundador da civilização, de modo que a palavra é o substituto do ato e, em certas circunstâncias, o único substituto (na confissão, por exemplo). Portanto, além da reação adequada existe uma menos adequada. Mas quando a reação a um trauma psíquico é inteiramente omitida, então a recordação dele conserva o afeto* que tinha originalmente. Assim, se alguém que foi ofendido não pode retribuir a

---

* Nesse ponto e algumas linhas abaixo se encontra *Effekt* na primeira edição alemã, em vez de *Affekt*; trata-se, muito provavelmente, de erros de impressão.

ofensa, seja mediante um contragolpe, seja com um xingamento, surge a possibilidade de que a recordação desse fato suscite nele o mesmo afeto presente no início. Uma ofensa revidada, ainda que apenas com palavras, é recordada diferentemente de uma que teve de ser tolerada, e a linguagem corrente designa, de forma característica, como "mortificação"* um insulto suportado em silêncio. Portanto, se a reação ao trauma psíquico não aconteceu por algum motivo, ele conserva seu afeto original, e, quando a pessoa não pode se livrar do aumento de estímulo pela "ab-reação", surge a possibilidade de que o evento em questão se torne um trauma psíquico para ela. O mecanismo psíquico sadio tem outros meios de lidar com o afeto de um trauma psíquico, mesmo quando a reação motora e a reação com palavras lhe são negadas: a elaboração associativa e a produção de ideias contrastantes. Se o ofendido não revida e também não xinga, ainda pode diminuir o afeto da ofensa evocando em si mesmo ideias contrastantes da sua própria dignidade, da indignidade de quem o ofendeu etc. Alguém sadio pode lidar com uma ofensa de uma maneira ou de outra, mas sempre chega ao resultado de que o afeto, que originalmente era forte na lembrança, perde, enfim, a intensidade, e a lembrança, por fim despojada de afeto, com o tempo cai no esquecimento, no desgaste.

Ora, descobrimos que nos histéricos se acham impressões que não se tornaram sem afetos e cuja lembrança permaneceu vívida. Segue-se, então, que essas lembranças

---

* Em alemão, *Kränkung*, do verbo *känken*, "magoar"; etimologicamente aparentados a *krank*, "doente", e *Krankheit*, "doença".

que se tornaram patogênicas nos histéricos assumem uma posição excepcional no tocante ao desgaste, e a observação mostra que todos os eventos que se tornaram causas de fenômenos histéricos são traumas psíquicos que não foram completamente ab-reagidos, inteiramente resolvidos. Podemos dizer, então, que *o histérico padece de traumas psíquicos incompletamente ab-reagidos*.

Achamos dois grupos de condições em que as lembranças se tornam patogênicas. Num deles vemos, como conteúdo das lembranças a que remontam os fenômenos histéricos, ideias [ou representações] relativas a um trauma tão grande que o sistema nervoso não teve força bastante para livrar-se dele de alguma forma, e também ideias às quais uma reação é impossível por razões sociais (algo frequente na vida conjugal); por fim, é possível que a pessoa simplesmente se recuse a reagir, que não *queira* reagir a um trauma psíquico. Neste último caso, frequentemente se acha, como conteúdo dos delírios histéricos, justamente aquele círculo de ideias que os pacientes, em seu estado normal, afastaram de si, inibiram e suprimiram com veemência (como, por exemplo, as blasfêmias e representações eróticas nos delírios das freiras). Em outra série de casos, porém, a razão por que não houve a reação motora não está no conteúdo do trauma psíquico, mas em outras circunstâncias. É frequente vermos, como conteúdo e causa de fenômenos histéricos, experiências que em si são totalmente irrelevantes, mas que adquiriram enorme significação por terem ocorrido em momentos muito importantes de uma predisposição patologicamente intensificada. O afeto do pavor, por exemplo, talvez tenha se produzido dentro de outro afeto difícil, desse modo adquirindo tamanha importância. Estados desse tipo são de curta duração e se acham, por assim dizer, fora de comunicação com o resto da vida mental do indivíduo. Num estado assim, de auto-hipnose, o indivíduo não pode lidar por via associativa com uma representação que nele surgiu, como faz no estado de vigília. Tendo nos ocupado longamente desses fenômenos, achamos provável que toda histeria seja o vestígio da assim chamada *double conscience*, da dupla consciência, e que a tendência a tal dissociação e, desse modo, ao surgimento de estados de consciência anormais, que denominamos "hipnoides", seja o fenômeno básico da histeria.

Vejamos agora de que maneira age a nossa terapia. Ela vai ao encontro de um dos mais ardentes desejos da humanidade, que é o de poder fazer algo novamente. Alguém sofreu um trauma psíquico, sem reagir a ele de modo suficiente; nós fazemos a pessoa vivenciá-lo uma segunda vez, mas sob hipnose, e a obrigamos a completar a reação. Ela então se livra do afeto da representação, que estava "estrangulado", por assim dizer, e com isso é eliminado o efeito dessa representação. Portanto, não curamos a histeria, mas sintomas dela, ao fazer com que se execute a reação não completada.

Não acreditem os senhores, porém, que com isso tenhamos alcançado muito para a terapia da histeria. Assim como as neuroses, a histeria tem suas causas mais profundas, e são essas que colocam à terapia certo limite, frequentemente bastante palpável.

AS NEUROPSICOSES DE DEFESA (1894)
ENSAIO DE UMA TEORIA PSICOLÓGICA DA HISTERIA ADQUIRIDA, DE MUITAS FOBIAS E OBSESSÕES E DE CERTAS PSICOSES ALUCINATÓRIAS

TÍTULO ORIGINAL: "DIE ABWEHR-NEUROPSYCHOSEN".
PUBLICADO PRIMEIRAMENTE EM *NEUROLOGISCHES ZENTRALBLATT*, 13 (10), PP. 362-4, E (11), PP. 402-9. TRADUZIDO DE *GESAMMELTE WERKE I*, PP. 59-74.

O estudo aprofundado de doentes nervosos com fobias e obsessões me fez buscar uma explicação para esses sintomas, algo que depois me permitiu alcançar a origem de tais representações patológicas em outros casos e que, por isso, julgo ser digno de comunicação e de exame. Simultaneamente a essa "teoria psicológica das fobias e obsessões", resultou da observação dos pacientes uma contribuição à teoria da histeria, ou melhor, uma mudança nela que parece levar em conta uma característica importante, comum à histeria e às neuroses mencionadas. Além disso, tive a oportunidade de penetrar o mecanismo psicológico de uma forma de doença indubitavelmente psíquica e vi que o modo de abordagem que experimentei produz uma clara conexão entre essas psicoses e as duas neuroses em questão. No final deste trabalho, apresentarei a hipótese auxiliar que utilizei em todos os três casos.

I

Começo com a mudança que me parece necessária na teoria da neurose histérica.

Desde os excelentes trabalhos de P. Janet, J. Breuer e outros, pode-se ter como geralmente reconhecido que o complexo de sintomas da histeria, até onde o entendemos agora, justifica a hipótese de uma cisão da consciência e formação de grupos psíquicos separados. Menos estabelecidas, porém, são as opiniões sobre a origem dessa cisão da consciência e sobre o papel que essa característica tem na estrutura da neurose histérica.

Segundo a teoria de Janet,[1] a cisão da consciência é um traço primário da mudança histérica. Baseia-se numa fraqueza inata da capacidade para a síntese psíquica, na estreiteza do "campo da consciência" (*champ de conscience*), que atesta, como um estigma psíquico, a degeneração dos indivíduos histéricos.

Em oposição à tese de Janet, que me parece admitir muitas objeções, acha-se aquela que J. Breuer defendeu em nossa comunicação conjunta.[2] Segundo Breuer, é "fundamento e condição" da histeria o aparecimento de estados de consciência peculiares, oniriformes, com capacidade de associação restrita, para os quais ele propõe o nome "estados *hipnoides*". A cisão da consciência é então secundária, adquirida; produz-se pelo fato de as representações surgidas em estados hipnoides serem excluídas do trato associativo com o restante do conteúdo da consciência.

Agora posso aduzir evidência de duas outras formas extremas de histeria em que é impossível interpretar a cisão da consciência como primária no sentido de Janet. Na primeira delas, consegui mostrar repetidas vezes que *a cisão do teor da consciência resulta de um ato de vontade do paciente*, ou seja, é iniciada por um esforço da vontade de que podemos precisar o motivo. Naturalmente, com isso não estou afirmando que o paciente quer provocar uma cisão da pró-

[1] Janet, *État mental des hystériques* (2 v., Paris, 1892-4); "Quelques Définitions récentes de l'hystérie", Archives de Neurologie, 25 e 26, 1893.
[2] "Sobre o mecanismo psíquico dos fenômenos histéricos", *Neurologisches Zentralblatt*, 1893, 1 e 2.

pria consciência; sua intenção é outra, mas não alcança sua meta, e sim produz uma cisão da consciência.

Na terceira forma de histeria, que demonstramos pela análise psíquica* de pacientes inteligentes, a cisão da consciência tem papel insignificante, ou talvez nenhum. São aqueles casos em que apenas deixou de haver a reação a estímulos traumáticos, que então são resolvidos e curados por "ab-reação";[3] são as puras *histerias de retenção*.

No que toca à relação com as fobias e obsessões, aqui estou lidando apenas com a segunda forma de histeria, que, por razões que logo serão evidentes, designarei como histeria de *defesa*, distinguindo-a das histerias *hipnoides* e de *retenção*. Meus casos de histeria de defesa também posso apresentar momentaneamente como histeria "adquirida", pois neles não se pode falar nem de tara hereditária grave nem de atrofia degenerativa.

Nos doentes por mim analisados, houve saúde psíquica até o momento em que *sucedeu um caso de incompatibilidade em sua vida representacional*, isto é, até que o seu Eu se defrontou com uma vivência, uma representação ou sentimento que despertou um afeto tão doloroso que a pessoa decidiu esquecer aquilo, pois não acreditava ter a força de resolver a contradição entre essa representação intolerável e seu Eu mediante o trabalho do pensamento.

---

* Como assinala James Strachey numa nota à edição *Standard* inglesa, essa é a primeira vez que Freud usa a expressão "análise psíquica".

[3] Cf. nossa comunicação conjunta [*Estudos sobre a histeria*, 1893-5, cap. I].

Em pessoas do sexo feminino, tais representações intoleráveis* nascem geralmente no âmbito das vivências e sentimentos sexuais, e as pacientes se lembram, com toda a precisão desejável, dos seus esforços de defesa, de sua intenção de "expulsar" a coisa, não pensar nela, suprimi-la. Darei alguns exemplos tirados de minha experiência, os quais poderia multiplicar com facilidade: o caso de uma garota que, enquanto cuidava do pai doente, recriminou-se por pensar no jovem que lhe deixara uma ligeira impressão erótica; o caso de uma preceptora apaixonada pelo patrão que decidiu afastar do espírito essa inclinação, porque lhe parecia intolerável para seu orgulho etc.[4]

Não posso afirmar que o esforço de vontade para afastar algo assim do pensamento seja um ato patológico, e tampouco sei dizer se e de que maneira conseguem o esquecimento intencional as pessoas que continuam saudáveis sob as mesmas influências psíquicas. Sei apenas que tal "esquecimento" não foi obtido pelos pacientes por mim analisados e que levou, isto sim, a diferentes reações patológicas, que geraram uma histeria ou uma obsessão, ou uma psicose alucinatória. A capacidade de, mediante o esforço da vontade, provocar um desses estados — todos eles ligados à cisão da consciência — deve

---

* No original, *unverträglich*, que pode significar "intolerável" ou "incompatível" (seu substantivo foi traduzido por "incompatibilidade" pouco acima).

4 Esses exemplos são extraídos do minucioso trabalho ainda inédito, de autoria minha e de Breuer, sobre o mecanismo psíquico da histeria [*Estudos sobre a histeria*, 1893-5; são os casos de Elisabeth von R. e Lucy R.].

ser considerada manifestação de uma predisposição patológica, que, contudo, não é necessariamente idêntica a uma "degeneração" pessoal ou hereditária.

Acerca do caminho que vai do esforço de vontade do paciente ao surgimento do sintoma neurótico, formei uma opinião que pode ser expressa, nas usuais abstrações psicológicas, da seguinte forma: a tarefa que o Eu em defesa se coloca, de tratar a representação intolerável como *non arrivée* [não acontecida], é impossível de ser realizada por ele; uma vez lá, tanto o traço mnêmico como o afeto vinculado à representação não podem ser eliminados. Mas ele cumpre de forma aproximada essa tarefa quando consegue *fazer dessa representação forte uma fraca*, retirando-lhe o afeto, a soma de excitação de que está dotada. A representação fraca, então, praticamente não terá exigências a fazer ao trabalho associativo; *mas a soma de excitação que dela foi separada precisa ter outra utilização.*

Até aqui são os mesmos os processos da histeria e das fobias e obsessões; a partir de agora os caminhos divergem. Na histeria, a representação intolerável é tornada inofensiva pelo fato de sua soma de excitação se transformar em algo somático — o que proponho chamar de *conversão*.

A conversão pode ser total ou parcial e procede pela inervação* motora ou sensorial que se acha relacionada, de modo estreito ou mais solto, com a vivência trau-

---

* Na edição original está *Intervention*, mas se trata, conforme esclarece James Strachey na *Standard* inglesa, de um erro de impressão que houve nas edições alemãs a partir de 1911.

mática. Assim o Eu se torna livre de contradição, mas, em troca, assume o peso de um símbolo mnêmico que, como uma inervação motora insolúvel ou uma sensação alucinatória sempre recorrente, habita a consciência à maneira de um parasita, permanecendo até que haja uma conversão em sentido contrário. Portanto, o traço mnêmico da representação reprimida não desapareceu, passando a formar o âmago de um segundo grupo psíquico.

Acrescentarei apenas algumas palavras sobre essa concepção dos processos psicofísicos da histeria. Tendo se formado num "momento traumático", esse núcleo de uma cisão histérica cresce em outros momentos, que podemos chamar "traumáticos de maneira auxiliar", sempre que uma nova impressão do mesmo tipo consegue romper a barreira erguida pela vontade, conduzir um novo afeto à representação enfraquecida e obter por um instante a ligação associativa dos dois grupos psíquicos, até que uma nova conversão restabelece a defesa. O estado assim alcançado na distribuição da excitação, na histeria, revela-se instável na maioria das vezes; a excitação empurrada para um caminho errado (a inervação somática) retorna eventualmente à representação da qual foi desprendida e obriga então a pessoa a elaborá-la de forma associativa ou eliminá-la em ataques histéricos, como demonstra o notório contraste entre ataques e sintomas duradouros. O efeito do método catártico de Breuer consiste em gerar deliberadamente esse retorno da excitação do somático para o psíquico, para então forçar o fim da contradição mediante o trabalho do pensamento e a descarga da excitação mediante a fala.

Se a cisão da consciência na histeria adquirida se baseia num ato da vontade, explica-se com surpreendente facilidade o fato notável de que a hipnose amplia normalmente a restringida consciência dos histéricos e torna acessível o grupo psíquico objeto da cisão. Sabemos que é uma peculiaridade de todos os estados similares ao sono suspender a distribuição da excitação em que se baseia a "vontade" da personalidade consciente.

Portanto, vemos que o fator característico da histeria não é a cisão da consciência, mas a capacidade de *conversão*, e pode-se dizer que um elemento importante da predisposição (de resto desconhecida) à histeria é a aptidão psicofísica para transpor enormes somas de excitação para a inervação somática.

Essa aptidão, em si, não exclui a saúde psíquica e apenas leva à histeria caso haja uma incompatibilidade psíquica ou um acúmulo de excitação. Com essa mudança, eu e Breuer nos aproximamos das conhecidas definições da histeria de Oppenheim[5] e Strümpell[6] e divergimos de Janet, que atribui à cisão da consciência um papel demasiado grande na caracterização da histeria.[7] A exposição aqui oferecida pode reivindicar

---

5 Para Oppenheim, a histeria é uma expressão intensificada da emoção. Mas a "expressão da emoção" representa aquele montante de excitação psíquica que normalmente sofre uma conversão.
6 Para Strümpell, o transtorno da histeria se acha no psicofísico, ali onde o somático e o psíquico estão ligados.
7 Na segunda parte do seu percuciente ensaio "Quelques Définitions récentes de l'hystérie" [1893], o próprio Janet lidou com a objeção de que a cisão da consciência também sucede nas psicoses

que torna compreensível o nexo entre a conversão e a cisão da consciência na histeria.

II

Se numa pessoa predisposta [à neurose] não se acha presente a aptidão para a conversão, mas, para ela se defender de uma representação intolerável, esta é separada do seu afeto, então *este afeto tem de permanecer no âmbito psíquico*. A representação, agora enfraquecida, resta excluída de toda associação na consciência, *mas seu afeto liberado se prende a outras representações, não incompatíveis em si, que, graças a essa "ligação errada", tornam-se representações obsessivas*. Eis, em poucas palavras, a teoria psicológica das obsessões e fobias de que falei no início.

Agora indicarei, entre os elementos que essa teoria requer, quais podem ser diretamente demonstrados e quais foram completados por mim. Diretamente demonstrável é, além do ponto final do processo — a representação obsessiva —, primeiro a fonte da qual provém o afeto que se acha numa combinação errada. Em todos os casos que analisei, era a *vida sexual* que tinha fornecido um afeto doloroso com a mesma natureza daquele ligado à representação obsessiva. Teoricamente,

---

e na assim chamada "psicastenia", mas não a respondeu satisfatoriamente, a meu ver. É essa objeção, essencialmente, que o faz considerar a histeria uma forma de degeneração. Mas ele não consegue distinguir de modo suficiente, por um traço característico, a cisão da consciência na histeria daquela na psicose etc.

não se pode excluir que esse afeto possa nascer em outro âmbito; apenas informo que até o momento não deparei com outra origem. De resto, é compreensível que justo a esfera sexual produza os maiores ensejos para a emergência de representações intoleráveis.

Igualmente demonstrável, graças às inequívocas manifestações dos pacientes, é o esforço da vontade, a tentativa de se defender que a teoria enfatiza, e pelo menos numa série de casos os próprios doentes comunicam que a fobia ou a obsessão apareceu apenas depois que o esforço da vontade havia alcançado seu propósito. "Uma vez me aconteceu algo desagradável, eu me esforcei bastante para afastá-lo, não mais pensar naquilo. Enfim consegui, mas me veio essa outra coisa, de que desde então não me livrei." Com essas palavras, uma paciente me confirmou os pontos principais da teoria aqui desenvolvida.

Nem todos os que sofrem de obsessões têm essa clareza quanto à sua origem. Em geral, ao chamar a atenção do paciente para a original representação de natureza sexual, a resposta dele é: "Não pode vir daí. Não pensei muito nisso. Por um momento fiquei assustado, depois desviei o pensamento e estou tranquilo". Essa objeção, muito frequente, é a prova de que a representação obsessiva constitui um sucedâneo ou sub-rogado da representação sexual intolerável e tomou seu lugar na consciência.

Entre o esforço de vontade do paciente, que consegue reprimir a representação sexual inaceitável, e a emergência da representação obsessiva, que, pouco intensa em si, agora é dotada de um afeto incompreensivelmente forte, abre-se o hiato que a teoria aqui desenvolvida busca preencher. A separação da representação sexual do seu afeto e a vinculação desse último a outra representação — apta, mas não intolerável — são processos que ocorrem sem consciência, que podemos supor, mas não demonstrar por uma análise clínico-psicológica. Talvez fosse mais correto dizer que não são processos de natureza psíquica, e sim processos físicos cuja consequência psíquica se apresenta como se o que é expresso na fórmula "separação da representação do seu afeto e vinculação errada desse último" tivesse realmente acontecido.

Além dos casos que mostram a representação sexual intolerável seguida da representação obsessiva, encontramos uma série de outros em que representações obsessivas e representações sexuais penosas se acham presentes simultaneamente. Chamar a essas últimas "representações obsessivas sexuais" não é possível; falta-lhes uma característica essencial das representações obsessivas; revelam-se como plenamente justificadas, enquanto a natureza penosa das representações obsessivas comuns é um problema para o médico e para o paciente. Até onde pude compreender os casos desse tipo, trata-se de uma ininterrupta defesa contra representações sexuais que chegam continuamente, ou seja, um trabalho que ainda não terminou.

É frequente os pacientes esconderem suas representações obsessivas ao terem ciência de sua origem sexual. Quando se queixam delas, geralmente exprimem surpresa por estarem sujeitos ao afeto em questão, por se angustiarem, terem certos impulsos etc. Para o médico experiente, no entanto, esse afeto é justificado e compreensível; apenas lhe chama a atenção o fato de ele se vincular a uma representação que não é adequada. O afeto da representação obsessiva lhe parece — em outras palavras — *deslocado* ou *transposto* [*dislozierter oder transponierter*], e, tendo aceitado as observações aqui feitas, ele pode tentar, numa série de casos de representação obsessiva, a *tradução de volta para o âmbito sexual*.

Para a vinculação secundária do afeto liberado pode ser utilizada qualquer representação que seja, por sua natureza, capaz de se ligar a um afeto dessa qualidade, ou que tenha certas relações com a representação intolerável, pelas quais pareça utilizável como sub-rogado da mesma. Assim, por exemplo, a angústia liberada, cuja origem sexual não deve ser lembrada pelo paciente, une-se às fobias primárias comuns do ser humano, relativas a animais, temporais, escuridão etc., ou a coisas claramente associadas ao âmbito sexual de alguma forma, ao ato de urinar, à defecação, à sujeira e ao contágio.

A vantagem que o Eu obtém, ao encetar o caminho da *transposição* do afeto na defesa, é muito menor do que no caso da *conversão* histérica de excitação psíquica em inervação somática. O afeto de que o Eu sofreu continua inalterado e indiminuído; sucede apenas que a representação intolerável é oprimida, excluída da lembrança. As representações reprimidas constituem novamente o âmago de um segundo grupo psíquico, que, a meu ver, é acessível mesmo sem o recurso à hipnose. Se nas fobias e obsessões não aparecem os sintomas surpreendentes que acompanham a formação de um grupo psíquico independente na histeria, isso provavelmente ocorre porque no primeiro caso toda a alteração permaneceu no campo psíquico, a relação entre excitação psíquica e inervação somática não experimentou nenhuma mudança.

Ilustrarei o que foi dito sobre as obsessões com alguns exemplos que me parecem típicos:

1) Uma garota sofre de autorrecriminações obsessivas. Quando leu algo no jornal sobre falsificação de moeda, teve o pensamento de que também ela havia falsificado dinheiro; quando um assassinato foi cometido por um desconhecido, ela se perguntou, angustiada, se não havia sido ela a responsável pelo crime. Ao mesmo tempo, tinha plena consciência do caráter absurdo dessas recriminações obsessivas. Durante certo período, a consciência de culpa a dominou de tal forma que sua crítica foi sufocada e ela disse aos parentes e ao médico que havia realmente cometido aqueles malfeitos (psicose por simples intensificação — *psicose de avassalamento*).* Uma indagação firme revelou a fonte de sua consciência de culpa: estimulada

---

* "Avassalamento": no original, *Überwältigung*. O verbo *überwältigen* significa "dominar, vencer, avassalar". As versões estrangeiras consultadas — a espanhola da Biblioteca Nuova, a argentina da Amorrortu, a italiana da Boringhieri e a *Standard* inglesa — utilizaram: [omissão da frase na antiga tradução espanhola], *avasallamiento, sopraffazione, in which the ego is overwhelmed*. Esta última, uma tradução-paráfrase, explica o sentido da expressão: uma psicose em que o Eu é dominado, avassalado.

por uma sensação voluptuosa casual, ela fora induzida à masturbação por uma amiga, e havia anos a praticava, com plena consciência de que fazia algo errado e em meio a fortes — mas inúteis, como sempre — autorrecriminações. Um excesso, após um baile, havia provocado a intensificação da psicose. A garota se restabeleceu após alguns meses de tratamento e de rigorosa vigilância.

2) Outra garota sofria do temor de ser acometida pelo desejo de urinar e se molhar, desde que essa necessidade realmente a obrigara a abandonar uma sala concertos durante uma apresentação. Pouco a pouco, essa fobia a tornara incapaz de se distrair e ter vida social. Sentia-se bem apenas quando sabia que estava próxima de um toalete, para o qual pudesse escapar sem dar na vista. Não havia um problema orgânico que justificasse tal desconfiança no seu controle da bexiga. A necessidade de urinar não aparecia quando ela estava em casa, tranquila, ou à noite. Um exame aprofundado mostrou que isso havia acontecido pela primeira vez na situação seguinte: na sala de concertos, um homem ao qual ela não era indiferente se sentou perto do seu lugar. Ela começou a pensar nele e a se imaginar sentada ao seu lado, como sua mulher. Nesse devaneio erótico, teve a sensação física que devemos comparar à ereção masculina e que nela — não sei se é possível generalizar — terminou com uma leve necessidade de urinar. Ela se assustou bastante com a sensação sexual (a que normalmente estava acostumada), pois havia decidido combater essa e qualquer outra inclinação, e no momento seguinte o afeto se transferiu para o simultâneo desejo de urinar,

obrigando-a, após uma penosa luta, a abandonar a sala. Ela era tão pudica em sua vida que se horrorizava com tudo relacionado ao sexo e não podia conceber a ideia de se casar; por outro lado, sexualmente era tão hiperestésica que todo devaneio erótico que se concedia a fazia experimentar aquela sensação voluptuosa. A necessidade de urinar sempre havia acompanhado a ereção, mas isso não lhe deixara impressão até aquela cena na sala de concertos. O tratamento levou a um domínio quase completo sobre a fobia.

3) Uma jovem esposa, que tivera apenas um filho em cinco anos de casamento, queixou-se do impulso obsessivo de se lançar da janela ou da varanda, e também do temor que sentia, ao ver uma faca afiada, de apunhalar seu filho com ela. Admitiu que o ato conjugal acontecia raramente, e sempre com medidas preventivas da gravidez; mas não lhe fazia falta, pois não era uma natureza sensual. Nisso arrisquei lhe dizer que ela tinha ideias* eróticas ao enxergar um homem e que por isso perdera a confiança em si e se via como uma pessoa abjeta, capaz de tudo. Foi bem-sucedida essa tradução da representação obsessiva de volta para a esfera sexual; imediatamente ela confessou, chorando, a miséria do seu casamento, ocultada havia muito tempo, e depois também comunicou ideias penosas de caráter sexual inalterado, como a sensação recorrente de que algo se metia por debaixo de sua saia.

* No original, *Vorstellungen*, que aqui é geralmente traduzido por "representações".

Aproveitei esses conhecimentos na terapia a fim de orientar de volta para as ideias sexuais reprimidas a atenção dos pacientes com fobias e obsessões, apesar da relutância deles, e, quando possível, fechar a fonte da qual vinham aquelas. Naturalmente, não posso afirmar que *todas* as fobias e obsessões nascem da maneira que aqui expus. Primeiramente, minha experiência abrange um número limitado dessas neuroses, comparado à sua profusão; em segundo lugar, também sei que esses sintomas "psicastênicos" (na designação de Janet) não são todos equivalentes.[8] Há fobias puramente histéricas, por exemplo. Mas penso que o mecanismo da *transposição* do afeto será encontrado na grande maioria das fobias e obsessões, e sustento que essas neuroses, que existem de forma isolada ou combinadas com a histeria e a neurastenia, não devem ser confundidas com a neurastenia ordinária, em cujos sintomas básicos não podemos supor um mecanismo *psíquico*.

Nos dois casos até agora considerados, a defesa contra a representação intolerável aconteceu separando-a do seu afeto; embora enfraquecida e isolada, a representação permaneceu na consciência. Mas existe uma espécie de defesa bem mais enérgica e eficaz, que consiste em o Eu rejeitar a

---

8 O grupo de fobias típicas, das quais a *agorafobia* é o modelo, não pode ser relacionado ao mecanismo psíquico desenvolvido acima; o mecanismo da agorafobia diverge num ponto decisivo daquele das autênticas obsessões e das fobias que podem ser remontadas a estas. Nele não se acha uma representação reprimida, da qual o afeto da angústia teria se separado. A angústia dessas fobias tem outra origem.

representação intolerável juntamente com seu afeto, agindo como se a representação nunca lhe tivesse chegado. *No momento em que se faz isso, porém, a pessoa se acha numa psicose que só podemos classificar como "confusão alucinatória".* Um único exemplo deve explicar essa afirmação:

Uma jovem dedicou a um homem sua primeira inclinação impulsiva* e acreditou firmemente que era correspondida. Na realidade, ela se enganava; aquele homem jovem tinha outro motivo para frequentar sua casa. As desilusões não tardaram; inicialmente ela se defendeu delas fazendo uma conversão histérica das experiências, mantendo assim a crença de que um dia ele viria e lhe pediria a mão. Mas, ao mesmo tempo, sentia-se infeliz e doente, devido a uma conversão incompleta e às novas, constantes impressões dolorosas. Por fim, ela o aguardou, com enorme tensão, no dia de uma celebração familiar. O dia passava sem que ele chegasse. Depois de terem chegado todos os trens em que ele podia vir, ela caiu num estado de confusão alucinatória. Ele chegou, ela ouviu sua voz no jardim, desceu apressadamente para recebê-lo, em traje de dormir. A partir de então viveu, por dois meses, um sonho feliz, cujo teor era: ele estava lá, sempre ao seu redor, tudo era como antes (antes da época das desilusões que ela tinha afastado penosamente). A histeria e o abatimento foram superados; durante a doença, ela não falou da época recente de dúvida e sofrimento; ela era feliz enquanto a deixavam em paz e se enfurecia apenas quando alguma norma da casa a impe-

---

* No original, *impulsive Neigung*.

dia de fazer algo que decorria naturalmente do seu sonho feliz. Essa psicose, incompreensível na época, foi descoberta dez anos depois mediante uma análise hipnótica.

O fato para o qual quero chamar a atenção é que o conteúdo de semelhante psicose alucinatória *consiste justamente no destaque dado à representação* ameaçada pela causa precipitadora da doença. É justificado dizer, então, que o Eu afastou a representação intolerável mediante a fuga para a psicose; o processo pelo qual isso foi obtido escapa à autopercepção e também à análise psicológico-clínica. Deve ser visto como expressão de uma elevada predisposição patológica e talvez possa ser descrito da seguinte forma: o Eu se livra da representação intolerável, mas essa está ligada inseparavelmente a um pedaço da realidade e, ao fazer isso, o Eu também se desprende total ou parcialmente da realidade. Esse último acontecimento é, a meu ver, a condição em que as representações do indivíduo adquirem a vivacidade de alucinações, e assim, após a defesa bem-sucedida, ele se acha num estado de confusão alucinatória.

Disponho de poucas análises dessas psicoses; mas penso que se trata de um tipo de adoecimento psíquico bastante utilizado, pois em nenhum manicômio faltam os exemplos — que devemos considerar análogos — da mãe que, tendo adoecido com a perda do filho, acalenta incessantemente um pedaço de madeira nos braços, ou da noiva desprezada que, trajando um vestido de casamento, há anos espera pelo noivo.

Talvez não seja supérfluo assinalar que podem estar reunidas na mesma pessoa as três espécies de defesa aqui descritas e, portanto, as três formas de doença a que leva essa defesa. O aparecimento simultâneo de fobias e sintomas histéricos, com frequência observado na prática, é um dos fatores que dificultam a separação clara entre a histeria e as outras neuroses e tornam necessária a postulação de "neuroses mistas". É certo que frequentemente a confusão alucinatória não é compatível com o prosseguimento da histeria; nem, em regra, com o das obsessões. Por outro lado, não é raro uma psicose de defesa atravessar episodicamente o curso de uma neurose histérica ou mista.

Por fim, recordarei em poucas palavras a hipótese de trabalho* de que me servi nesta exposição sobre as neuroses de defesa. É a ideia de que nas funções psíquicas devemos distinguir algo (montante de afeto, soma de excitação) que possui todas as características de uma quantidade — embora não tenhamos meios de medi--la —, algo que é suscetível de aumento, diminuição, deslocamento e descarga e que se propaga pelos traços mnêmicos das representações, mais ou menos como uma carga elétrica sobre as superfícies dos corpos.

Podemos usar essa hipótese, que, por sinal, já fundamenta nossa teoria da "ab-reação" ("Comunicação preliminar", 1893), no mesmo sentido dos físicos com a suposição de uma corrente de fluido elétrico. Ela se justifica provisoriamente por sua utilidade para reunir e explicar uma grande variedade de estados psíquicos.

Viena, final de janeiro de 1894.

* No original, *Hilfevorstellung*, literalmente "ideia ou representação auxiliar".

OBSESSÕES E FOBIAS (1895)
SEU MECANISMO PSÍQUICO E SUA ETIOLOGIA

TÍTULO ORIGINAL: "OBSESSIONS ET PHOBIES. LEUR MÉCANISME PSYCHIQUE ET LEUR ÉTIOLOGIE" (TEXTO REDIGIDO EM FRANCÊS). PUBLICADO PRIMEIRAMENTE EM *REVUE NEUROLOGIQUE*, 3, N. 2, PP. 86-93. TRADUZIDO DE *GESAMMELTE WERKE I*, PP. 345-53.

Começarei questionando duas afirmações frequentemente repetidas a propósito dos sintomas "obsessões e fobias". É preciso dizer que: 1) eles não se ligam à neurastenia propriamente dita, já que os doentes afetados por esses sintomas tanto podem ser neurastênicos como não; 2) não se justifica vê-los como dependentes da degeneração mental, porque se acham em pessoas que não são mais degeneradas que a maioria dos neuróticos, porque às vezes melhoram e até chegamos eventualmente a curá-los.[1]

As obsessões e as fobias são neuroses à parte, com um mecanismo especial e uma etiologia que pude elucidar em certo número de casos e que, espero, serão os mesmos em bom número de casos novos.

Quanto à subdivisão do tema, proponho inicialmente excluir uma classe de obsessões intensas que não são outra coisa senão lembranças, imagens não alteradas de eventos importantes. Menciono, por exemplo, a obsessão de Pascal, que acreditava sempre enxergar um abismo à sua esquerda "depois de quase haver se precipitado no Sena com seu coche". Essas obsessões e fobias, que

---

[1] Agrada-me constatar que os autores das obras mais recentes sobre esse tema exprimem opiniões próximas da minha; cf. Gélineau, *Des Peurs Maladives ou phobies*, 1884, e Hack Tuke, "Imperative Ideas", Brain, 1894. [Este é o segundo de três artigos que Freud escreveu e publicou em francês na década de 1890. Reproduzimos a nota, também em francês, que foi acrescentada ao primeiro deles, de 1893: "Os três artigos em francês foram revistos e corrigidos no texto original no tocante a erros de tipografia e de francês, respeitando estritamente o sentido".]

podemos denominar "traumáticas", ligam-se aos sintomas da histeria.

Deixando de lado esse grupo, é preciso distinguir: a) as obsessões verdadeiras; b) as fobias. A diferença essencial é a seguinte.

Em toda obsessão há duas coisas: 1) uma ideia que se impõe ao doente; 2) um estado emocional associado. Ora, no grupo das fobias esse estado emocional é sempre a *angústia*, enquanto nas obsessões verdadeiras ele pode ser, assim como a ansiedade, outro estado emocional como a dúvida, o remorso, a cólera. Procurarei, de início, explicar o mecanismo psicológico realmente notável das obsessões verdadeiras, que é bem diferente daquele das fobias.

I

Em muitas obsessões verdadeiras, é evidente que o estado emocional é o principal, pois ele permanece inalterado, enquanto a ideia associada varia. Por exemplo, a garota da observação 1 [abaixo] tinha remorsos em razão de várias coisas: por ter roubado, maltratado as irmãs, falsificado dinheiro etc. As pessoas que têm dúvidas duvidam de muitas coisas ao mesmo tempo ou sucessivamente. Nesse caso, é o estado emocional que permanece o mesmo; a ideia muda. Em outros casos, a ideia também parece fixa, como na garota da observação 4, que perseguia os criados da casa com ódio incompreensível, mas mudando de pessoa.

Pois bem: uma análise psicológica escrupulosa desses casos mostra que o *estado emocional, em si, é sempre justificado*. A garota 1, que tem remorsos, tem boas razões; as mulheres da observação 3, que duvidavam de sua resistência às tentações, sabiam bem por quê; a garota da observação 4, que detestava as criadas, tinha o direito de se queixar etc. Mas ocorre que — e é nessas duas características que consiste o traço patológico — 1) *o estado emocional se tornou permanente*; 2) a ideia associada *não é mais a ideia justa original, relacionada à etiologia da obsessão, mas uma que lhe toma o lugar, uma substituição*.

A prova disso é que sempre podemos encontrar nos antecedentes do paciente, *na origem da obsessão*, a ideia original, que foi substituída. As ideias substituídas têm características comuns, correspondem a impressões realmente penosas da vida sexual do indivíduo, que este se empenhou em esquecer. Ele apenas conseguiu trocar a ideia *incompatível* por outra, inapropriada para se associar ao estado emocional, que, do seu lado, continuou o mesmo. É essa aliança errada [*mésalliance*] entre o estado emocional e a ideia associada que explica o caráter absurdo próprio das obsessões. Vou relatar minhas observações e concluir com uma tentativa de explicação teórica.

Obs. 1 — Uma garota que se fazia *recriminações*, que sabia serem absurdas, de haver roubado, falsificado dinheiro, participado de uma conspiração etc., conforme o que havia lido durante o dia.

Solução da substituição — Ela se recriminava pela masturbação que praticava em segredo, sem conseguir abandoná-la. Foi curada por uma vigilância escrupulosa que a impediu de se masturbar.

Obs. 2 — Homem jovem, estudante de medicina, que sofria de uma obsessão análoga. Ele se recriminava de todos os atos imorais: haver matado a prima, deflorado a irmã, incendiado uma casa etc. Chegou a sentir necessidade de se voltar na rua para ver se não havia matado o último passante.

Solução da substituição — Ele havia lido, numa obra de divulgação, que a masturbação, à qual se entregava, destruía a moral, e ficou impressionado com isso.

Obs. 3 — Várias mulheres que se queixavam da obsessão de se jogar da janela, ferir os filhos com facas, tesouras etc.

Solução — Obsessões de *tentações típicas*. Eram mulheres que, nada satisfeitas no casamento, lutavam com os desejos e as ideias voluptuosas que tinham ao ver outros homens.

Obs. 4 — Uma garota que, perfeitamente sã de espírito e muito inteligente, mostrava um ódio incontrolável às criadas da casa, que fora despertado por uma criada impertinente e depois se transferira de uma para a outra, até tornar impossível a vida na casa. O sentimento era uma mistura de ódio e repugnância. O motivo, segundo ela, era que as imundícies daquelas moças lhe estragavam sua ideia do amor.

Solução — Essa garota havia sido testemunha involuntária de um encontro amoroso de sua mãe. Ela havia escondido o rosto, tapado os ouvidos e se esforçado bastante para esquecer a cena, que a repugnava e tornaria impossível ficar com a mãe que ela amava ternamente. Conseguiu esquecer, mas a cólera por lhe haverem manchado sua imagem do amor persistiu dentro dela, e a esse estado emocional não demorou a se associar a ideia de uma pessoa poder substituir a outra.

Obs. 5 — Uma garota se isolou quase totalmente, devido a um medo obsessivo de incontinência urinária. Ela não podia mais deixar seu quarto ou receber uma visita sem antes urinar várias vezes. Quando estava em casa e em repouso, não sentia esse medo.

Solução — Era uma obsessão baseada na *tentação* ou *desconfiança*. Não é que ela não confiasse na sua bexiga, mas sim na sua resistência a um impulso amoroso. A origem da obsessão mostra isso muito bem. Uma vez, no teatro, ela sentira, ao ver um homem que lhe agradava, um desejo amoroso, acompanhado (como sempre ocorre na poluição espontânea das mulheres) de desejo de urinar. Ela foi obrigada a sair do teatro, e desde então foi dominada pelo medo de ter esta sensação, mas o desejo de urinar substituiu o desejo amoroso. Ela se curou totalmente.

Embora mostrem um grau variável de complexidade, as observações enumeradas têm isto em comum: a ideia original (incompatível) foi trocada por outra, a ideia substitutiva. Nas observações que se seguirão agora, a ideia original também é substituída, mas não por outra; ela se encontra substituída por atos ou impulsos que originalmente serviram como *alívios* ou *procedimentos protetores* e que agora se acham em associação grotesca com um estado emocional que não lhes convém, mas que permaneceu o mesmo, e tão justificável como na origem.

Obs. 6 — *Obsessão de aritmomania* — Uma mulher adquiriu a necessidade de sempre contar as tábuas do assoalho, os degraus da escada etc., algo que fazia num estado de angústia ridículo.

Solução — Ela havia começado a contar para se distrair de suas ideias obsessivas (de tentação). Conseguiu fazê-lo, mas o impulso de contar tomou o lugar da obsessão primitiva.

Obs. 7 — Obsessão de *Grübelsucht* (mania de especulação) — Uma mulher sofria de ataques dessa obsessão que cessavam apenas quando ela estava doente, dando lugar a medos hipocondríacos. O tema do ataque era uma parte do corpo ou uma função; a respiração, por exemplo: "Por que é preciso respirar? E se eu não quisesse respirar?" etc.

Solução — Primeiro ela tinha sofrido do medo de enlouquecer, fobia hipocondríaca muito comum entre as mulheres não satisfeitas pelo marido, como ela. Para *se assegurar de que não ia enlouquecer*, de que ainda gozava da sua inteligência, ela havia começado a se fazer perguntas, a se ocupar de problemas sérios. Isso a tranquilizou no início, mas com o tempo esse hábito da especulação tomou o lugar da fobia. Há mais de quinze anos, períodos de medo (patofobia) e de mania de especulação se alternavam nela.

Obs. 8 — *Mania de dúvida* — Vários casos que mostravam os sintomas típicos dessa obsessão, mas que se explicavam de maneira bem simples. Essas pessoas haviam sofrido ou ainda sofriam de obsessões diversas, e a consciência de que as obsessões haviam perturbado suas ações e interrompido muitas vezes o curso de seus pensamentos provocava uma dúvida legítima quanto à fidelidade de sua memória. Cada um de nós veria hesitar a própria segurança e seria obrigado a reler uma carta ou refazer uma conta se a nossa atenção fosse distraída várias vezes durante a execução do ato. A dúvida é uma consequência bastante lógica da presença de obsessões.

Obs. 9 — *Mania de dúvida (hesitação)* — A garota da obs. 4 havia se tornado bastante lenta em todas as ações da vida cotidiana, sobretudo ao fazer a toalete. Precisava de horas para atar os cordões dos sapatos ou para limpar as unhas das mãos. A explicação que dava é que não podia fazer a toalete nem enquanto os pensamentos obsessivos a tomavam nem imediatamente após, de modo que havia se acostumado a esperar certo tempo após cada retorno da ideia obsessiva.

Obs. 10 — *Mania de dúvida, medo de pedaços de papel* — Uma mulher jovem, que tivera escrúpulos após escrever uma carta e que, na mesma época, juntava todos os papéis que via, dava como explicação a confissão de um amor que antes não queria admitir. À força de repetir sem cessar o nome do amado, ela foi tomada do medo de que esse nome escapasse de sua pena, de que o tivesse escrito em algum pedaço de papel num momento pensativo.[2]

---

[2] Ver a canção popular alemã que diz: *"Auf jedes weisse Blatt Papier möcht'ich es schreiben:/ Dein ist mein Herz und soll es ewig, ewig blei-*

Obs. 11 — *Misofobia* [Medo de sujeira] — Uma mulher que lavava as mãos cem vezes por dia e só tocava as maçanetas das portas com o cotovelo.

Solução — Era o caso de lady Macbeth. As lavagens eram simbólicas, destinavam-se a pôr a pureza física no lugar da pureza moral que ela lamentava ter perdido. Ela era atormentada de remorsos por uma infidelidade conjugal que havia resolvido eliminar da lembrança. Ela também lavava os genitais.

Quanto à teoria dessa substituição, me contentarei em responder às três questões seguintes:

1. *Como se faz essa substituição?*

Parece que ela é expressão de uma disposição psíquica especial. Pelo menos, nas obsessões frequentemente encontramos a "hereditariedade similar",* como na histeria. Assim, o paciente da observação 2 me contou que seu pai havia sofrido de sintomas semelhantes. Um dia me apresentou a um primo de primeiro grau, com obsessões e tique convulsivo, e à filha de sua irmã, com onze anos de idade, que já mostrava obsessões (provavelmente de remorsos).

2. *Qual o motivo para essa substituição?*

Creio que podemos vê-la como um *ato de defesa* (*Abwehr*) *do Eu ante a ideia incompatível*. Entre meus pacientes, há os que se recordam do esforço da vontade

---

ben" [Em cada folha branca de papel quero anotar:/ Meu coração é teu e sempre, sempre será].

* Cf. "A hereditariedade e a etiologia das neuroses", neste volume.

para afastar a ideia ou a lembrança penosa do âmbito da consciência (cf. as observações 3, 4 e 11). Em outros casos, tal expulsão da ideia incompatível se produz de maneira inconsciente, que não deixa traço na memória dos doentes.

3. *Por que o estado emocional associado à ideia obsessiva se perpetuou, em vez de desaparecer como outros estados do nosso Eu?*

Pode-se responder a essa pergunta recorrendo à teoria sobre a gênese dos sintomas histéricos desenvolvida por Josef Breuer e por mim.[3] Aqui apenas direi que, pelo fato mesmo da substituição, o desaparecimento do estado emocional se torna impossível.

II

A esses dois grupos de obsessões verdadeiras se junta a classe das "fobias", que devemos agora tomar em consideração. Já mencionei a grande diferença que há entre obsessões e fobias; que nessas últimas o estado emocional é sempre a ansiedade, o medo. Poderei acrescentar que as obsessões são múltiplas e mais especializadas, e as fobias são mais monótonas e típicas.

Mas não é uma diferença capital.

Pode-se também discernir dois grupos entre as fobias, caracterizados pelo objeto do medo: 1) fobias co-

---

3 "Sobre o mecanismo psíquico dos fenômenos histéricos" (1893) [*Estudos sobre a histeria*, "Comunicação preliminar", 1895].

muns: medo exagerado de coisas que todos detestam ou temem um pouco: a noite, a solidão, a morte, as doenças, os perigos em geral, as serpentes etc.; 2) fobias de ocasião: medo de condições especiais que não inspiram medo ao homem são, como a agorafobia e as outras fobias de locomoção. É interessante notar que essas últimas fobias não são obsessivas como as obsessões verdadeiras e as fobias comuns. Nelas o estado emocional aparece apenas nessas condições especiais que o doente evita cuidadosamente.

O mecanismo das fobias é bem diferente daquele das obsessões. A substituição não impera mais. A análise psíquica já não revela uma ideia incompatível que foi substituída. Não se acha outra coisa senão o *estado emocional, ansioso*, que, por uma espécie de seleção, fez sobressair todas as ideias apropriadas para se tornarem objeto de uma fobia. No caso da agorafobia etc., acha-se com frequência a *lembrança de um ataque de angústia*, e o que o doente receia, na verdade, é a ocorrência de um ataque desses nas condições especiais em que ele acredita não poder evitá-lo.

A angústia desse estado emocional, que se acha na base das fobias, não é derivada de uma lembrança qualquer; devemos nos perguntar qual pode ser a fonte dessa condição poderosa do sistema nervoso.

Espero poder demonstrar em outra ocasião que há motivos para estabelecer uma neurose especial, a *neurose de angústia*, da qual esse estado emocional é o maior sintoma; farei a enumeração de seus vários sintomas e insistirei em que é preciso diferenciar essa neurose da neurastenia, com a qual ela é atualmente confundida. Assim, *as fobias fazem parte da neurose de angústia* e são quase sempre acompanhadas de outros sintomas do mesmo grupo.

A neurose de angústia é também de origem sexual, pelo que consigo ver, mas não se liga a ideias tiradas da vida sexual; ela não tem mecanismo psíquico, por assim dizer. Sua etiologia específica é a acumulação da tensão genésica, provocada pela abstinência ou irritação genésica *fruste** (dando uma fórmula geral para o efeito do coito interrompido, da impotência relativa do marido, das excitações sem satisfação dos noivos ainda não casados, da abstinência forçada etc.).

É nessas condições muito frequentes na sociedade atual, principalmente para as mulheres, que se desenvolve a neurose de angústia, da qual as fobias são uma manifestação psíquica.

Observarei, a título de conclusão, que pode haver combinação de fobia e obsessão propriamente e que isso é, inclusive, algo muito frequente. Pode-se constatar que

---

* No original, *irritation génésique fruste*, que na *Standard* inglesa recebe a tradução de *unconsummated sexual excitation*, acompanhada da seguinte nota de Strachey: "O termo francês usado no original é *fruste*. Essa palavra significa 'gasto', 'apagado', aplica-se particularmente a moedas e às vezes é usada por Freud na expressão '*forme fruste*' (como no obituário de Charcot, neste volume). Aqui ela é evidentemente confundida com um termo francês diferente, *frustrée*, que significa 'frustrada'. Esta última palavra é também usada por Freud, na forma alemã *frustrane* (por exemplo, no primeiro artigo sobre neurose de angústia, de 1895 [também neste volume])".

havia, no começo da doença, uma fobia desenvolvida como sintoma da neurose de angústia. A ideia que constitui a fobia, que nesta se acha associada ao medo, pode ser substituída por outra ideia ou, antes, pelo *procedimento protetor* que parecia aliviar o medo. A observação 7 (mania de especulação) apresenta um bom exemplo dessa categoria, *fobia com obsessão verdadeira por substituição.*

SOBRE OS MOTIVOS PARA SEPARAR DA NEURASTENIA UM COMPLEXO DE SINTOMAS, A "NEUROSE DE ANGÚSTIA" (1895)

TÍTULO ORIGINAL: "ÜBER DIE BERECHTIGUNG, VON DER NEURASTHENIE EINEN BESTIMMTEN SYMPTOMENKOMPLEX ALS 'ANGSTNEUROSE' ABZUTRENNEN". PUBLICADO PRIMEIRAMENTE EM *NEUROLOGISCHES ZENTRALBLATT*, 14, N. 2, PP. 50-66. TRADUZIDO DE *GESAMMELTE WERKE I*, PP. 315-42. TAMBÉM SE ACHA EM *STUDIENAUSGABE VI*, PP. 25-46.

Será difícil dizer algo de validade geral sobre a neurastenia enquanto esse nome designar tudo aquilo em que foi usado por Beard.* A meu ver, a neuropatologia só poderá ganhar se fizermos a tentativa de diferenciar da neurastenia propriamente dita aqueles transtornos neuróticos cujos sintomas, por um lado, estão mais ligados entre si do que aos típicos sintomas neurastênicos (como pressão na cabeça, irritação da coluna, dispepsia com flatulência e obstipação), e, por outro lado, mostram diferenças essenciais em relação à típica neurose neurastênica na etiologia e no mecanismo. Adotando esse propósito, logo obteremos um quadro bastante uniforme da neurastenia. Conseguiremos distinguir da verdadeira neurastenia, de maneira mais nítida do que até agora se fez, diversas pseudoneurastenias (o quadro clínico da neurose nasal reflexa organicamente induzida, os distúrbios nervosos das caquexias e da arteriosclerose, os estágios preliminares da paralisia progressiva e de várias psicoses). Além disso, será possível — seguindo a proposta de Möbius — pôr de lado alguns *status nervosi* [condições nervosas] dos hereditariamente degenerados, e também se acharão motivos para situar na classe da melancolia várias neuroses que hoje são denominadas neurastenia, de natureza intermitente ou periódica. Mas a mudança mais decisiva será introduzida se resolvermos separar da neurastenia o complexo de sintomas que descreverei nas páginas seguintes, que preenche de modo bastante satisfatório as

---

* G. M. Beard (1839-83), neurologista norte-americano autor de *Sexual Neurasthenia*, entre outros livros.

precondições mencionadas. Os sintomas desse complexo se acham clinicamente muito mais próximos um do outro do que dos da neurastenia autêntica (ou seja, frequentemente aparecem juntos, substituem um ao outro no curso da doença), e tanto a etiologia como o mecanismo dessa neurose são fundamentalmente diversos da etiologia e do mecanismo da autêntica neurastenia, tal como esta se apresenta após a separação.

Chamo esse complexo de sintomas de "neurose de angústia", porque todos os seus componentes podem ser reunidos em torno do sintoma principal que é a angústia, porque cada um deles possui determinada relação com a angústia. Eu acreditava que esta minha concepção dos sintomas da neurose de angústia era original, até que me caiu em mãos um interessante artigo de E. Hecker,[1] no qual vi a mesma interpretação exposta com toda a clareza e minúcia que se pode desejar. Contudo, Hecker não desprende do âmbito da neurastenia os sintomas que reconhece como equivalentes ou rudimentos do ataque de angústia, como pretendo fazer. Isso se deve, evidentemente, ao fato de não ter levado em consideração a diferença das precondições etiológicas num caso e no outro. Conhecendo-se tal diferença, deixa de haver a necessidade de usar o mesmo nome para os sintomas de angústia e os realmente neurastênicos, pois o

[1] E. Hecker, "Über larvierte und abortive Angstzustände bei Neurasthenie", *Zentralblatt für Nevenheilkunde*, dezembro de 1893. A angústia é incluída entre os principais sintomas da neurastenia no estudo de H. Kaan, *Der neurasthenische Angstaffekt bei Zwangsvorstellungen und der primordiale Grübelzwang*, Viena, 1893.

objetivo da designação, em si arbitrária, é sobretudo facilitar a enunciação de afirmações gerais.

I. SINTOMATOLOGIA CLÍNICA DA NEUROSE DE ANGÚSTIA

O que denomino "neurose de angústia" pode ser observado em formação mais completa ou mais rudimentar, isolado ou em combinação com outras neuroses. Os casos relativamente completos e, ao mesmo tempo, isolados, são naturalmente aqueles que mais favorecem a impressão de que a neurose de angústia é uma entidade clínica. Em outros casos, temos a tarefa de, num complexo de sintomas que corresponde a uma "neurose mista", selecionar e separar aqueles que não pertencem à neurastenia, à histeria etc., mas à neurose de angústia.

O quadro clínico da neurose de angústia compreende os seguintes sintomas:

1. *A irritabilidade geral*. Esse é um sintoma nervoso comum e, como tal, presente em muitas condições nervosas. Eu o menciono aqui porque aparece constantemente na neurose de angústia e é teoricamente significativo. Irritabilidade aumentada sempre indica acúmulo de excitação ou incapacidade de tolerar o acúmulo, ou seja, *absoluto* ou *relativo* acúmulo de excitação. Uma expressão dessa irritabilidade aumentada que acho merecedora de ênfase é a *hiperestesia auditiva*, uma sensibilidade excessiva a ruídos — sintoma que certamente se explica pela inata relação íntima entre impressões auditivas e

pavor. A hiperestesia auditiva revela-se frequentemente como causa da *insônia*, que em mais de uma forma faz parte da neurose de angústia.

2. *A expectativa angustiada*. Creio que a melhor maneira de explicar o estado a que me refiro é designando-o com esse nome e oferecendo alguns exemplos. Uma mulher que sofre de expectativa angustiada pensa em pneumonia a cada vez que seu marido gripado tosse, e mentalmente vê passar o cortejo fúnebre dele. Quando, ao voltar para casa, vê duas pessoas paradas defronte do seu prédio, não consegue deixar de pensar que um de seus filhos caiu da janela. Ao escutar a campainha, acha que alguém lhe traz a notícia de uma morte, e assim por diante — quando, em todos esses casos, não houve motivo especial que reforçasse uma mera possibilidade.

Naturalmente, a expectativa angustiada sempre ocorre de maneira atenuada no âmbito normal, abrange tudo o que em geral se designa como "ansiedade, tendência a uma visão pessimista das coisas"; mas com muita frequência vai além dessa ansiedade plausível e se mostra como uma espécie de coação.* Para uma forma da expectativa angustiada, aquela que diz respeito à própria saúde, pode-se reservar o velho termo *hipocondria*. A altura alcançada pela hipocondria nem sempre é paralela à expectativa angustiada geral; ela requer, como precondição, a existência de parestesias e sensações físicas dolorosas, tornando-se, assim, a forma que os verdadeiros

---

* No original, *Zwang*, que também se traduz por "compulsão, obsessão".

neurastênicos privilegiam quando sucumbem à neurose de angústia, algo que sucede com frequência.

Outra manifestação da expectativa angustiada seria a frequente inclinação, nas pessoas moralmente mais sensíveis, à angústia moral,* à escrupulosidade e minuciosidade excessiva, inclinação que também varia do normal até a forma acentuada que é a *mania de dúvida*.

A expectativa angustiada é o sintoma nuclear da neurose; nela também se mostra abertamente uma parte da teoria da neurose. Talvez se possa dizer que aí se acha presente um *quantum de angústia a flutuar livremente*, que na expectativa domina a escolha de representações e a todo momento está pronto para se vincular a um conteúdo representacional adequado.

3. Essa não é a única forma como pode se manifestar a ansiedade geralmente latente para a consciência, mas continuamente à espreita. Ela pode muito bem irromper de súbito na consciência, sem ser despertada pelo curso das representações, e assim provocar um *ataque de angústia*. Esse ataque consiste ou no sentimento de angústia apenas, sem qualquer representação associada, ou vem acompanhado da interpretação que primeiro se oferece — destruição da vida, "surto fulminante", ameaça de loucura —, ou alguma parestesia se acha mesclada ao sentimento de angústia (de modo semelhante à aura histérica), ou, por fim, o distúrbio de uma ou mais funções

---

* "Angústia moral": *Gewissensangst*, que literalmente significa "angústia da consciência moral"; cf. *Inibição, sintoma e angústia* (1926), cap. VII-IX, e *O mal-estar na civilização* (1930), cap. VII e VIII.

somáticas — da respiração, atividade cardíaca, inervação vasomotora, atividade das glândulas — está ligado à sensação de angústia. Dessa combinação o paciente destaca ora um, ora outro elemento, queixa-se de "espasmos do coração", "dificuldade de respirar", "suor excessivo", "fome intensa" e coisas assim, e em sua descrição o sentimento de angústia é com frequência relegado a segundo plano ou é designado, de modo irreconhecível, como "mal-estar", "desconforto" etc.

4. Algo interessante, e importante para o diagnóstico, é que a proporção da mistura desses fatores varia enormemente no ataque de angústia, e que quase todo sintoma acompanhante pode constituir o ataque, tanto quanto a angústia mesma. Assim, *ataques de angústia rudimentares* e *equivalentes do ataque de angústia*, todos provavelmente com a mesma importância e mostrando uma riqueza de formas grande e até agora pouco apreciada. O estudo mais preciso desses estados de angústia "larvares" (como E. Hecker os denomina) e sua diferenciação diagnóstica de outros ataques devem logo se tornar uma tarefa necessária para o neuropatologista.

Acrescento uma lista das formas de ataque de angústia que me são conhecidas:

a) Com distúrbios na *atividade cardíaca*, palpitações, arritmia breve, com taquicardia de mais longa duração até chegar a fraquezas graves do coração, que nem sempre é fácil distinguir de uma afecção cardíaca orgânica; *pseudoangina pectoris*, uma área de diagnóstico delicado!

b) Com distúrbios na *respiração*, várias formas de dispneia nervosa, ataques asmáticos etc. Ressalto que mesmo esses ataques nem sempre são acompanhados de angústia identificável.

c) *Suor excessivo*, com frequência durante a noite.

d) *Tremores* e *sacudidas*, que facilmente são confundidos com ataques histéricos.

e) *Fome intensa*, muitas vezes acompanhada de vertigem.

f) *Diarreias* que sobrevêm como acessos.

g) *Vertigem* locomotora.

h) Acessos do que é chamado de "congestões", praticamente tudo o que foi denominado "neurastenia vasomotora".

i) Acessos de *parestesias* (mas raramente sem angústia ou mal-estar semelhante).

5. Com frequência, acordar à noite apavorado (o *pavor nocturnus* dos adultos), geralmente com angústia, dispneia, suor etc., não é senão uma variante do ataque de angústia. Esse distúrbio implica uma segunda forma de insônia no âmbito da neurose de angústia. De resto, convenci-me de que também o *pavor nocturnus* das crianças exibe uma forma que faz parte da neurose de angústia. O traço histérico, a ligação da angústia com a reprodução de uma vivência ou sonho ali adequado, fazem o *pavor nocturnus* das crianças parecer algo especial; mas ele também se apresenta puro, sem sonho ou alucinação recorrente.

6. Uma posição de destaque no grupo de sintomas da neurose de angústia tem a *"vertigem"*, que em suas formas mais leves seria melhor denominar "tontura", e em seu desenvolvimento mais severo, como "ataque de vertigem", com ou sem angústia, se inclui entre os graves sintomas da

neurose. A vertigem da neurose de angústia não é giratória nem, como a vertigem labiríntica, afeta certos planos e direções. Faz parte da vertigem locomotora ou de coordenação, tal como a vertigem da oftalmoplegia; consiste num mal-estar específico, acompanhado de sensações de que o chão se move e as pernas afrouxam, de que é impossível permanecer em pé, e nisso as pernas ficam pesadas como chumbo, tremem ou se dobram. Essa vertigem nunca produz uma queda. Por outro lado, afirmo que um ataque de vertigem desses pode ser substituído por um desmaio profundo. Outras formas de desmaio na neurose de angústia parecem depender de um *colapso cardíaco*.

Não é raro que o ataque de vertigem seja acompanhado do pior tipo de angústia, frequentemente combinado com distúrbios cardíacos e respiratórios. Segundo minhas observações, com frequência também se acha na neurose de angústia a vertigem das alturas ou gerada por montanhas e abismos; mas não sei se é justificado admitir igualmente um *vertigo a stomacho laeso* [vertigem por problema estomacal].

7. Com base na ansiedade crônica (expectativa angustiada), por um lado, e na tendência a ataques de angústia com vertigem, por outro, desenvolvem-se dois grupos de fobias típicas, o primeiro referente a perigos fisiológicos gerais, e o segundo, à locomoção. Ao primeiro grupo pertence o medo* de cobras, tempestades, escuridão, determinados insetos etc., assim como a típica superescrupulosidade moral e formas da mania de

---

* No original, *Angst*, que significa tanto "angústia" como "medo".

dúvida; nesse a angústia disponível é simplesmente usada para reforçar aversões instintivamente presentes em todo indivíduo. Em regra, porém, forma-se uma fobia de efeito compulsivo apenas quando uma recordação se junta a uma vivência em que essa angústia pôde se manifestar; por exemplo, depois que o doente presenciou, sem abrigo, uma tempestade. É errado querer explicar tais casos simplesmente como *persistência de impressões fortes*; o que torna essas vivências significativas e sua lembrança duradoura é apenas o medo que pôde surgir na época e pode igualmente surgir agora. Em outras palavras, tais impressões continuam poderosas apenas em indivíduos com "expectativa angustiada".

O outro grupo inclui a *agorafobia* e todas as suas variantes, caracterizadas pela referência à locomoção. Frequentemente se vê que um ataque anterior de vertigem é o fundamento dessa fobia; mas não creio que seja lícito postular sempre esse ataque. Às vezes se nota que, após um primeiro ataque de vertigem sem angústia, a locomoção é constantemente acompanhada da sensação de vertigem, mas permanece possível sem restrições; todavia, em certas condições — o indivíduo estando só, numa rua estreita etc. —, ela falha quando ao ataque de vertigem se juntou a angústia.

A relação dessas fobias com as da neurose obsessiva, cujo mecanismo expus num artigo anterior, nesta revista,[2] é da seguinte espécie. A coincidência está em que

---

[2] "As neuropsicoses de defesa", *Neurologisches Zentralblatt*, 1894, n. 10 e 11. [Como observa James Strachey, nessa frase Freud usa

nos dois casos uma representação se torna obsessiva pela vinculação a um afeto disponível. Portanto, o mecanismo da *transposição de afeto* vale para os dois tipos de fobia. Porém, nas fobias da neurose de angústia esse afeto: 1) é monocórdio, sempre de angústia; 2) não vem de uma representação reprimida, mostrando-se *não mais redutível* na análise psicológica e também *inabalável ante a psicoterapia*. Logo, o mecanismo da *substituição* não vale para as fobias da neurose de angústia.

As duas espécies de fobia (ou neurose obsessiva) aparecem juntas com frequência, embora as fobias atípicas que se baseiam em obsessões não surjam necessariamente no terreno da neurose de angústia. Um mecanismo bastante frequente, aparentemente complicado, se verifica quando, numa fobia originalmente simples de uma neurose de angústia, o conteúdo da fobia é substituído por outra representação, ou seja, a substituição é posterior à fobia. Na substituição são empregadas com mais frequência as "*medidas protetoras*" que originalmente foram experimentadas para combater a fobia. Desse modo, por exemplo, a "mania de cogitar"* se origina do empenho do indivíduo em achar a contraprova de que não está maluco, como afirma sua fobia hipocondríaca; as dúvidas e hesitações, e

---

pela primeira vez, numa obra impressa, a expressão "neurose obsessiva"; ela tinha sido empregada antes numa carta a Wilhelm Fliess, em 7 de fevereiro de 1894.]

* No original, *Grübelsucht*, formado de *grübeln*, "refletir, cismar, cogitar", e *Sucht*, "mania, vício". Nas traduções consultadas temos: *obsesión especulativa*, *manía de cavilar*, *mania di rimuginare*, *brooding mania*.

ainda mais as repetições da *folie de doute* [mania de dúvida] nascem da justificada dúvida quanto à certeza do próprio curso de pensamento, já que a pessoa está cônscia da obstinada perturbação dele pela representação obsessiva e assim por diante. Pode-se afirmar, então, que também muitas síndromes da neurose obsessiva, como a *folie de doute* e similares, devem ser incluídos — clinicamente, se não conceitualmente — na neurose de angústia.[3]

8. Na neurose de angústia, a atividade digestiva sofre poucas perturbações, mas são características. Não são raras sensações como vontade de vomitar e náuseas, e o sintoma da fome intensa pode, sozinho ou com outros (congestões), produzir um ataque rudimentar de angústia. Como alteração crônica, análoga à expectativa angustiada, encontramos uma tendência à diarreia que ocasionou os mais estranhos erros de diagnóstico. Se não me engano, foi para isso que Möbius chamou recentemente a atenção num artigo.[4] Suponho também que a diarreia reflexa de Peyer, que ele derivou de enfermidades da próstata,[5] não seja senão essa diarreia da neurose de angústia. Cria-se a ilusão de uma relação reflexa porque na etiologia da neurose de angústia atuam os mesmos fatores que participam da gênese dessas afecções da próstata e de outras semelhantes.

A atividade gastrointestinal na neurose de angústia

---

[3] "Obsessões e fobias", *Revue Neurologique*, 1895.
[4] Möbius, *Neuropathologische Beiträge*, 1894.
[5] Peyer, *Die nervösen Affektionen des Darmes*, *Wiener Klinik*, janeiro de 1893.

mostra um agudo contraste com a influência sofrida pela mesma função na neurastenia. Casos mistos exibem frequentemente a conhecida "alternância de diarreia e constipação". Análoga a essa diarreia é a *necessidade de urinar* da neurose de angústia.

9. As *parestesias*, que podem acompanhar os ataques de vertigem ou de angústia, tornam-se interessantes pelo fato de se associarem numa sequência fixa, de modo semelhante às sensações da aura histérica; mas, ao contrário das histéricas, estas sensações me parecem atípicas e variáveis. Outra semelhança com a histeria se produz pelo fato de na neurose de angústia ocorrer uma espécie de *conversão*[6] para sensações físicas que podem ser facilmente ignoradas; por exemplo, nos músculos reumáticos. Um bom número dos assim chamados "reumáticos", que também podem ser diagnosticados como tais, sofre na verdade de... neurose de angústia. Além dessa intensificação da sensibilidade para a dor, observei em certo número de casos da neurose de angústia uma tendência a *alucinações*, as quais não podiam ser interpretadas como sendo histéricas.

10. Vários dos sintomas mencionados, que acompanham ou substituem a neurose de angústia, aparecem também de maneira crônica. Então é ainda mais difícil reconhecê-los, pois a sensação de angústia que os acompanha se torna menos nítida do que no ataque de angústia. Isso vale especialmente para a diarreia, a vertigem e as parestesias. Assim como um ataque de ver-

---

6 Ver "As neuropsicoses de defesa", 1894.

tigem pode ser substituído por um desmaio, a vertigem crônica pode ser substituída por uma contínua sensação de fraqueza, cansaço etc.

II. INCIDÊNCIA E ETIOLOGIA DA NEUROSE DE ANGÚSTIA

Em alguns casos de neurose de angústia não se descobre uma etiologia. É digno de nota que nesses casos raramente há dificuldade em comprovar um grave problema hereditário.

Mas, quando temos motivo para ver a neurose como *adquirida*, após um exame cuidadoso e direcionado encontramos uma série de perturbações e influências oriundas da *vida sexual*. Elas parecem, à primeira vista, ser de natureza diversa, mas logo revelam seu caráter comum, que explica seu efeito similar sobre o sistema nervoso; além disso, elas se apresentam sozinhas ou junto com outras perturbações *banais*, a que podemos atribuir um efeito de reforço. Essa etiologia sexual da neurose de angústia pode ser demonstrada com tamanha frequência que me permito, *para os fins desta breve comunicação*, não mencionar os casos de etiologia duvidosa ou diferente.

Para uma exposição mais precisa das condições etiológicas em que aparece a neurose de angústia, será aconselhável abordar separadamente homens e mulheres. A neurose de angústia se apresenta nos indivíduos do sexo feminino — sem considerar no momento a sua predisposição — nestes casos:

a) como *angústia virginal* ou *angústia das adolescentes*. Certo número de observações inequívocas me mostrou que o primeiro contato com o problema sexual, uma revelação meio súbita do que estava oculto — por exemplo, ao ver um ato sexual, pela comunicação de alguém ou pela leitura — pode suscitar, em garotas que estão amadurecendo, uma neurose de angústia que vem combinada com a histeria de maneira quase típica;

b) como angústia das recém-casadas. Jovens mulheres casadas que nas primeiras cópulas permaneceram impassíveis sucumbem, não raramente, à neurose de angústia, que desaparece depois que a frieza cede lugar à sensibilidade normal. Como a maioria das jovens mulheres casadas permanece saudável nessa impassibilidade inicial, o surgimento dessa angústia requer condições que mencionarei adiante;

c) como angústia das mulheres cujos maridos têm *ejaculatio praecox* ou potência bastante diminuída; e

d) cujos maridos praticam o *coitus interruptus* ou *reservatus*. Esses casos [*c* e *d*] estão juntos, pois analisando um grande número de exemplos é possível convencer-se facilmente de que a questão é se a mulher obtém satisfação no coito ou não. Neste último caso há a precondição para o surgimento da neurose de angústia. Por outro lado, a mulher é poupada da neurose se o marido que sofre de *ejaculatio praecox* é capaz de repetir imediatamente o coito com sucesso. O *coitus reservatus* com o preservativo não causa dano à mulher quando ela é rapidamente excitável e o marido é muito potente; de outro modo, esse tipo de intercurso preventivo é nocivo como os outros. O *coitus interruptus* é quase sempre nocivo; para a mulher, porém, é assim apenas quando o marido o pratica sem consideração, ou seja, interrompe o coito quando está próximo da ejaculação, sem se preocupar com o curso da excitação na mulher. Se, ao contrário, ele aguarda a satisfação da mulher, então um coito desses tem para ela o significado de um normal; mas então o homem adoece de neurose de angústia. Juntei e analisei um grande número de observações, nas quais se baseiam as afirmações acima;

e) como angústia das *viúvas e mulher deliberadamente abstinentes*, não raro em combinação típica com ideias obsessivas;

f) como angústia no *climatério*, durante a última grande intensificação da necessidade sexual.

Os casos *c*, *d* e *e* abrangem as condições em que, no sexo feminino, a neurose de angústia aparece antes e com mais frequência, de forma independente da predisposição hereditária. Nesses casos de neurose de angústia — que são curáveis e adquiridos —, procurarei demonstrar que a prática sexual nociva descoberta constitui realmente o fator etiológico. Apenas abordarei primeiramente as precondições sexuais da neurose de angústia nos *homens*. Vou distinguir os seguintes grupos, que têm analogias nas mulheres:

a) angústia dos deliberadamente *abstinentes*, muitas vezes combinada com sintomas de *defesa* (ideias obsessivas, histeria). Os motivos que determinam a abstinência deliberada implicam que certo número de pessoas hereditariamente predispostas, excêntricas etc. pertença a essa categoria.

b) angústia dos homens com excitação *frustrânea* (durante o noivado), indivíduos que (por temor das consequências do ato sexual) se contentam em tocar ou olhar a mulher. Esse grupo de precondições (que pode ser transposto inalterado para o outro sexo — noivado, relações em que se evita o sexo) fornece os casos mais puros da neurose.

c) angústia dos homens que praticam o *coitus interruptus*. Como já foi dito, o *coitus interruptus* é prejudicial à mulher quando é feito sem atentar para a satisfação dela; mas se torna nocivo para o homem quando este, a fim de alcançar a satisfação da mulher, dirige arbitrariamente o coito, retardando a ejaculação. Desse modo se compreende que, entre os casais que utilizam o *coitus interruptus*, apenas um dos parceiros adoece habitualmente. Além disso, é raro que o *coitus interruptus* dê origem a uma pura neurose de angústia nos homens; na maioria das vezes há uma mistura dela com a neurastenia.

d) angústia dos homens na *senescência*. Há homens que têm um climatério, como as mulheres, e, na época em que sua potência decresce e a libido aumenta, desenvolvem uma neurose de angústia.

Por fim, aduzirei mais dois casos que valem para ambos os sexos:

α) Aqueles que ficaram neurastênicos devido à masturbação sucumbem à neurose de angústia assim que abandonam sua forma de satisfação sexual. Essas pessoas se tornaram particularmente incapazes de suportar a abstinência.

Observo aqui, como algo importante para a compreensão da neurose de angústia, que um desenvolvimento notável dela ocorre apenas em homens que permanecem potentes e mulheres que não sejam impassíveis. Em neurastênicos que, se já tiveram grande comprometimento de sua potência devido à masturbação, a neurose de angústia, em caso de abstinência, resulta modesta, limitando-se geralmente a hipocondria e ligeira vertigem crônica. As mulheres devem ser vistas como "potentes" em sua maioria; uma mulher realmente impotente, ou seja, realmente impassível, também é pouco suscetível à neurose de angústia e suporta singularmente bem os problemas mencionados.

Ainda não discutirei aqui até que ponto se justifica, de resto, supor relações constantes entre determinado fator etiológico e determinado sintoma do complexo da neurose de angústia.

β) A última das precondições etiológicas que apresentarei não parece, à primeira vista, ser de natureza sexual. A neurose de angústia surge, em ambos os sexos, também devido ao fator do trabalho excessivo ou do esforço exaustivo, por exemplo, após noites em claro ou cuidados com enfermos, e até mesmo após doenças graves.

A objeção principal à minha postulação de uma etiologia sexual da neurose de angústia será provavelmente a seguinte: tais anomalias da vida sexual são tão frequentes que serão encontradas em toda parte em que as buscarmos. Logo, sua presença nos casos de neurose de angústia mencionados não demonstra que nelas foi descoberta a etiologia da neurose. Além disso, o número de indivíduos que praticam o *coitus interruptus* e similares é bem maior do que o daqueles acometidos de neurose de angústia, e a grande maioria dos primeiros tolera bem esse problema.

A isso responderei que, dada a enorme, conhecida frequência das neuroses e da neurose de angústia, em especial, certamente não se poderia esperar um fator etiológico *raro*; em segundo lugar, que satisfazemos um postulado da patologia quando, numa investigação etiológica, podemos demonstrar que o fator etiológico é mais frequente que o seu efeito, já que para esse último talvez sejam necessárias ainda outras condições (predisposição, acumulação* da etiologia específica, reforço de outras, banais coisas nocivas); por fim, que a dissecação minuciosa de casos adequados de neurose de angústia prova inequivocamente a importância do fator sexual. Mas me limitarei aqui ao fator etiológico do *coitus interruptus*, destacando certas observações que o confirmam.

1) Enquanto a neurose de angústia ainda não se acha constituída em mulheres jovens, surgindo apenas em indícios que desaparecem espontaneamente, é possível demonstrar que cada um desses pequenos surtos da neurose remonta a um coito insatisfatório. Dois dias após essa experiência — no dia seguinte, em pessoas menos resistentes — costuma surgir o ataque de angústia ou de vertigem, ao qual se juntam outros sintomas da neu-

---

* No original alemão, *Summation*, que designa o ato ou processo de somar, sendo o resultado *Summe* (em português, usa-se "soma" nos dois sentidos); nas versões consultadas: *agregación*, *sumación*, *sommazione*, *sumation*.

rose; e tudo isso volta a se atenuar, quando o intercurso conjugal é mais raro. Uma viagem ocasional do marido, uma estada nas montanhas, com o afastamento entre os cônjuges, tem um bom efeito; o tratamento ginecológico, a que geralmente se recorre em primeiro lugar, ajuda porque o intercurso conjugal é suspenso enquanto ele dura. Curiosamente, o sucesso do tratamento pela mudança de local é passageiro: a neurose aparece de novo quando a esposa está nas montanhas, tão logo o marido entra de férias também etc. Mas, se um médico conhecedor dessa etiologia fizer com que, numa neurose ainda não constituída, o *coitus interruptus* seja substituído pelo intercurso normal, haverá a prova *terapêutica* da afirmação que aqui se fez. A angústia será removida e não retornará sem uma nova causa da mesma espécie.

2) Na anamnese de muitos casos de neurose de angústia encontramos, em homens e em mulheres, uma evidente oscilação na intensidade das manifestações, inclusive no aparecimento e desaparecimento de toda a condição. Num ano correu tudo bem, no ano seguinte foi terrível etc.; certa vez a melhora foi atribuída a determinada terapia, mas no ataque seguinte essa falhou etc. Se nos informamos sobre o número e a sequência dos filhos e comparamos essa crônica matrimonial com o singular decurso da neurose, temos a simples solução de que os períodos de melhora ou de bem-estar coincidem com as épocas de gravidez da mulher, durante as quais, naturalmente, não havia motivo para a prevenção no intercurso. Mas o marido se beneficiou do tratamento após o qual encontrou a mulher grávida, quer o te-

nha recebido do pastor Kneipp* ou no estabelecimento hidroterápico.

3) A anamnese dos pacientes revela frequentemente que os sintomas da neurose de angústia, em determinada época, sucederam aos de outra neurose — os da neurastenia, por exemplo —, tomando-lhes o lugar. Nesses casos, quase sempre é possível demonstrar que pouco antes dessa mudança do quadro houve uma mudança correspondente no tipo de influência sexual nociva.

Enquanto observações dessa espécie, que podem ser multiplicadas à vontade, praticamente impõem ao médico a etiologia sexual em certa categoria de casos, há outros casos — que de outra forma permaneceriam incompreensíveis — que mediante a chave da etiologia sexual podem ser ao menos compreendidos e classificados sem contradição. São aqueles casos numerosos em que se acha presente tudo o que vimos na categoria anterior — por um lado, as manifestações da neurose de angústia; por outro, o fator específico do *coitus interruptus* —, mas em que se insere algo mais: um longo intervalo entre a etiologia suposta e seus efeitos, e talvez também fatores etiológicos de natureza não sexual. Por exemplo, há um homem que, ao receber a notícia da morte do pai, teve um ataque cardíaco e desde então sucumbiu à neurose de angústia. É difícil compreender o caso, pois até então o homem não era neurótico. A

---

* O pastor Sebastian Kneipp (1821-97), de Bad Wörishofen, na região da Suábia, era conhecido por seu tratamento com água fria e métodos "naturais".

morte do pai idoso não ocorreu em circunstâncias especiais, e deve-se admitir que o falecimento normal e já esperado de um velho pai não se inclui entre as vivências que habitualmente fazem adoecer um adulto sadio. Talvez a análise etiológica fique mais clara se eu acrescentar que havia onze anos esse homem praticava o *coitus interruptus* em consideração à sua mulher. Pelo menos as manifestações são exatamente iguais às que aparecem em outras pessoas, após uma breve influência sexual nociva do mesmo tipo e sem a intervenção de outro trauma. Devemos julgar de forma semelhante o caso de uma mulher que tem neurose de angústia após a perda de um filho, ou de um estudante que durante a preparação para os exames finais do curso é acometido de neurose de angústia. Também nesses casos o efeito não me parece explicado pela etiologia indicada. Não é preciso "sobrecarregar-se" nos estudos, e uma mãe sadia costuma reagir à perda de um filho com o luto normal. E eu esperaria, sobretudo, que com a sobrecarga de trabalho o estudante adquirisse uma cefalastenia,* e essa mãe, uma histeria. Dado que ambos têm neurose de angústia, isso me leva a atribuir importância ao fato de a mãe viver há oito anos praticando *coitus interruptus* no casamento e o estudante manter há três anos uma cálida relação amorosa com uma garota "respeitável" que ele não pode engravidar.

---

* No original, *Kephalasthenie*; no texto seguinte, "A crítica à 'Neurose de angústia'", Freud usa a expressão "neurastenia cerebral" ao se referir a esse caso.

Essas considerações resultam na afirmação de que a específica nocividade sexual do *coitus interruptus* ao menos predispõe para a aquisição da neurose de angústia, quando não é capaz de provocá-la sozinha. A neurose de angústia irrompe assim que ao efeito latente do fator específico se acrescenta o efeito de outra, uma banal influência nociva. Essa última pode representar quantitativamente o fator específico, mas não substituí-lo qualitativamente. O fator específico é sempre aquele que determina a forma da neurose. Espero poder demonstrar a validade dessa tese sobre a etiologia das neuroses também numa escala mais ampla.

Nessas últimas observações também se acha a suposição, que em si mesma não é improvável, de que uma influência sexual nociva como o *coitus interruptus* chega a acontecer através da acumulação. Conforme a predisposição do indivíduo e alguma debilidade hereditária do seu sistema nervoso, será preciso um tempo mais breve ou mais longo até que o efeito dessa acumulação se torne visível. Os indivíduos que aparentemente suportam o *coitus interruptus* sem problema são, na realidade, predispostos por ele aos distúrbios da neurose de angústia, que podem, em algum momento, irromper espontaneamente ou após um trauma banal, que em outras condições não seria suficiente — como um alcoólatra, pela via da acumulação, desenvolve enfim uma cirrose ou outra doença, ou sucumbe ao delírio sob a influência de uma febre.

III. PRIMEIROS PASSOS PARA UMA TEORIA DA NEUROSE DE ANGÚSTIA

As considerações seguintes aspiram apenas ter o valor de uma primeira, incipiente tentativa, e o juízo que se faça delas não deve influir na aceitação dos *fatos* expostos acima. A avaliação dessa "teoria da neurose de angústia" também é dificultada pelo fato de ela corresponder apenas a um fragmento de uma abordagem mais abrangente das neuroses.

No que até agora dissemos sobre a neurose de angústia já se encontram alguns pontos de partida para uma compreensão do mecanismo dessa neurose. Primeiro a conjectura de que deve se tratar de um acúmulo de excitação, depois o fato, muito importante, de que a *angústia* que fundamenta as manifestações da neurose não tem *origem psíquica*. Tal origem existiria, por exemplo, se fosse encontrado, como base da neurose de angústia, um pavor justificado, acontecido uma vez ou repetidamente, que desde então seria a fonte da prontidão para a angústia. Mas não é esse o caso; devido a um pavor ocorrido uma vez, pode-se adquirir uma histeria ou uma neurose traumática, mas *nunca* uma neurose de angústia. Como o *coitus interruptus* se destaca entre as causas da neurose de angústia, inicialmente pensei que a fonte da angústia contínua poderia ser o temor, sempre recorrente no ato sexual, de que a técnica pode falhar e isso ocasionar uma concepção. Mas descobri que esse estado de ânimo da mulher ou do homem, no *coitus interruptus*, não influi na gênese da neurose de angústia, que as mulheres indiferentes à consequência de uma possível concepção são tão suscetíveis à neurose quanto as que receiam tal possibilidade, e que importa apenas qual das duas partes é privada de sua satisfação nessa técnica sexual.

Outro ponto de partida é fornecido pela observação, ainda não mencionada, de que toda uma série de casos de neurose de angústia vem acompanhada de uma nítida diminuição da libido sexual, do *prazer psíquico*, de modo que os pacientes, ao ouvirem que sua doença se deve a "insuficiente satisfação", costumam responder que isso é impossível, pois todo desejo se acha extinto neles nesse momento. Todos esses indícios, de que se trata de um acúmulo de excitação, de que a angústia que provavelmente corresponde a essa excitação acumulada é de origem somática, de modo que, portanto, a excitação somática é acumulada, e, além disso, que tal excitação somática é de natureza sexual e que simultaneamente há um decréscimo da participação psíquica nos processos sexuais — todos esses indícios, afirmo, favorecem a expectativa de que *o mecanismo da neurose de angústia deve ser buscado no desvio da excitação sexual somática da esfera psíquica e num consequente emprego anormal dessa excitação.*

Essa concepção do mecanismo da neurose de angústia pode ficar mais clara quando se aceita a seguinte visão do processo sexual, que se refere, em primeiro lugar, ao homem. No organismo masculino sexualmente maduro é produzida — provavelmente de modo contínuo — a excitação sexual somática, que se torna, de maneira periódica, um estímulo para a vida psíquica. Para melhor fixar nossas concepções a respeito disso, acrescentemos neste ponto que essa excitação somática se manifesta como pressão sobre as paredes, dotadas de terminações nervosas, das vesículas seminais, de forma que essa excitação visceral aumentará continuamente, mas apenas a partir de certa altura será capaz de vencer a resistência do interposto canal de condução até o córtex cerebral e se manifestar como estímulo psíquico. Mas então o grupo de representações sexuais presente na psique é dotado de energia e surge o estado psíquico de tensão libidinal, que traz consigo o impulso para remover essa tensão. Esse desafogo psíquico é possível apenas mediante o que chamarei de ação *específica* ou *adequada*. Tal ação adequada consiste, para o instinto sexual masculino, num complicado ato reflexo espinhal que tem por consequência o desafogo das terminações nervosas, e em todos os preparativos psíquicos que devem ser feitos para desencadear esse reflexo. Algo diferente da ação adequada não serviria, pois a excitação sexual somática se transforma continuamente em excitação psíquica depois que atinge o valor limiar; é preciso absolutamente que suceda algo que libere as terminações nervosas da pressão sobre elas exercitada, de modo que toda a excitação somática então presente cesse e a via de condução subcortical possa restabelecer sua resistência.

Abstenho-me de descrever casos mais complicados do processo sexual de forma semelhante. Apenas afirmarei também que esse esquema pode, no essencial, ser transposto para a mulher, apesar do desconcertante problema do artificial retardamento e atrofiamento do instinto sexual feminino. Deve-se supor que também na mulher haja uma excitação sexual somática e um estado em que essa excitação se torna estímulo psíquico, libido, e provoca o impulso para a ação específica a que se liga a sensação de volúpia. Mas no caso da mulher não somos capazes de dizer o que corresponderia à distensão das vesículas seminais.

No quadro dessa exposição do processo sexual podemos incluir também a etiologia da autêntica neurastenia, além da neurose de angústia. A neurastenia surge sempre que o adequado desafogo (a ação adequada) é substituído por um menos adequado, ou seja, quando o coito normal, nas condições mais favoráveis, é substituído pela masturbação ou pela poluição espontânea. Já a neurose de angústia é o resultado de todos os fatores que impedem a elaboração psíquica da excitação sexual somática. As manifestações da neurose de angústia ocorrem quando a excitação sexual somática desviada da psique é gasta de modo subcortical, em reações totalmente inadequadas.

Agora tentarei verificar se as precondições etiológicas da neurose de angústia apresentadas acima mostram o caráter comum que estabeleci. O primeiro fator etiológico que mencionei para os homens foi a abstinência deliberada. Abstinência consiste na não realização* da ação específica que normalmente se segue à libido. Essa não realização poderá ter duas consequências: primei-

---

* "Não realização": tradução dada a *Versagung* no presente contexto; as versões consultadas trazem: *renúncia*, *denegación* [com o original e "*frustración*" entre colchetes], *rinuncia*, *withholding*. Sobre o termo *Versagung*, ver Paulo César de Souza, *As palavras de Freud: O vocabulário freudiano e suas versões*. São Paulo: Companhia das Letras, 2. ed. rev., 2010, apêndice C.

ro, que a excitação somática se acumule e depois seja desviada para outros caminhos, em que seja mais provável sua descarga do que pelo caminho da psique. Assim, a libido finalmente diminuirá, e a excitação se exteriorizará como angústia, de modo subcortical. [Em segundo lugar:] Quando a libido não é reduzida, ou a excitação somática é gasta, por uma via curta, em poluções, ou realmente se esgota por ser rechaçada [*Zurückdrängung*], então surge qualquer outra coisa menos neurose de angústia. Dessa maneira, a abstinência leva à neurose de angústia. Mas a abstinência é também o que atua no segundo grupo etiológico, o da excitação frustrânea. O terceiro caso, do *coitus interruptus* por consideração à mulher, atua perturbando a prontidão psíquica para o decurso sexual, por introduzir, além da dominação do afeto sexual, outra tarefa psíquica, que distrai. Também com essa distração psíquica desaparece gradualmente a libido, e o curso posterior é então o mesmo do caso da abstinência. A angústia na senescência (o climatério dos homens) pede outra explicação. Aí a libido não relaxa; mas, assim como durante o climatério das mulheres, ocorre tal aumento na produção da excitação somática que a psique se mostra relativamente insuficiente para dominá-la.

Não traz maiores dificuldades a inclusão nesse ponto de vista das precondições etiológicas concernentes à mulher. O caso da angústia virginal é particularmente claro. Nele não se acham ainda suficientemente desenvolvidos os grupos de representações aos quais deve se ligar a excitação sexual somática. Na recém-casada impassível, a angústia aparece apenas quando os primeiros intercursos despertam uma medida suficiente de excitação somática. Faltando os indícios locais dessa excitação (como sensação espontânea de estímulo, desejo de urinar etc.), também a angústia está ausente. O caso da *ejaculatio praecox* e do *coitus interruptus* se explica de modo similar ao do homem, pelo fato de desaparecer aos poucos a libido para o ato psiquicamente insatisfatório, enquanto a excitação ali despertada é gasta de forma subcortical. A *alienação* produzida entre o somático e o psíquico, no decorrer da excitação sexual, ocorre mais rapidamente na mulher e é mais difícil de eliminar do que no homem. Os casos da viuvez e da abstinência voluntária, assim como o do climatério, resolvem-se na mulher e no homem de igual maneira, mas no caso da abstinência há também a repressão deliberada do conjunto de representações sexuais, que muitas vezes a mulher abstinente, que luta contra a tentação, tem de se decidir a fazer, e de modo semelhante pode agir, na época da menopausa, a repulsa que a mulher, ao envelhecer, sente em relação à libido que aumentou demais.

Também as duas últimas precondições etiológicas elencadas acima [pp. 99-100] parecem incluir-se em nossa abordagem sem dificuldade. Nas pessoas que se masturbam e se tornaram neurastênicas, a tendência à angústia se explica pelo fato de elas facilmente passarem à "abstinência" após terem se acostumado por tanto tempo a arranjar uma descarga deficiente para toda pequena quantidade de excitação somática. Enfim, o último caso — o surgimento da neurose de angústia devido a doença grave, trabalho excessivo, cuidados exaustivos com enfermos etc. — admite, relacionado aos efeitos do *coitus interruptus*, a natural interpretação de que a psique, sendo desviada, é ali insuficiente para dominar a excitação sexual somática, uma tarefa de que continuamente se ocupa. Sabe-se o quanto a libido pode diminuir nessas condições, e temos aqui um belo exemplo de uma neurose que, *embora não tenha uma etiologia sexual, certamente mostra um mecanismo sexual*.

A concepção aqui desenvolvida apresenta os sintomas da neurose de angústia como, de certo modo, *substitutos* da ação específica omitida que acompanha a excitação sexual. Também em amparo dessa concepção, lembro que no coito normal a excitação se gasta, entre outras coisas, em respiração acelerada, batidas do coração, suor, congestão etc. No correspondente ataque de angústia de nossa neurose, encontramos isoladas e acentuadas a dispneia, as batidas do coração etc. do coito.

Também se poderia perguntar: por que o sistema nervoso, nessas circunstâncias de insuficiência psíquica para dominar a excitação sexual, se acha no peculiar estado afetivo da *angústia*? A isso cabe responder, de modo incipiente: a psique se acha no afeto da angústia quando se sente incapaz de lidar com uma tarefa que *se avizinha de fora* (um perigo) mediante a reação correspondente; ela sucumbe à neurose da angústia quando nota que é incapaz de contrabalançar* a excitação (sexual) que surge de forma

---

* No original, *ausgleichen*, que os dicionários bilíngues dão como equivalente de "compensar, ajustar, igualar, equilibrar, saldar, liquidar, nivelar etc.". Nas versões do texto consultadas encontramos: *hacer cesar, reequilibrar, fronteggiare, even out*.

endógena. *Ela age, portanto, como se projetasse a excitação para fora.* O afeto e a neurose que lhe corresponde estão em firme relação um com o outro; o primeiro é a reação a uma excitação exógena; a segunda, a reação à excitação endógena análoga. O afeto é um estado que passa rapidamente; a neurose é um estado crônico, porque a excitação exógena atua como um golpe único, e a endógena, como uma força constante. *Na neurose, o sistema nervoso reage a uma fonte interior de excitação, assim como no afeto correspondente reage a uma fonte exterior análoga.*

IV. RELAÇÃO COM OUTRAS NEUROSES

Restam ainda algumas observações sobre as relações da neurose de angústia com as outras neuroses, no tocante à incidência e afinidade interna.

Os casos mais puros de neurose de angústia são também, em geral, os mais característicos. Eles se encontram em indivíduos jovens e potentes, com etiologia uniforme e duração não muito longa da enfermidade.

Mais frequente, no entanto, é a incidência simultânea e combinada de sintomas de angústia com os da neurastenia, histeria, ideias obsessivas, melancolia. Se, devido a essa mistura clínica, nos abstivéssemos de reconhecer a neurose de angústia como uma unidade autônoma, de modo coerente teríamos de renunciar também à separação laboriosamente conquistada entre histeria e neurastenia.

No que toca à análise das "neuroses mistas", posso defender esta importante tese: *quando deparamos com uma neurose mista, é possível demonstrar que há uma mescla de várias etiologias específicas.*

Tal multiplicidade de fatores etiológicos, que determina uma neurose mista, pode suceder de maneira casual, se, digamos, uma nova influência nociva acrescentar seus efeitos aos de uma já existente; por exemplo, uma mulher que sempre foi histérica passa a usar o *coitus reservatus* em determinada época de seu casamento e adquire uma neurose de angústia além da histeria; um homem, que até então se masturbou e se tornou neurastênico, fica noivo, excita-se na presença da noiva, e à neurastenia se junta uma neurose de angústia.

Em outros casos, a multiplicidade* dos fatores etiológicos não é fortuita, um dos fatores fez outro atuar; por exemplo, uma mulher, com a qual o marido pratica *coitus reservatus* sem consideração pela satisfação dela, vê-se obrigada a recorrer à masturbação para pôr fim à penosa excitação que lhe fica após esse ato; por causa disso, não mostra uma pura e simples neurose de angústia, mas também sintomas de neurastenia. Outra mulher, com o mesmo problema, terá de lutar com imagens lascivas, das quais procura se defender, e dessa maneira vai adquirir, devido ao *coitus interruptus*, ideias obsessivas além da neurose de angústia. Por fim, uma terceira mulher, em consequência do *coitus interruptus*, vai perder a afei-

---

* No original, *Mehrheit*, que significa "maioria". Mas pelo contexto se nota que o correto seria "multiplicidade" ou "pluralidade", que são os dois termos que usam as traduções consultadas (embora sem comentar a discrepância numa nota).

ção pelo marido e sentir afeição por outro, o que manterá cuidadosamente em segredo, e por isso apresentará uma mistura de neurose de angústia e histeria.

Numa terceira categoria de neuroses mistas, o nexo entre os sintomas é ainda mais estreito, pois a mesma precondição etiológica suscita as duas neuroses de maneira regular e simultânea. Assim, por exemplo, o esclarecimento sexual repentino, que encontramos na angústia virginal, sempre gera também histeria; a grande maioria dos casos de abstinência deliberada se liga, desde o início, a verdadeiras ideias obsessivas; nos homens, o *coitus interruptus* nunca me parece provocar uma simples neurose de angústia, mas sempre uma mistura dela com a neurastenia, e assim por diante.

Dessas considerações resulta que é preciso também distinguir entre as precondições etiológicas para a incidência da neurose e os fatores etiológicos específicos dela. As primeiras — o *coitus interruptus*, a masturbação, a abstinência, por exemplo — são ambíguas e podem, cada uma delas, produzir diferentes neuroses; apenas os fatores etiológicos delas abstraídos, como *desafogo insuficiente*, *insuficiência psíquica*, *defesa com substituição*, têm uma relação inequívoca e específica com a etiologia das grandes neuroses separadamente.

No que diz respeito à sua essência, a neurose de angústia exibe as mais interessantes coincidências e diferenças em relação às outras grandes neuroses, em especial a neurastenia e a histeria. Com a neurastenia partilha uma característica maior: a fonte de excitação, o que ocasiona o distúrbio, acha-se no âmbito somático, em vez de no psíquico — como a histeria e a neurose obsessiva. Em outros aspectos, notamos uma espécie de antítese entre os sintomas da neurastenia e da neurose de angústia, que poderia ser expressa utilizando os rótulos "acumulação da excitação" e "empobrecimento da excitação". Essa antítese não impede que as duas neuroses se misturem, mas se revela no fato de as formas extremas ser também as mais puras nos dois casos.

Com a histeria, a neurose de angústia mostra uma série de coincidências na sintomatologia, que ainda não foram precisamente estudadas. O surgimento das manifestações como sintomas duradouros ou em ataques, as parestesias grupadas ao modo de aura, as hiperestesias e pontos de pressão que há em certos sucedâneos do ataque de angústia, na dispneia e no ataque cardíaco, a intensificação de dores que talvez tenham causa orgânica (conversão) — esses e outros traços comuns fazem até mesmo supor que muita coisa que se atribui à histeria poderia, com mais justiça, ser posta na conta da neurose de angústia. Examinando o mecanismo das duas neuroses, na medida em que é possível compreendê-lo até o momento, deparamos com aspectos que fazem a neurose de angústia parecer a contrapartida somática da histeria. Numa e noutra, acumulação de excitação — no que provavelmente se baseia a mencionada semelhança dos sintomas; numa e noutra, uma *insuficiência psíquica que dá origem a processos somáticos anormais*. Numa e noutra, em vez de uma elaboração psíquica, há um desvio da excitação para o âmbito somático; a diferença está apenas em que a excitação, em cujo deslocamento a neurose se expressa, é puramente somática na neurose de angústia (a excitação sexual somática), enquanto na histeria é psíquica (provocada por conflito). Por isso, não surpreende que histeria e neurose de angústia se combinem regularmente, como na "angústia virginal" ou na "histeria sexual", que a histeria simplesmente tome emprestado certo número de sintomas da neurose de angústia e assim por diante. Tais relações íntimas da neurose de angústia com a histeria também fornecem um novo argumento em favor da separação entre a neurose de angústia e a neurastenia: recusando essa separação, não mais será possível manter a diferenciação entre neurastenia e histeria, tão laboriosamente adquirida e tão indispensável na teoria das neuroses.

Viena, dezembro de 1894.

A CRÍTICA À "NEUROSE DE ANGÚSTIA" (1895)

TÍTULO ORIGINAL: "ZUR KRITIK DER 'ANGSTNEUROSE'".
PUBLICADO PRIMEIRAMENTE EM *WIENER KLINISCHEN RUNDSCHAU*, 9,
N. 27-9. TRADUZIDO DE *GESAMMELTE WERKE I*, PP. 357-76.

A CRÍTICA À "NEUROSE DE ANGÚSTIA"

No segundo número do *Neurologisches Zentralblatt* [Folha central de neurologia], de Mendel (1895), publiquei um breve ensaio em que fiz a tentativa de separar da neurastenia uma série de estados nervosos, fazendo deles uma entidade independente com o nome de "neurose de angústia".[1] O que me levou a isso foi uma constante coincidência de características clínicas e etiológicas, algo que deve ser decisivo numa distinção. Percebi — e nisso E. Hecker havia me antecipado — que os sintomas neuróticos em questão podiam ser juntados como sendo expressão da angústia, e, com base em meus estudos sobre a etiologia das neuroses, pude acrescentar que essas partes do complexo "neurose de angústia" exibem precondições etiológicas especiais, que são praticamente o oposto da etiologia da neurastenia. A experiência havia me ensinado que na etiologia das neuroses (pelos menos dos casos *adquiridos* e das formas *adquiríveis*) os fatores sexuais têm um papel eminente e pouco levado em conta, de modo que a afirmação de que "a etiologia das neuroses está na sexualidade" se acha mais próxima da verdade, com toda a sua inevitável incorreção *per excessum et defectum* [por excesso e omissão], do que as outras teorias atualmente em vigor. Conforme outra tese que a experiência me impôs, as diversas práticas sexuais danosas não se acham na etiologia de todas as neuroses indiferentemente, havendo, isto sim, inequívocas relações entre certas práticas sexuais danosas e certas neuroses. Assim, foi lícito supor que eu havia descoberto as causas

---

1 "Sobre os motivos para separar da neurastenia um complexo de sintomas, a 'neurose de angústia'" (1895).

específicas das várias neuroses. Procurei, então, formular brevemente o caráter especial das práticas sexuais danosas que constituem a etiologia da neurose de angústia, e cheguei (com base em minha concepção do processo sexual, op. cit., p. 107) à tese de que a neurose de angústia é criada por tudo que mantém a tensão sexual somática longe da esfera psíquica, que atrapalha sua elaboração psíquica. Se remontamos às circunstâncias concretas em que esse fator atua, somos levados a afirmar que abstinência voluntária ou involuntária, intercurso sexual com satisfação incompleta, *coitus interruptus*, afastamento do interesse psíquico da sexualidade etc. são os fatores etiológicos específicos dos estados que denominei "neurose de angústia".

Ao publicar a comunicação a que me refiro, de modo nenhum me iludi quanto ao seu poder de convencimento. Antes de tudo, estava ciente de que havia produzido somente uma exposição breve, incompleta e às vezes de difícil compreensão, que talvez apenas bastasse para gerar expectativa nos leitores. Eu praticamente não aduzi exemplos nem mencionei números, não toquei na técnica de colher a anamnese, nada fiz para prevenir mal-entendidos, não considerei senão as objeções mais óbvias, e da teoria mesma só pus em evidência a tese principal, e não as limitações. Assim, cada qual podia realmente formar sua própria opinião acerca da validade da colocação. Além disso, eu haveria de contar com outro obstáculo para a aceitação do trabalho. Sei muito bem que com a "etiologia sexual" das neuroses nada trouxe de novo, que sempre houve subcorrentes da literatura médica que levam em conta esses fatos, e que a medicina oficial das escolas também tinha ciência deles. Mas essa última fez como se nada soubesse; não fez uso de seu conhecimento, não tirou nenhuma conclusão dele. Essa atitude deve ter um fundamento arraigado, algo como uma espécie de medo de olhar de frente para as questões sexuais, ou uma reação a tentativas de explicação mais antigas, consideradas ultrapassadas. De todo modo, foi necessário estar pronto para encontrar resistência, ao procurar tornar verossímil, para outras pessoas, algo que elas poderiam ter descoberto por si mesmas sem maior esforço.

Nessas circunstâncias, seria talvez mais apropriado não responder a objeções críticas antes de me expressar mais detalhadamente sobre esse tema complicado e torná-lo mais compreensível. Contudo, não posso resistir aos motivos que me induzem a abordar de imediato uma crítica recente à minha teoria da neurose de angústia. Faço isso por causa da pessoa que a escreveu, Leopold Löwenfeld, de Munique, autor de *Pathologie und Therapie der Neurasthenie und Hysterie*, cuja opinião tem grande peso na comunidade médica; devido a uma concepção equivocada que o texto de Löwenfeld me atribui; e porque gostaria de combater, já de início, a impressão de que minha teoria pode ser refutada, sem muito esforço, com as primeiras objeções que se tenha à mão.

Com olhar certeiro, Löwenfel[2] reconhece o ponto es-

---

2 L. Löwenfeld, "Über die Verknüpfung neurasthenischer und hysterischer Symptome in Anfallsform nebst Bemerkungen über die Freudsche Angstneurose", *Münchener medizinischen Wochenschrift*, n. 13, 1895.

sencial do meu trabalho, a afirmação de que os sintomas de angústia têm uma etiologia específica e uniforme, de natureza sexual. Não se constatando esse fato, desaparece o principal motivo para separar da neurastenia uma neurose de angústia independente. Mas restaria uma dificuldade, para a qual chamei a atenção: os sintomas de angústia têm relações inconfundíveis também com a histeria, de modo que, decidindo-se conforme faz Löwenfeld, a diferenciação entre histeria e neurastenia seria prejudicada. Ocorre que essa dificuldade é solucionada pelo recurso — que abordarei mais adiante — à hereditariedade como causa comum de todas essas neuroses.

Em quais argumentos Löwenfeld ampara sua objeção à minha teoria?

1) Enfatizei, como essencial para a compreensão da neurose de angústia, que a angústia nela presente não é de derivação psíquica, ou seja, que a prontidão para a angústia, que forma o núcleo da neurose, não pode ser adquirida mediante um afeto de pavor psiquicamente justificado, único ou repetido. O pavor poderia resultar numa histeria ou numa neurose traumática, não numa neurose de angústia. Como facilmente se vê, essa negativa não é senão a contrapartida à minha afirmação, de teor positivo, de que a angústia de minha neurose corresponde a uma tensão sexual somática que foi desviada da esfera psíquica, que de outro modo se mostraria como libido.

Em oposição a isso, Löwenfeld frisa que em certo número de casos "estados de angústia aparecem imediatamente ou pouco depois de um choque psíquico (mero pavor ou acidentes acompanhados de pavor), e nisso há,

A CRÍTICA À "NEUROSE DE ANGÚSTIA"

por vezes, circunstâncias que tornam muito improvável a participação de influxos sexuais nocivos da espécie indicada". Ele relata brevemente uma observação clínica (entre muitas), como exemplo particularmente pregnante. Trata-se de uma mulher de trinta anos, casada há quatro, com problema hereditário, que há um ano teve um primeiro parto difícil. Algumas semanas depois, apavorou-se com uma doença do marido e em sua agitação andou de camisola pelo quarto sem aquecimento. A partir de então ficou doente, primeiro com angústia e palpitações ao entardecer, depois com ataques de tremor convulsivo e, mais tarde, fobias e coisas similares: o quadro de uma neurose de angústia plenamente desenvolvida. "Aqui os estados de angústia", conclui Löwenfeld, "são de evidente origem psíquica, provocados pelo susto ocorrido uma vez."

Não duvido que meu eminente crítico disponha de muitos casos similares; eu mesmo posso oferecer uma longa lista deles. Quem não tiver visto esses casos de irrupção da neurose de angústia após um choque psíquico, de ocorrência bastante frequente, não pode intervir no debate sobre a neurose de angústia. Quero apenas observar que não é sempre necessário que se encontre pavor ou expectativa angustiada na etiologia desses casos; qualquer outra comoção influi. Examinando rapidamente alguns casos que tenho na memória, penso num homem de 55 anos que teve o primeiro ataque de angústia (com colapso cardíaco) ao receber a notícia da morte do pai idoso; a partir de então se desenvolveu uma típica neurose de angústia com agorafobia. Recordo também um homem jovem, que sucumbiu à mesma neurose devido à excitação pelos desentendimentos entre sua jovem mulher e sua mãe, e que a cada nova briga doméstica sofria novamente de agorafobia; e um estudante, de natureza um tanto vadia, que teve os primeiros ataques de angústia num período de trabalho duro para um exame, incitado pelo desfavor paterno; uma mulher sem filhos, que adoeceu devido à angústia pela saúde de uma sobrinha pequena, e assim por diante. Ou seja, não há a menor dúvida quanto ao fato mesmo que Löwenfeld apresenta contra mim.

Mas quanto à sua interpretação, sim. Devemos admitir sem mais o *post hoc ergo propter hoc*,* poupando-nos toda elaboração crítica do material? Há exemplos suficientes em que a causa última, desencadeadora, não pôde se afirmar como *causa efficiens* diante da análise crítica. Lembramos a relação entre trauma e gota, por exemplo. O papel do trauma, na provocação de um ataque de gota no membro afetado pelo trauma, provavelmente não é diverso daquele que deve ser na etiologia da tabes e da paralisia; mas no exemplo da gota já parece absurdo para qualquer inteligência que o trauma tenha "causado" a gota, em vez de provocado. Deve nos fazer refletir o fato de encontrarmos fatores etiológicos dessa espécie — eu os chamaria de "banais" — na etio-

---

* "'Depois disso, logo por causa disso'. Designação, em Escolástica, do erro que consiste em tomar por causa o que é apenas um antecedente" (Paulo Rónai, *Não perca seu latim*. Rio de Janeiro: Nova Fronteira, 5. ed., 1980).

logia dos mais diversos estados patológicos. Comoção, pavor é também um desses fatores banais. O pavor pode provocar tanto uma neurose de angústia quanto coreia, apoplexia, *paralysis agitans* e outras coisas. Mas certamente não posso argumentar que, devido a essa ubiquidade, as causas *banais* não satisfazem nossos requisitos e é preciso que haja também causas *específicas*. Isto significaria antecipar a tese que desejo provar. Mas justifica-se que eu tire a seguinte conclusão: quando é possível demonstrar a mesma causa *específica* na etiologia de todos ou da maioria dos casos de neurose de angústia, nossa concepção não precisa se atrapalhar com o fato de a irrupção da enfermidade ocorrer somente após a influência de um ou outro fator *banal* como uma comoção.

Assim aconteceu nos meus casos de neurose de angústia. O homem que adoeceu com a notícia da morte do pai — misteriosamente (acrescento o advérbio porque essa morte não foi inesperada nem ocorreu em circunstâncias inusuais, abaladoras) —, há onze anos praticava o *coitus interruptus* com a mulher, que ele geralmente buscava satisfazer. O homem jovem, que não aguentava as desavenças entre sua mulher e sua mãe, adotara desde o início o *coitus reservatus* com sua jovem mulher, a fim de evitar o peso de uma prole. O estudante que por excesso de esforço contraiu uma neurose de angústia, em vez da neurastenia cerebral que seria de esperar, há três anos mantinha uma relação com uma garota que ele não podia engravidar. A mulher sem filhos, que sucumbiu à neurose de angústia devido à doença de uma sobrinha, era casada com um homem impotente e nunca era sexualmente satisfeita, e assim por diante. Nem todos esses casos são igualmente claros ou fornecem boa evidência para minha tese; mas, se os acrescento ao considerável número de casos em que a etiologia mostra apenas o fator específico, eles se incluem sem contradição na teoria que apresentei e permitem estender nossa compreensão etiológica além dos limites até agora vigentes.

Se alguém quiser me provar que nas considerações precedentes eu menosprezei indevidamente a importância dos fatores etiológicos *banais*, terá de me contrapor observações em que meu fator específico esteja ausente, ou seja, casos em que a neurose de angústia surgiu após um choque psíquico, havendo (no todo) *vita sexualis* normal. Julgue-se agora se o caso de Löwenfeld preenche essa condição. Evidentemente, meu ilustre opositor não se deu conta desse requisito, ou não teria nos deixado completamente sem informações sobre a *vita sexualis* de sua paciente. Deixarei de lado que esse caso de uma senhora de trinta anos é obviamente complicado por uma histeria, de cuja procedência psíquica não tenho a menor dúvida; naturalmente, admito sem objeções a neurose de angústia junto com a histeria. Mas antes de utilizar um caso a favor ou contra a teoria da etiologia sexual das neuroses, terei de estudar o comportamento sexual da paciente de maneira mais aprofundada do que Löwenfeld. Não me contentarei em inferir que, como a senhora teve um choque psíquico pouco tempo depois de um parto, o *coitus interruptus* não pode ter tido importância no ano anterior e, portanto, estão ausentes práticas sexuais nocivas. Conheço casos de neurose de angústia em que a mulher engravidava todo ano, porque (inacreditavelmente) as relações sexuais eram suspensas após o coito fertilizador, de modo que a mulher, tendo muitos filhos, sofreu privação por anos e anos. Todo médico sabe que as mulheres concebem de homens pouco potentes, que são incapazes de lhes dar satisfação; e, por fim — algo com que devem contar os defensores da etiologia hereditária —, há mulheres que sofrem de neurose de angústia congênita, isto é, que *trazem consigo*, ou desenvolvem sem perturbação externa demonstrável, uma *vita sexualis* tal como a que se adquire por *coitus interruptus* e práticas similares. Em certo número dessas mulheres é possível descobrir uma doença histérica da juventude, desde a qual a *vita sexualis* ficou perturbada e a tensão sexual foi desviada da esfera psíquica. Mulheres com tal sexualidade são incapazes de satisfação real mesmo pelo coito normal e desenvolvem neurose de angústia espontaneamente ou após o surgimento de outros fatores efetivos. O que, disso tudo, pode estar presente no caso de Löwenfeld? Não sei, mas repito que esse caso seria evidência contra mim apenas se a senhora que respondeu com uma neurose de angústia a uma só vivência de pavor desfrutasse antes de uma *vita sexualis* normal.

É impossível empreender uma investigação etiológica com base na anamnese se tomamos essa tal como o paciente a oferece, ou nos contentamos com o que ele se dispõe a nos dizer. Se os sifilologistas ainda dependessem das declarações do paciente para relacionar aos atos sexuais uma infecção nos genitais, poderiam imputar um número considerável de cancros em indivíduos supostamente virgens ao fato de terem se resfriado, e os ginecologistas não veriam dificuldade em confirmar o milagre da partenogênese em suas clientes solteiras. Espero que um dia se compreenda que também os neuropatologistas podem partir de pré-conceitos etiológicos semelhantes na anamnese de grandes neuroses.

2) Löwenfeld também diz que repetidamente viu surgirem e desaparecem estados de angústia quando não havia mudança na vida sexual, mas outros fatores interferiam.

Pude fazer a mesma constatação, sem que ela me confundisse. Eu também fiz desaparecerem ataques de angústia mediante tratamento psíquico, melhora geral etc. Naturalmente, disso não concluí que a falta de tratamento era a causa dos acessos de angústia. Não que eu deseje atribuir a Löwenfeld uma conclusão dessas; com a observação jocosa quero apenas indicar que a situação pode muito bem ser complicada o bastante para tirar completamente o valor da objeção de Löwenfeld. Não achei difícil conciliar o fato aqui exposto com minha afirmação de que a neurose de angústia tem uma etiologia específica. Facilmente se admitirá que existem fatores que, para ter efeito, precisam agir com certa intensidade (ou quantidade) e por determinado período, que, portanto, *se acumulam*; o efeito alcoólico é um modelo dessa causação por acumulação. Assim, pode haver um intervalo em que a etiologia específica está agindo, mas seu efeito ainda não é manifesto. Durante esse tempo, a pessoa ainda não está doente, mas acha-se predisposta a determinada doença — a neurose de angústia, em nosso caso — e o acréscimo de um agravo banal pode desencadear a neurose, tal como faria uma intensificação da influência do agravo específico. Podemos expressar isso também da seguinte maneira: não basta que o fator etiológico específico esteja presente; é preciso que certa medida dele seja alcançada e, para atingir esse limite, uma quantidade de agravo específico pode ser substituída por um montante de prática nociva banal. Se esse último for novamente removido, a pessoa se encontra abaixo de um limiar; as manifestações da doença tornam a retroceder. Toda a terapia das neuroses se baseia no fato de podermos, mediante influências diversas sobre a mistura etiológica, colocar abaixo desse limiar a pressão total sobre o sistema nervoso, à qual ele sucumbe. Disso não se pode tirar nenhuma conclusão sobre a ausência ou existência de uma etiologia específica.

Estas são considerações seguras e inquestionáveis. Quem acha que elas não bastam talvez possa ser influenciado pelo argumento seguinte. Segundo Löwenfeld e muitos outros, a etiologia dos estados de angústia deve se achar na hereditariedade. Ora, certamente a hereditariedade se subtrai à alteração; se a neurose de angústia é curada por meio de tratamento, deveríamos concluir, conforme Löwenfeld, que a hereditariedade não pode conter a etiologia.

De resto, eu poderia ter me poupado a defesa das duas objeções de Löwenfeld se meu prezado oponente tivesse prestado maior atenção a meu trabalho. As duas foram previstas e respondidas no meu trabalho mesmo (p. 103); eu poderia apenas repetir aqui as observações feitas lá, mas deliberadamente analisei aqui os mesmos casos de novo. Também as fórmulas etiológicas que destaquei pouco acima já se encontram no texto do meu ensaio. Eu as repetirei novamente. Afirmo que *na neurose de angústia há um fator etiológico específico que pode ser substituído quantitativamente, em seu efeito, por coisas nocivas banais, mas não qualitativamente*. Sustento, além disso, que *esse fator específico determina sobretudo a forma da neurose; o fato de uma enfermidade neurótica ocorrer depende da pressão total sobre o sistema nervoso (em relação à sua capacidade de carga)*. Em regra, as neuroses são *sobredeterminadas*, isto é, em sua etiologia atuam vários fatores conjuntamente.

3) Não preciso me empenhar muito em refutar as observações seguintes de Löwenfeld, pois elas, por um lado, pouco afetam minha teoria, e, por outro, acentuam dificuldades cuja existência reconheço. Löwenfeld diz: "A teoria de Freud é totalmente insatisfatória para explicar o surgimento ou a ausência de ataques de angústia em casos específicos. Se os estados de angústia, ou seja, as manifestações da neurose de angústia, surgissem apenas devido a um armazenamento subcortical da excitação sexual somática e um emprego anormal dela, todo indivíduo sofrendo de estados de angústia teria de tempos em tempos um ataque de angústia, enquanto não houvesse mudança em sua vida sexual, assim como um epiléptico tem um ataque de *grand* e de *petit mal*. Mas isso, como a experiência cotidiana mostra, não acontece

absolutamente. Na grande maioria das vezes, os ataques de angústia sobrevêm apenas em determinadas ocasiões; se o paciente as evita ou sabe conter sua influência mediante alguma providência, fica a salvo de ataques de angústia, seja cultivando persistentemente o *congressus interruptus* ou a abstinência, seja desfrutando uma *vita sexualis* normal".

Acerca disso há muito o que dizer. Primeiro, que Löwenfeld impõe à minha teoria uma conclusão que ela não tem de aceitar. Comparar o armazenamento da excitação sexual à acumulação do estímulo que leva à convulsão epiléptica é uma hipótese detalhada demais, a que não dei motivo, e não é a única que se apresenta. Preciso apenas supor que o sistema nervoso consegue dominar certa medida de excitação sexual somática, mesmo quando esta se ache desviada de sua meta, e que surgem perturbações somente quando esse quantum de excitação experimenta uma intensificação repentina, e a demanda de Löwenfeld será eliminada. Não ousei edificar minha teoria nessa direção porque não esperava, sobretudo, encontrar pontos de apoio seguros por essa via. Quero apenas dizer que não podemos imaginar a produção da tensão sexual de forma independente do seu gasto, que na vida sexual normal essa produção, sendo estimulada pelo objeto sexual, se configura de modo essencialmente diverso do que havendo repouso psíquico etc.

Deve-se admitir que aí a situação é diferente da que há na tendência à convulsão epiléptica e ainda não pode ser derivada da teoria do armazenamento da excitação sexual somática.

À outra afirmação de Löwenfeld — de que os estados de angústia aparecem apenas em certas ocasiões e ficam ausentes quando estas são evitadas, não importando qual seja a *vita sexualis* da pessoa — devemos objetar que nisso ele claramente pensa na angústia das fobias apenas, como também mostram os exemplos ligados à passagem citada. Ele nada fala sobre os estados de angústia espontâneos, que incluem vertigem, palpitações, dispneia, tremores, suores etc. Mas minha teoria não é incapaz de explicar o surgimento e a ausência desses ataques de angústia. Em toda uma série desses casos de neurose de angústia parece realmente haver uma periodicidade no surgimento de estados de angústia semelhante à observada na epilepsia, sendo que o mecanismo da periodicidade é mais transparente. Um exame mais detido revela, com grande regularidade, um evento sexual excitante (ou seja, capaz de desencadear tensão sexual somática), que, após um intervalo de tempo determinado, frequentemente constante, é seguido pelo ataque de angústia. Em mulheres abstinentes, têm esse papel a excitação menstrual, as poluções noturnas que também voltam periodicamente, e sobretudo o intercurso sexual mesmo (nocivo quando incompleto), que transfere sua própria periodicidade para estes seus efeitos, os ataques de angústia. Se sobrevêm ataques de angústia que não respeitam a periodicidade habitual, geralmente é possível ligá-los a uma causa eventual de ocorrência mais rara e irregular, como uma experiência sexual isolada, uma leitura, algo que foi visto etc. O intervalo que mencionei varia de algumas horas até dois dias; é o mesmo em que, com outras pessoas e pelas mesmas causas, surge a conhecida enxaqueca sexual, que tem seguras relações com o complexo de sintomas da neurose de angústia.

Além disso, há muitos casos em que um estado de angústia é provocado pelo acréscimo de um fator banal, por uma agitação de qualquer tipo. Assim, para a etiologia de um ataque de angústia vale o mesmo que para a causação de toda a neurose. O fato de a angústia das fobias obedecer a outras condições não surpreende muito; as fobias têm uma estrutura mais complicada que os ataques de angústia simplesmente somáticos. Nelas a angústia se acha vinculada a certo conteúdo representacional ou perceptivo, e o despertar desse conteúdo psíquico é a condição principal para o surgimento da angústia. Quando isto acontece, a angústia é "desencadeada", assim como, por exemplo, a tensão sexual é gerada pelo despertar de representações libidinais. Mas a ligação desse processo com a teoria da neurose de angústia ainda não se acha esclarecida.

Não vejo por que deveria buscar esconder as lacunas e fraquezas de minha teoria. O essencial, no problema das fobias, me parece ser que *quando a vita sexualis* é normal — ou seja, quando não se preenche a condição específica de perturbação da *vita sexualis*, no sentido de um desvio do somático em relação ao psíquico —, *as fobias não acontecem*. Mesmo que muita coisa ainda seja obscura no mecanismo das fobias, minha teoria será refutada apenas quando se demonstrar que há fobias com *vita sexualis* normal ou até mesmo com perturbação não específica desta.

4) Passo agora a uma observação do meu prezado crítico que não pode ficar sem resposta. Em minha comunicação sobre a neurose de angústia escrevi (p. 94 deste volume):

> Em alguns casos de neurose de angústia não se descobre uma etiologia. É digno de nota que nesses casos raramente há dificuldade em comprovar um grave problema hereditário.
>
> Mas, quando temos motivo para ver a neurose como *adquirida*, após um exame cuidadoso e direcionado encontramos uma série de perturbações e influências oriundas da *vida sexual*.

Löwenfeld reproduz esse trecho e faz o seguinte comentário: "Assim, Freud parece considerar 'adquirida' a neurose sempre que se acham causas acidentais para ela". Se esse sentido é o que decorre naturalmente do meu texto, então dá uma expressão deformada do meu pensamento. Devo assinalar que nas páginas anteriores me mostrei bem mais rigoroso do que Löwenfeld na avaliação das causas acidentais. Se eu próprio tivesse de elucidar o significado de minhas frases, acrescentaria, após a oração condicional "Mas, quando temos motivo para ver a neurose como *adquirida*", as palavras: "*porque não se obtém a comprovação* (*mencionada na frase anterior*) *de um problema hereditário*". O sentido é: considero o caso adquirido quando não se pode comprovar a hereditariedade. Nisso me conduzo como todos os demais, com a pequena diferença, talvez, de que outros afirmam que o caso é hereditariamente determinado também quando não há hereditariedade, de modo que negligenciam toda a categoria das neuroses adquiridas. Mas essa diferença conta a meu favor. Admito, contudo, que eu mesmo sou o culpado por esse mal-entendido, ao usar as palavras "não se descobre uma etiologia" na primeira frase. Certamente alguém mais dirá que me empenho de forma desnecessária quando procuro as causas específicas das neuroses, pois a verdadeira etiologia das neuroses de angústia, como das neuroses em geral, já seria conhecida: é a hereditariedade, e duas causas verdadeiras não podem coexistir. Dirão que não neguei o papel da hereditariedade na etiologia; então, todas as outras etiologias não passam de causas acidentais e se equivalem ou pouco valem todas elas.

Não partilho essa concepção do papel da hereditariedade, e, como foi justamente esse tema o que menos considerei em minha breve comunicação sobre a neurose de angústia, tentarei agora reparar minha omissão e apagar a impressão de que não abordei todas as questões pertinentes ao redigir meu trabalho.

Creio que se torna possível chegar a um quadro das relações etiológicas — provavelmente muito complicadas — que governam a patologia das neuroses, se estabelecermos os seguintes conceitos etiológicos:

a) *Precondição*, b) *causa específica*, c) *causa concorrente* e, um termo não equivalente ao anterior, d) *causa imediata* ou *precipitadora*.

A fim de contemplar todas as possibilidades, suponhamos que se trata de fatores etiológicos capazes de uma alteração quantitativa, ou seja, de aumento ou diminuição.

Se aceitamos a ideia de uma equação etiológica de vários termos, que precisa ser satisfeita para que se produza o efeito, caracteriza-se como causa *imediata* ou precipitadora aquela que entra por último na equação, de modo a preceder diretamente o surgimento do efeito. É apenas esse fator temporal que constitui a essência da causa imediata, e qualquer outra das causas pode, num caso determinado, desempenhar o papel de causa imediata; no mesmo grupo etiológico esse papel pode mudar.

Como *precondições* são designados os fatores sem os quais o efeito jamais ocorreria, mas que sozinhos são também incapazes de gerar o efeito, ainda que estejam presentes em grande medida; para isso ainda falta a causa específica.

Causas concorrentes podem ser considerados aqueles fatores que não têm de estar presentes toda vez nem são capazes, não importando o grau de sua atuação, de produzir o efeito sozinhos, mas que, ao lado das precondições e da causa específica, contribuem para compor a equação etiológica.

A particularidade das causas concorrentes ou acessórias parece clara; mas como diferenciar precondições de causas específicas, já que ambas são imprescindíveis e nenhuma delas, sozinha, é suficiente para gerar o efeito?

Nisso as considerações seguintes devem nos permitir chegar a uma decisão. Entre as *"causas necessárias"* se encontram várias que se repetem nas equações etiológicas de muitos outros efeitos, não indicando, assim, uma relação especial com determinado efeito. Mas uma dessas causas se contrapõe às outras, pelo fato de não se achar em nenhuma outra fórmula etiológica, ou em muito poucas, e ela tem o direito de se chamar causa *específica* do efeito em questão. Além disso, precondições e causa específica se distinguem claramente nos casos em que as precondições têm a característica de serem estados que existem há muito tempo sem grande variação, e a causa específica corresponde a um fator de atuação recente.

Tentarei dar um exemplo desse esquema etiológico:

Efeito: tuberculose pulmonar.

Precondição: disposição geralmente hereditária, pela constituição orgânica.

Causa específica: o bacilo de Koch.

Causas acessórias: tudo o que diminui as forças: comoções, assim como supurações ou resfriados.

O esquema da etiologia da neurose de angústia me parece ser similar:

Precondição: hereditariedade.

Causa específica: um fator sexual, no sentido de um desvio da tensão sexual em relação à esfera psíquica.

Causas acessórias: todas as coisas nocivas banais: comoção, pavor, assim como exaustão física por doença ou esforço em demasia.

Examinando essa fórmula etiológica mais detidamente, acrescentarei as seguintes observações. Não posso decidir com segurança se para a neurose de angústia é absolutamente necessária uma constituição pessoal particular (que não teria de ser comprovada hereditariamente), ou se todo indivíduo normal pode ser acometido de neurose de angústia devido a algum aumento quantitativo do fator específico, mas me inclino bastante para a segunda opinião. A disposição é a mais importante precondição para a neurose de angústia, mas não é *imprescindível*, pois está ausente numa série de casos-limite. O fator sexual específico é demonstrado com certeza na grande maioria dos casos; numa série de casos (congênitos), ele não se separa da precondição da hereditariedade, realizando-se através dela, ou seja, os pacientes já trazem consigo, como estigma, essa peculiaridade da *vita sexualis* (a incapacidade psíquica de dominar a tensão sexual somática), pela qual passa, habitualmente, o caminho para a aquisição da neurose. Em outra série de casos-limite, a causa específica se acha numa causa acessória, quando a dita incapacidade psíquica se produz por exaustão e similares. Todos esses casos formam séries contínuas, não categorias separadas; mas em todos a tensão sexual experimenta vicissitudes semelhantes, e para a maioria deles vale a distinção entre precondição, causa específica e causa acessória, conforme a solução da equação etiológica que apresentei acima.

Quando consulto minha experiência sobre a questão, não vejo uma relação antitética entre disposição hereditária e fator sexual específico na neurose de angústia. Pelo contrário, os dois fatores etiológicos se complementam e se apoiam. Em geral, o fator sexual age apenas nas pessoas que já têm um problema hereditário; geralmente a hereditariedade sozinha não é capaz de produzir uma neurose de angústia, ela aguarda que se verifique uma medida suficiente do agravo sexual específico. Logo, a constatação do elemento hereditário não dispensa da busca por um fator específico, e à descoberta deste se acha ligado todo o interesse terapêutico. Pois o que se pode fazer terapeuticamente com a hereditariedade enquanto etiologia? Ela sempre esteve com o paciente e estará até o fim da sua vida. Em si, ela não pode nos ajudar a compreender nem o aparecimento episódico de uma neurose nem a cessação desta após um tratamento. Não passa de uma *precondição* para a neurose; extremamente importante, sem dúvida, mas superestimada, em detrimento da terapia e da compreensão teórica. Para que o contraste entre as situações nos convença, lembremos dos casos de doenças nervosas presentes em famílias (coreia crônica, doença de Thomsen etc.), nos quais a hereditariedade reúne em si todas as precondições etiológicas.

Finalizando, vou repetir as poucas frases com que, numa primeira aproximação à realidade, costumo expressar as relações mútuas entre os diferentes fatores etiológicos:

1) O fato de *ocorrer* ou não uma doença neurótica depende de um fator quantitativo, da carga total sobre o sistema nervoso em relação à sua capacidade de resistência. Tudo o que mantém esse fator sob determinado limiar, ou pode fazê-lo voltar a esse nível, tem eficácia terapêutica, pois deixa irrealizada a equação etiológica.

O que se deve entender por "carga total" e por "capacidade de resistência" do sistema nervoso pode ser explicado mais claramente com base em certas hipóteses sobre a função dos nervos.

2) A *dimensão* que a neurose atinge depende, em primeiro lugar, da medida do lastro hereditário. A heredita-

riedade age como um multiplicador introduzido no circuito elétrico, que aumenta várias vezes o desvio da agulha.

3) A *forma* que a neurose assume — o sentido do desvio — é determinada apenas pelo fator etiológico específico oriundo da vida sexual.

Espero que no conjunto, embora eu esteja ciente das muitas dificuldades ainda não resolvidas do tema, minha proposição de uma neurose de angústia venha a se mostrar mais fecunda para a compreensão das neuroses do que a tentativa que faz Löwenfeld de levar em conta os mesmos fatos pela constatação de "um entrelaçamento de sintomas histéricos e neurastênicos em forma de ataque".

Viena, início de maio de 1895.

A HEREDITARIEDADE E A ETIOLOGIA DAS NEUROSES (1896)

TÍTULO ORIGINAL: "L'HÉRÉDITÉ ET L'ÉTIOLOGIE DES NÉVROSES"
(TEXTO REDIGIDO EM FRANCÊS). PUBLICADO PRIMEIRAMENTE
EM *REVUE NEUROLOGIQUE*, 4, N. 6, PP. 161-9. TRADUZIDO
DE *GESAMMELTE WERKE I*, PP. 407-22.

Dirijo-me particularmente aos discípulos de J.-M. Charcot, para examinar algumas objeções à teoria etiológica das neuroses que nos foi transmitida por nosso mestre.

Sabe-se qual o papel atribuído à hereditariedade nervosa nessa teoria. É a única causa verdadeira e indispensável das afecções neuróticas; as outras influências etiológicas podem aspirar somente ao título de *agents provocateurs*.

Assim afirmaram o próprio mestre e seus discípulos, *messieurs* Guinon, Gilles de la Tourette, Janet e outros a respeito da grande neurose, a histeria, e creio que a mesma opinião é defendida na França e em muitos outros lugares a propósito das demais neuroses, embora não tenha sido expressa de maneira tão solene e decidida no tocante a esses estados análogos à histeria.

Não é de hoje que tenho dúvidas quanto a esse tema, mas foi preciso aguardar até que a experiência diária como médico me trouxesse fatos que as apoiassem. Agora minhas objeções são de natureza dupla: argumentos factuais e argumentos oriundos da especulação. Começarei pelos primeiros, ordenando-os conforme a importância que lhes dou.

I

a) Às vezes foram consideradas nervosas e reveladoras de tendência neuropática hereditária as afecções que, com frequência, são alheias ao domínio da neuropatologia e não se ligam necessariamente a uma enfermidade do sistema nervoso. Assim ocorreu com as neuralgias faciais e com várias cefaleias tidas como nervosas, mas que derivam de alterações patológicas pós-infecciosas e de supurações no sistema de cavidades faringo-nasais. Estou convencido de que os doentes ganhariam se deixássemos o tratamento dessas afecções para os cirurgiões rinologistas com mais frequência.

b) Todas as afecções nervosas encontradas na família de um paciente foram aceitas como motivo para atribuir-lhe uma tara nervosa hereditária, sem levar em conta a frequência e a gravidade dessas afecções. Esse modo de ver não implica uma separação clara entre as famílias isentas de qualquer predisposição nervosa e as sujeitas a ela de forma ilimitada? E os fatos não favorecem antes a opinião contrária, ou seja, que há transições e graus de disposição nervosa e que nenhuma família escapa completamente a isso?

c) Sem dúvida, nossa opinião sobre o papel etiológico da hereditariedade nas doenças nervosas deve ser o resultado de um exame imparcial estatístico, e não de uma *petitio principii*. Enquanto esse exame não for feito, deveremos crer que é possível tanto a existência de neuropatias adquiridas como de neuropatias hereditárias. Mas, se pode haver neuropatias adquiridas por pessoas não predispostas, não se poderá mais negar que as afecções nervosas encontradas na família de nosso paciente tenham, em parte, essa origem. Então não será mais possível invocá-las como provas conclusivas da disposição hereditária imputada ao paciente em razão de sua história familiar, pois raramente se consegue fazer o diagnóstico retrospectivo das enfermidades dos ascendentes ou dos membros ausentes da família.

d) Aqueles que seguem M. Fournier e M. Erb no que diz respeito ao papel etiológico da sífilis na tabes dorsal e na paralisia progressiva aprenderam que é preciso reconhecer influências etiológicas poderosas, cuja colaboração é indispensável na patogênese de certas enfermidades, que a hereditariedade apenas não poderia produzir. Entretanto, M. Charcot permaneceu até o fim, como eu soube por uma carta particular do mestre, em estrita oposição à teoria de Fournier, que, contudo, ganha terreno dia após dia.

e) Não há dúvida de que certas neuropatias podem se desenvolver num indivíduo perfeitamente são e de família irrepreensível. É o que se observa diariamente na neurastenia de Beard; se a neurastenia se limitasse às pessoas predispostas, jamais ganharia a importância e a extensão que conhecemos.

f) Há, na patologia nervosa, a *hereditariedade similar* e a hereditariedade que se chama *dissimilar*. Quanto à primeira, não se achará o que contradizer; é mesmo notável que nas afecções ligadas à hereditariedade similar (doença de Thomsen, doença de Friedreich, miopatias, coreia de Huntington etc.) nunca se ache traço de outra influência etiológica acessória. Mas a hereditariedade dissimilar, bem mais importante, deixa lacunas que teriam de ser preenchidas para chegar a uma solução satisfatória dos problemas etiológicos. Ela consiste no fato de que os membros de uma mesma família se mostram acometidos das neuropatias mais diversas, funcionais e orgânicas, sem que possamos desvendar uma lei que governe a substituição de uma doença por outra ou a ordem de sua sequência. Junto com os indivíduos doentes, há nessas famílias pessoas que continuam sãs, e a teoria da hereditariedade dissimilar não nos diz por que tais pessoas toleram a mesma carga hereditária sem sucumbir a ela, nem por que outra pessoa doente escolheu, entre as afecções que constituem a grande família neuropática, determinada afecção nervosa em vez de outra, a histeria em vez da epilepsia, da insanidade etc. Dado que na patologia nervosa, como em outros campos, nada existe de fortuito, deve-se admitir que não é a hereditariedade que governa a escolha da neuropatia que se desenvolverá no membro de uma família predisposta, e que é cabível supor a existência de outras influências etiológicas, de natureza menos compreensível, que então mereceriam o nome de *etiologia específica* de tal ou tal afecção nervosa. Sem esse fator etiológico especial a hereditariedade nada poderia fazer; ela se prestaria à produção de outra neuropatia, se a etiologia específica em questão fosse substituída por outra influência qualquer.

II

Foram pouco pesquisadas essas causas específicas e determinantes das neuropatias, pois a atenção dos médicos foi seduzida pela grandiosa perspectiva da condição etiológica hereditária.

Mas elas merecem ser objeto de um estudo constante; embora a sua potência patogênica seja, em geral, secundária em relação à da hereditariedade, há um grande interesse prático no conhecimento dessa etiologia específica que proporcionará um caminho de acesso ao nosso trabalho terapêutico, enquanto a disposição hereditária, de antemão fixada no nascimento, opõe a nossos esforços um obstáculo intratável.

Há anos venho me dedicando à pesquisa da etiologia das *grandes neuroses* (estados nervosos funcionais análogos à histeria), e é o resultado desses estudos que relatarei nas linhas que se seguem. Para evitar todo mal-entendido possível, farei inicialmente duas observações sobre a nosografia das neuroses e a etiologia das neuroses em geral.

Tive de começar meu trabalho com uma inovação nosográfica. Encontrei motivos para colocar ao lado da histeria, como afecção autônoma e independente, a neurose obsessiva (*Zwangsneurose*), embora a maioria dos autores inclua as obsessões entre as síndromes constitutivas da degeneração mental ou as confunda com a neurastenia. Quanto a mim, o exame do seu mecanismo psíquico me ensinou que as obsessões se ligam à histeria de modo mais estreito do que se acredita.

Histeria e neurose obsessiva formam o primeiro grupo das grandes neuroses que estudei. O segundo grupo contém a neurastenia de Beard, que decompus em dois estados funcionais separados pela etiologia e pelo aspecto sintomático: a *neurastenia* propriamente e a neurose de angústia (*Angstneurose*), denominação que, diga-se de passagem, nem a mim mesmo satisfaz. Os motivos para essa distinção, que me parece necessária, forneci detalhadamente num trabalho publicado em 1895 ("Sobre a legitimidade de separar da neurastenia...", *Neurologisches Zentralblatt*, n. 10-1).

Quanto à etiologia das neuroses, penso que devemos reconhecer na teoria que as influências etiológicas, diferentes entre si na importância e na forma de relação com o efeito que produzem, podem ser divididas em três classes: 1) *Precondições*, que são indispensáveis para a produção da doença em questão, mas que são de natureza universal e se acham igualmente na etiologia de muitas outras afecções; 2) *Causas concorrentes*, que partilham o caráter das precondições por funcionarem na causação de outras doenças tanto como na da doença em questão, mas que não são indispensáveis para que esta se produza; 3) *Causas específicas*, tão indispensáveis quanto as precondições, mas de natureza limitada e aparecendo só na etiologia da afecção da qual são específicas.

Assim, na patogênese das grandes neuroses a hereditariedade tem o papel de *precondição*, poderosa em todos os casos e até mesmo indispensável na maioria deles. Ela não pode prescindir da colaboração das causas específicas, mas a importância da predisposição hereditária é demonstrada pelo fato de que as mesmas causas específicas, agindo num indivíduo são, não produzem nenhum efeito patológico manifesto, enquanto numa pessoa predisposta sua ação faz eclodir a neurose, cujo desenvolvimento, em intensidade e extensão, será conforme o grau dessa precondição hereditária.

A ação da hereditariedade é comparável, portanto, à do multiplicador num circuito elétrico, que exagera o desvio que se vê da agulha, mas não pode determinar sua direção.

Há ainda outra coisa a notar nas relações entre a precondição hereditária e as causas específicas da neurose. A experiência mostra — algo que se poderia supor de antemão — que não devemos negligenciar, nessas questões de etiologia, as quantidades relativas, digamos, das influências etiológicas. Mas não se teria imaginado o fato seguinte, que parece derivar de minhas observações: o de que a hereditariedade e as causas específicas podem substituir uma à outra pela via quantitativa; o mesmo efeito patológico será produzido pela concorrência de uma etiologia específica muito séria e uma predisposição medíocre ou de uma hereditariedade nervosa carregada e uma influência específica ligeira. Será, então, apenas um extremo plausível dessa série, se encontrarmos também casos de neuroses em que se buscará em vão um grau apreciável de predisposição hereditária, desde que essa ausência seja compensada por uma poderosa influência específica.

Como *causas concorrentes* ou acessórias das neuroses podemos enumerar todos os agentes banais encontrados: comoções morais, esgotamento somático, doenças agudas, intoxicações, acidentes traumáticos, excesso de trabalho intelectual etc. Sustento que nenhum deles, nem mesmo o último, se inclui de maneira regular ou necessária na etiologia das neuroses, e sei muito bem que enunciar tal opinião é colocar-se em oposição direta a uma teoria considerada universal e inatacável. Depois que Beard declarou que a neurastenia é fruto de nossa civilização moderna, todos acreditaram nele; mas é impossível, para mim, aceitar essa opinião. Um estudo laborioso das neuroses me ensinou que a etiologia específica das neuroses escapou ao conhecimento de Beard.

Não quero depreciar a importância etiológica desses agentes banais. Eles são bastante variados, ocorrem com frequência e são apontados mais pelos pacientes mesmos, tornando-se mais evidentes que as causas específicas das neuroses — uma etiologia oculta ou ignorada. Frequentemente cumprem a função de *agents provocateurs* que tornam manifesta a neurose até então latente, e há um interesse prático ligado a eles, pois a consideração dessas causas banais pode emprestar pontos de apoio a uma terapia que não visa a cura radical e se contenta em reprimir a afecção até seu estado anterior de latência.

Mas não se chega a constatar uma relação constante e estreita entre uma dessas causas banais e essa ou aquela afecção nervosa; a comoção moral, por exemplo, se acha tanto na etiologia da histeria, das obsessões, da neurastenia, como na da epilepsia, da doença de Parkinson, do diabetes e de várias outras.

As causas concorrentes banais também podem substituir a etiologia específica no tocante à quantidade, mas jamais tomar completamente seu lugar. Há vários casos em que todas as influências etiológicas são representadas pela condição hereditária e a causa específica, estando ausentes as causas banais. Em outros casos, os fatores etiológicos indispensáveis não bastam, em sua quantidade, para fazer irromper a neurose; um estado de saúde aparente pode ser mantido por muito tempo, que é, na realidade, um estado de predisposição neurótica. Basta, então, que uma causa banal venha acrescentar sua ação, e a neurose se torna manifesta. Mas deve-se notar que nessas condições a natureza do agente banal sobrevindo é totalmente indiferente, seja comoção, traumatismo, doença infecciosa ou alguma outra; o efeito patológico não será modificado conforme essa variação, a natureza da neurose será sempre dominada pela causa específica preexistente.

Quais são, então, as causas específicas da neurose? É uma só ou são várias? E pode-se constatar uma relação etiológica constante entre tal causa e tal efeito neurótico, de maneira que cada uma das grandes neuroses seja relacionada a uma etiologia particular?

Sustento, apoiado num exame laborioso dos fatos, que essa última suposição corresponde bem à realidade, que cada uma das grandes neuroses enumeradas tem por causa imediata um distúrbio particular da economia nervosa, e que essas modificações patológicas funcionais *admitem como fonte comum a vida sexual do indivíduo, seja um distúrbio da vida sexual atual ou eventos importantes da vida passada.*

Para dizer a verdade, essa não é uma proposição nova, inaudita. Os distúrbios sexuais sempre foram reconhecidos entre as causas da doença nervosa, mas foram subordinados à hereditariedade, ordenados junto com os outros *agents provocateurs*; restringiu-se a sua influência etiológica a um número limitado dos casos observados. Os médicos adquiriram o hábito de não investigá-los se o próprio paciente não os apontava. Os traços distintivos de meu modo de ver são que elevo tais influências sexuais à categoria de causas específicas, que reconheço sua atuação em todos os casos de neurose e, enfim, que encontro um paralelismo regular, prova de uma relação etiológica particular entre a natureza da influência sexual e a espécie mórbida da neurose.

Estou seguro de que essa teoria provocará uma tempestade de oposições da parte dos médicos contemporâneos. Mas este não é o lugar de apresentar os documentos e as experiências que me levaram a essa convicção, nem de explicar o verdadeiro sentido da expressão um tanto vaga que é "distúrbios da economia nervosa". Isso será feito — da maneira mais ampla possível, espero — numa obra que estou preparando sobre o tema. No presente artigo, limito-me a expor meus resultados.

A neurastenia propriamente dita, se colocamos à parte a neurose de angústia, é de aspecto clínico bastante monótono (fadiga, sensação de pressão na cabeça, dispepsia flatulenta, constipação, parestesias espinais, fraqueza sexual etc.) e não admite como etiologia específica senão o onanismo (imoderado) ou as poluções espontâneas.

É a ação prolongada e intensa dessa satisfação sexual perniciosa que basta por si mesma para produzir a neurose neurastênica ou impõe ao indivíduo o cunho neurastênico especial, que é manifestado depois sob a influência de uma causa ocasional acessória. Também encontrei pessoas que apresentavam sinais da constituição neurastênica e nas quais não consegui evidenciar a etiologia mencionada, mas constatei, pelo menos, que nesses doentes a função sexual nunca se desenvolveu até o nível normal; eles pareciam dotados, por herança, de uma constituição sexual análoga à que é produzida no neurastênico em consequência do onanismo.

A neurose de angústia, cujo quadro clínico é muito mais rico (irritabilidade, estado de espera ansiosa, fobias, ataques de angústia completos ou rudimentares, de medo, de vertigem, tremores, suores, congestão, dispneia, taquicardia etc.; diarreia crônica, vertigem crônica de locomoção, hiperestesia, insônias etc.),[1] revela-se facilmente como o efeito específico de diversos distúrbios da vida sexual, aos quais não falta uma característica comum. A abstinência forçada, a excitação genital frustrânea (que não é satisfeita pelo ato sexual), o coito imperfeito ou interrompido (que não chega ao gozo), os esforços sexuais que superam a capacidade psíquica do indivíduo etc. — todos esses agentes, que ocorrem com muita frequência na vida moderna, parecem coincidir na perturbação do equilíbrio das funções psíquicas e somáticas nos atos sexuais e impedem a participação psíquica necessária para livrar a economia nervosa da tensão genésica.

Essas observações, que talvez contenham o germe de uma explicação teórica do mecanismo funcional da neurose em questão, já permitem suspeitar que uma exposição completa e verdadeiramente científica da maté-

---

1 Ver, sobre a sintomatologia e a etiologia da neurose de angústia, meu artigo já citado.

ria não seja possível na atualidade, e que seria preciso, antes de tudo, abordar o problema fisiológico da vida sexual de um ponto de vista novo.

Concluirei afirmando que a patogênese da neurastenia e da neurose de angústia pode muito bem dispensar a concorrência de uma predisposição hereditária. Isso é o resultado da observação diária; mas se a hereditariedade está presente, o desenvolvimento da neurose sofrerá sua formidável influência.

Quanto à segunda classe das grandes neuroses, histeria e neurose obsessiva, a solução do problema etiológico é de uma simplicidade e uniformidade surpreendentes. Devo meus resultados ao emprego de um novo método de psicanálise,* ao procedimento explorador de Josef Breuer, um tanto sutil, mas que não pode ser substituído, de tal modo se mostrou fértil para iluminar as vias obscuras da ideação [*idéation*] inconsciente. Por meio desse procedimento — que não cabe descrever aqui —,[2] perseguimos os sintomas histéricos até a sua origem, que encontramos, todas as vezes, num evento da vida sexual da pessoa apropriado para produzir uma emoção penosa. Retrocedendo no passado do indivíduo doente, passo a passo e sempre guiado pelo encadeamento orgânico dos sintomas, das recordações e dos pensamentos despertados, cheguei enfim ao ponto

---

* Segundo James Strachey, esta é a primeira aparição do termo numa obra publicada.
2 Ver J. Breuer e S. Freud, *Estudos sobre a histeria*, 1895.

de partida do processo patológico e fui obrigado a ver que, no fundo, havia a mesma coisa em todos os casos submetidos à análise: a ação de um agente que é preciso admitir como a causa específica da histeria.

Trata-se de uma lembrança relacionada à vida sexual, mas que tem duas características da maior importância. O evento do qual o indivíduo guardou a lembrança inconsciente é uma *experiência precoce de relação sexual com verdadeira excitação das partes genitais, resultante de abuso sexual praticado por outra pessoa*, e o *período da vida* em que ocorre esse evento funesto é a *infância*, até a idade de oito a dez anos, antes que a criança chegue à maturidade sexual.

Experiência de passividade sexual antes da puberdade: tal é, portanto, a etiologia específica da histeria.

Acrescentarei logo alguns detalhes factuais e alguns comentários à conclusão enunciada para combater a desconfiança que é de esperar. Pude fazer a psicanálise completa em treze casos de histeria, três dos quais combinações genuínas de histeria com neurose obsessiva (não falo de histeria *com* obsessões). Em nenhum desses casos me faltou o evento caracterizado acima; ele foi representado ou por um atentado brutal cometido por uma pessoa adulta ou por uma sedução menos breve e menos repugnante, mas conduzindo ao mesmo fim. Sete vezes, em treze, foi algo entre duas crianças, relações sexuais entre uma menina e um garoto um pouco mais velho, com frequência o irmão, ele mesmo tendo sido vítima de uma sedução anterior. Às vezes essas ligações haviam prosseguido durante anos, até a puberdade dos pequenos culpados, o garoto sempre repetindo com a menina, sem alteração, práticas idênticas às que havia sofrido ele mesmo por parte de uma criada ou governanta, e que, devido a essa origem, eram frequentemente de natureza repulsiva. Em alguns casos havia a concorrência de ataque e ligação infantil, ou abuso brutal reiterado.

A data da experiência precoce variava; em dois casos da série, começava no segundo ano de vida (?)* do pequeno ser; a idade mais comum, nas minhas observações, é quatro ou cinco anos. Talvez seja um tanto acidental, mas esses casos me deixaram a impressão de que um evento de passividade sexual que ocorra somente após a idade de oito a dez anos já não poderá lançar os fundamentos da neurose.

Como podemos nos convencer da realidade dessas confissões da análise, que pretendem ser lembranças conservadas desde a primeira infância, e como nos precavermos contra a tendência a mentir e a facilidade de invenção atribuídas aos histéricos? Eu próprio me acusaria de uma credulidade condenável, se não dispusesse de provas mais conclusivas. Mas o fato é que os pacientes jamais contam essas histórias espontaneamente, e nunca, durante o tratamento, oferecem ao médico, de uma vez, a lembrança completa de uma cena dessas. Só conseguimos despertar o traço psíquico do evento sexual precoce com a mais enérgica pressão do procedimento analítico e contra uma resistência enorme; por isso é preciso arrancar a lembrança pedaço a pedaço, e,

---

* A interrogação entre parênteses está no texto original.

enquanto ela acorda na consciência dos pacientes, eles se tornam presa de uma emoção difícil de simular.

Acabamos por nos convencer, se não somos influenciados pela conduta dos pacientes, desde que possamos acompanhar detalhadamente o relato da psicanálise de uma histeria.

O evento precoce em questão deixou uma impressão indelével na história do caso, sendo representado nele por grande número de sintomas e traços peculiares que não se explicariam de outra maneira. Ele é regido, de forma peremptória, pelas interconexões sutis, mas sólidas, da estrutura intrínseca da neurose; o efeito terapêutico de análise é retardado se não penetramos tão longe; então não temos outra escolha senão refutar ou acreditar em todo o conjunto.

É compreensível que tal experiência sexual precoce, sofrida por um indivíduo no qual o sexo mal se acha diferenciado, se torne a fonte de uma anomalia psíquica persistente como a histeria? E como se harmonizaria tal suposição com as nossas ideias atuais sobre o mecanismo psíquico dessa neurose? Podemos dar uma resposta satisfatória à primeira questão: é justamente porque a pessoa é uma criança que a excitação sexual precoce produz pouco ou nenhum efeito na época, mas o traço psíquico é conservado. Mais tarde, na puberdade, quando a reatividade dos órgãos sexuais tiver se desenvolvido a um nível quase incomensurável com o estado infantil, ocorre, de uma maneira ou de outra, que esse traço psíquico inconsciente é despertado. Graças à mudança devida à puberdade, a lembrança exibirá uma potência que faltou por completo no evento; *a lembrança agirá como se fosse um acontecimento atual*. Há, por assim dizer, a *ação póstuma de um trauma sexual*.

Até onde vejo, esse despertar da recordação sexual após a puberdade, o evento mesmo tendo ocorrido numa época bem anterior a esse período, constitui a única eventualidade psicológica em que a ação imediata de uma lembrança ultrapassa a do acontecimento atual. Mas é uma constelação anormal, que atinge um lado fraco do mecanismo psíquico e produz necessariamente um efeito psíquico patológico.

Acredito compreender que *essa relação inversa entre o efeito psíquico da lembrança e do evento* contém a razão pela qual *a lembrança permanece inconsciente*.

Chegamos, assim, a um problema psíquico bastante complexo, mas que, devidamente apreciado, promete lançar, um dia, uma viva luz sobre as questões mais delicadas da vida psíquica.

As ideias aqui expostas, tendo como ponto de partida o resultado da psicanálise, segundo o qual sempre achamos uma lembrança de experiência sexual precoce como causa específica da histeria, não se harmonizam com a teoria psicológica da neurose de monsieur Janet nem com nenhuma outra, mas combinam perfeitamente com minhas próprias especulações sobre as *Abwehrneurosen* [neuroses de defesa], que desenvolvi em outros trabalhos.

Todos os eventos posteriores à puberdade, aos quais se deve atribuir influência sobre o desenvolvimento da neurose histérica e a formação de seus sintomas, não são, verdadeiramente, senão causas concorrentes, *agen-*

tes provocateurs, como dizia Charcot, para quem a hereditariedade nervosa ocupava o lugar que eu reivindico para a experiência sexual precoce. Esses agentes acessórios não são sujeitos às condições estritas que pesam sobre as causas específicas; a análise demonstra, de maneira irrefutável, que eles gozam de influência patógena na histeria apenas por sua faculdade de despertar o traço psíquico inconsciente do evento infantil. É também graças à sua conexão com a impressão patógena primária, e inspiradas por ela, que suas lembranças se tornarão inconscientes por sua vez e poderão ajudar no aumento de uma atividade psíquica subtraída ao poder das funções conscientes.

A neurose obsessiva (*Zwangsneurose*) provém de uma causa específica bastante análoga à da histeria. Nela também encontramos um evento sexual precoce, ocorrido antes da puberdade, do qual a recordação se torna ativa durante ou após essa época, e os mesmos comentários e argumentos apresentados a respeito da histeria poderão se aplicar às observações da outra neurose (seis casos, dos quais três puros). Há apenas uma diferença que parece capital. Na base da etiologia da histeria encontramos um evento de passividade sexual, uma experiência sofrida com indiferença ou com um pouco de aborrecimento ou medo. Já na neurose obsessiva trata-se, ao contrário, de um evento que deu prazer, de uma agressão sexual inspirada pelo desejo (no caso de um garoto) ou de uma participação prazerosa em relações sexuais (no caso de uma menina). As ideias obsessivas, reconhecidas pela análise em seu significado íntimo, reduzidas, digamos, à sua expressão mais simples, não são outra coisa senão *recriminações que o indivíduo faz a si mesmo por causa desse prazer sexual antecipado*, mas recriminações desfiguradas por um trabalho psíquico inconsciente de transformação e substituição.

O fato mesmo de que tais agressões sexuais se deem numa idade tão tenra parece revelar a influência de uma sedução anterior, da qual a precocidade do desejo sexual seria consequência. A análise veio confirmar essa suspeita, nos casos por mim analisados. Explica-se dessa maneira um fato interessante, sempre presente nesses casos de obsessões, que é a complicação regular do quadro sintomático por certo número de sintomas simplesmente histéricos.

A importância do elemento ativo da vida sexual como causa das obsessões e da passividade sexual na patogênese da histeria parece mostrar a razão da conexão mais íntima da histeria com o sexo feminino e da preferência dos homens pela neurose obsessiva. Às vezes encontramos casais de pacientes neuróticos que foram pequenos casais amorosos na infância, o homem sofrendo de obsessões, a mulher de histeria. Se forem irmão e irmã, poder-se-á tomar como efeito da hereditariedade nervosa o que, na verdade, deriva de experiências sexuais precoces.

Sem dúvida, há casos de histeria ou de obsessão puros e isolados, independentes da neurastenia ou neurose de angústia; mas isso não é a regra. Com mais frequência, a psiconeurose se apresenta como acessória às neuroses neurastênicas, provocada por elas e seguindo seu declínio. Isso porque as causas específicas dessas últimas, as perturbações atuais da vida sexual, agem ao mesmo tempo como causas acessórias das psiconeuroses, cuja causa específica, a lembrança da experiência sexual precoce, despertam e reavivam.

Quanto à hereditariedade nervosa, estou longe de poder avaliar corretamente sua influência na etiologia das psiconeuroses. Admito que sua presença é indispensável nos casos graves, duvido que seja necessária nos casos leves, mas estou convencido de que a hereditariedade nervosa, por si só, não é capaz de produzir as psiconeuroses se estiver ausente a etiologia específica destas, a excitação sexual precoce. Creio mesmo que a questão de saber qual das neuroses se desenvolverá em determinado caso, a histeria ou as obsessões, não é resolvida pela hereditariedade, mas por uma característica especial desse evento sexual da infância.

NOVAS OBSERVAÇÕES SOBRE AS NEUROPSICOSES DE DEFESA (1896)

TÍTULO ORIGINAL: "WEITERE BEMERKUNGEN ÜBER DIE ABWEHR-NEUROPSYCHOSEN". PUBLICADO PRIMEIRAMENTE EM *NEUROLOGISCHES ZENTRALBLATT*, 15 (10), PP. 434-48.
TRADUZIDO DE *GESAMMELTE WERKE I*, PP. 379-403.

Num artigo publicado em 1894 (na *Neurologisches Zentralblatt*, n. 10 e 11), reuni sob o nome de *"neuropsicoses de defesa"* a histeria, as ideias obsessivas e também certos casos de confusão alucinatória aguda, porque essas afecções mostraram um aspecto em comum: o fato de seus sintomas nascerem através do mecanismo psíquico da *defesa* (inconsciente), isto é, na tentativa de reprimir uma ideia intolerável,* que havia entrado em penosa incompatibilidade com o Eu do paciente. Em algumas passagens do livro que eu e o dr. Josef Breuer publicamos posteriormente, *Estudos sobre a histeria* [1895], pude explicar, utilizando observações clínicas, em que sentido se deve entender esse processo psicológico da "defesa" ou "repressão". No mesmo livro também se acham informações sobre o laborioso, mas confiável método da psicanálise,** do qual me sirvo nessas investigações — que constituem igualmente uma terapia.

A experiência que juntei nos dois últimos anos de trabalho me fortalece agora a inclinação a tornar a defesa o ponto nuclear do mecanismo psíquico das neuroses mencionadas e, por outro lado, me permite fornecer um

---

* No original, *eine unverträgliche Vorstellung*, que também se poderia traduzir por "uma representação incompatível", pois os dois termos admitem as duas versões. Na mesma frase, "incompatibilidade" foi a tradução dada a *Gegensatz* ("oposição, contraste" etc.) nesse contexto.

** Segundo James Strachey, esse é o primeiro uso do termo "psicanálise", em alemão, na obra de Freud; ele o havia utilizado apenas num texto redigido em francês, publicado um pouco antes (cf. p. 151 deste volume).

fundamento clínico a essa teoria psicológica. Para minha própria surpresa, cheguei a algumas soluções simples, mas estreitamente demarcadas, para os problemas das neuroses, que exporei de forma sucinta e provisória nas páginas que seguem. Nesse tipo de relato não me é possível fazer as provas acompanharem as afirmações que as requerem, mas espero poder cumprir essa obrigação depois, numa exposição mais detalhada.

I. A ETIOLOGIA "ESPECÍFICA" DA HISTERIA

Em publicações anteriores, Breuer e eu já dissemos que os sintomas da histeria só se tornam compreensíveis quando são postos em relação com vivências de efeito "traumático", e que esses traumas psíquicos dizem respeito à vida sexual. O que agora tenho a acrescentar, como resultado uniforme de minhas análises de treze casos de histeria, refere-se, por um lado, à natureza desses traumas sexuais e, por outro lado, ao período de vida no qual ocorrem. Não basta, para causar a histeria, que em algum momento da vida surja uma experiência que de alguma maneira toca a vida sexual e se torna patogênica ao liberar e suprimir um afeto penoso. É necessário que *esses traumas sexuais incidam na infância (na época da vida anterior à puberdade), e seu conteúdo tem de consistir numa efetiva excitação dos genitais (em processos similares ao coito).*

Notei que essa condição específica para a histeria — *passividade sexual em época pré-sexual* — foi preenchida em todos os casos analisados de histeria (entre eles, dois homens). Não é preciso enfatizar o quanto o requisito da predisposição hereditária é diminuído por essa condicionalidade dos fatores etiológicos acidentais; além disso, abre-se um caminho para a compreensão da frequência bem maior da histeria no sexo feminino, pois este é mais suscetível de ataques sexuais também na infância.

As objeções imediatas a esse resultado diriam que ataques sexuais a crianças pequenas ocorrem com demasiada frequência para que sua constatação tenha peso etiológico, ou que tais vivências não teriam efeito justamente porque sucedem a uma criatura não desenvolvida sexualmente; além disso, seria preciso ter cuidado para não impor aos pacientes essas supostas reminiscências aos lhes fazer perguntas, ou acreditar nas histórias que eles mesmos inventam. Em resposta a essas últimas objeções, devemos solicitar que não emita juízos muito seguros nesse âmbito obscuro quem ainda não utilizou o único método capaz de iluminá-lo (o da psicanálise, para tornar consciente o que era inconsciente).[1] Nas primeiras dúvidas, o que há de essencial é resolvido com a observação de que efeito traumático não são as vivências mesmas que possuem, e sim o reavivamento delas como *lembrança*, após o indivíduo entrar na maturidade sexual.

Meus treze casos de histeria eram todos graves e de longa duração, alguns com demorado e infrutífero

---

[1] Suponho inclusive que as frequentes histórias de ataques inventadas pelas pessoas histéricas são histórias obsessivas que vêm do traço mnêmico do trauma infantil.

tratamento em sanatórios. Os traumas infantis que a análise descobriu nesses casos sérios só podiam ser designados como severos danos sexuais; ocasionalmente eram coisas até mesmo repugnantes. Entre os responsáveis por esses abusos de graves consequências estavam sobretudo babás, governantas e outros empregados domésticos, aos quais as crianças são confiadas de maneira irrefletida; também figuravam entre eles, com lamentável frequência, pessoas que trabalhavam no ensino. Em sete dos treze casos, porém, crianças inocentes eram os abusadores, em geral irmãos, que durante anos haviam mantido relações sexuais com as irmãs um pouco mais novas. O que sucedia, a cada vez, era provavelmente igual ao que se pôde observar com segurança em determinados casos: que o garoto havia sido abusado por alguém do sexo feminino, de modo que a libido foi nele despertada prematuramente, e que alguns anos depois ele repetiu com a irmã, agredindo-a sexualmente, os mesmos procedimentos a que fora submetido.

Devo excluir a masturbação ativa da lista das práticas sexuais nocivas da infância que são patogênicas no tocante à histeria. Embora a masturbação seja frequentemente encontrada junto à histeria, isso vem do fato de a própria masturbação ser, de modo mais frequente do que se acredita, consequência do abuso ou da sedução.

Não é nada raro que as duas crianças depois adoeçam de uma neurose de defesa — o irmão, tendo ideias obsessivas; a irmã, histeria —, o que, naturalmente, cria a aparência de uma precondição neurótica familiar. Às vezes, porém, essa pseudo-hereditariedade se desfaz de maneira surpreendente. Em um dos meus casos, o irmão, a irmã e um primo um pouco mais velho estavam doentes. Pela análise que empreendi no irmão, descobri que ele se acusava de ser responsável pela doença da irmã; ele próprio fora seduzido pelo primo, e deste sabia-se, na família, que fora vítima de uma babá.

Não posso dizer com segurança qual a idade-limite para que a influência sexual nociva entre na etiologia da histeria; mas duvido que a passividade sexual possa acarretar repressão após os oito a dez anos, a menos que seja capacitada para isso por vivências anteriores. O limite inferior se estende até as lembranças, ou seja, até a tenra idade de um ano e meio ou dois anos (dois casos assim)! Em certo número de casos que tive, houve trauma sexual (ou série de traumas) nos três e quatro anos. Eu mesmo não acreditaria nesses estranhos achados se eles não adquirissem confiabilidade graças ao desenvolvimento da neurose posterior. Em cada caso, toda uma soma de sintomas patológicos, hábitos e fobias se explica apenas voltando àquelas experiências infantis, e a estrutura lógica das manifestações neuróticas torna impossível uma rejeição das lembranças fielmente preservadas que emergem da vida infantil. É verdade que em vão se indagaria uma pessoa histérica sobre esses traumas infantis fora de uma psicanálise; a pista deles não se encontra jamais na lembrança consciente, apenas nos sintomas da doença.

No período após a puberdade, todas as vivências e excitações que preparam ou ocasionam a irrupção da histeria só têm efeito, comprovadamente, porque despertam o traço mnêmico desses traumas infantis, que então não se torna consciente, levando, isto sim, à liberação do afeto e à repressão. Condiz com esse papel dos traumas posteriores o fato de eles não se sujeitarem às rígidas condições que regem os traumas infantis, podendo variar na intensidade e na qualidade, de verdadeira violação sexual a meras aproximações sexuais e percepção sensorial de atos sexuais de outros ou recebimento de informações sobre sexo.[2]

Em meu primeiro ensaio sobre as neuroses de defesa [1894], não ficou esclarecido como o empenho de esquecer uma vivência traumática desse tipo, por parte de alguém até então sadio, podia ter o resultado de realmente alcançar a repressão intencionada, dessa maneira abrindo a porta para a neurose de defesa. Isso não podia se ligar à natureza da vivência, pois outras pessoas continuavam sadias, não obstante os ensejos iguais. Portanto, a histeria não podia ser inteiramente explicada pelo efeito do trauma; era preciso admitir que a capacidade para a reação histérica já existia antes do trauma.

No lugar dessa indefinida predisposição histérica pode entrar, totalmente ou em parte, o efeito póstumo

---

[2] Num ensaio sobre a neurose de angústia (*Neurologisches Zentralblatt*, 1895, n. 2) ("Sobre os motivos para...", p. 95), mencionei que "o primeiro contato com o problema sexual [...] pode suscitar, em garotas que estão amadurecendo, uma neurose de angústia que vem combinada com a histeria de maneira quase típica". Hoje sei que a oportunidade em que irrompe essa *angústia virginal* não corresponde ao *primeiro* encontro com a sexualidade, mas que nessas pessoas houve antes uma vivência de passividade sexual na infância, cuja lembrança é despertada no "primeiro contato".

do trauma sexual infantil. A "repressão" da lembrança de uma vivência sexual penosa de anos mais maduros é obtida somente pelas pessoas nas quais essa vivência pode ativar o traço mnêmico de um trauma infantil.[3]

Ideias obsessivas têm igualmente uma experiência sexual infantil como precondição (mas de natureza diferente daquela da histeria). A etiologia das duas neuropsicoses de defesa traz a seguinte relação com a etiologia das duas neuroses simples, a neurastenia e a neurose de angústia. As duas últimas são efeitos diretos das práticas sexuais nocivas mesmas, como expus num ensaio de 1895 sobre a neurose de angústia; as duas neuroses de defesa são con-

---

3 Uma teoria psicológica da repressão teria também de elucidar por que apenas representações de teor sexual podem ser reprimidas. Ela poderia partir dos seguintes elementos. Sabe-se que imaginar coisas de teor sexual produz, nos genitais, processos excitatórios semelhantes aos gerados pelas experiências sexuais mesmas. É lícito supor que tal excitação somática se transforma em psíquica. Em regra, o efeito em questão é bem mais forte na vivência do que na lembrança. Porém, quando a vivência sexual ocorre no tempo da imaturidade sexual, e a lembrança dela é despertada durante ou após a maturidade, a lembrança tem efeito excitatório muito mais forte do que teve a vivência na época, pois nesse meio-tempo a puberdade aumentou incomparavelmente a capacidade de reação do aparelho sexual. Tal relação invertida entre vivência real e lembrança parece conter a precondição psicológica para uma repressão. A vida sexual oferece — devido ao retardamento da maturidade puberal em relação às funções psíquicas — a única possibilidade que se apresenta para essa inversão da eficácia relativa. *Os traumas infantis agem a posteriori, como vivências novas; mas inconscientemente.* Devo adiar para outra oportunidade uma discussão psicológica mais abrangente. Acrescento, no entanto, que a época de "maturação sexual" aqui considerada não coincide com a puberdade, mas a precede (dos oito aos dez anos).

sequências indiretas de influências sexuais nocivas que ocorreram antes da maturidade sexual, isto é, consequências dos traços mnêmicos psíquicos delas. As causas atuais que produzem neurastenia e neurose de angústia exercem ao mesmo tempo, com frequência, o papel de causas despertadoras para as neuroses de defesa; por outro lado, as causas específicas da neurose de defesa, os traumas infantis, também podem lançar as bases para a neurastenia que depois se desenvolverá. Por fim, tampouco é raro que uma neurastenia ou neurose de angústia seja mantida apenas pela contínua lembrança de traumas infantis, em vez de por práticas sexuais nocivas atuais.[4]

II. NATUREZA E MECANISMO DA NEUROSE OBSESSIVA

Na etiologia da neurose obsessiva, as vivências sexuais da infância têm a mesma importância que na histeria, mas já não se trata de passividade sexual, e sim de agres-

---

4 [Nota acrescentada em 1924:] Esta seção é dominada por um erro que desde então reconheci e retifiquei várias vezes. Naquele tempo eu não sabia distinguir as fantasias dos analisandos sobre sua infância das lembranças reais. Por isso, atribuí ao fator etiológico da sedução uma importância e uma universalidade que não lhe cabem. Depois de superado esse erro, foi possível apreender as manifestações espontâneas da sexualidade infantil, que descrevi nos *Três ensaios sobre a teoria da sexualidade*, de 1905. Mas nem tudo o que se encontra no texto acima deve ser rejeitado; a sedução ainda tem certa importância na etiologia, e algumas das explicações psicológicas me parecem exatas ainda hoje.

sões realizadas com prazer e de participação prazerosa em atos sexuais, ou seja, de atividade sexual. Liga-se a essa diferença nas circunstâncias etiológicas o fato de na neurose obsessiva o sexo masculino aparecer com maior destaque.

Por outro lado, em todos os meus casos de neurose obsessiva encontrei um *substrato de sintomas histéricos* que podiam ser relacionados a uma cena de passividade sexual anterior à ação prazerosa. Suponho que essa coincidência não seja casual e que a agressividade sexual precoce sempre implique uma vivência anterior de sedução. Mas não posso, no momento, oferecer uma exposição definitiva da etiologia da neurose obsessiva; apenas tenho a impressão de que decidir se uma histeria ou uma neurose obsessiva surge com base em traumas infantis depende das circunstâncias *cronológicas* do desenvolvimento da libido.

A natureza da neurose obsessiva pode ser expressa numa fórmula simples: *ideias obsessivas* são sempre *recriminações* transformadas que voltam da *repressão* e que se referem a uma ação *sexual* realizada com prazer na infância. Para elucidar essa frase é preciso descrever o curso típico de uma neurose obsessiva.

Num primeiro período — o da imoralidade infantil — ocorrem os eventos que contêm o germe da futura neurose. Inicialmente, na primeira infância, as vivências de sedução sexual que mais tarde possibilitam a repressão; depois os atos de agressão sexual contra o outro sexo, que mais tarde aparecem como ações que envolvem recriminação.

Esse período tem fim com o advento — muitas vezes prematuro — da "maturação" sexual. Então se liga à lembrança daqueles atos prazerosos uma recriminação, e o nexo com a vivência inicial de passividade torna possível — com frequência, somente após um esforço consciente e lembrado — reprimir aquela e substituí-la por um *sintoma primário de defesa*. Conscienciosidade, vergonha, desconfiança de si são sintomas desse tipo, com os quais começa o terceiro período, o da saúde aparente; ou, mais propriamente, da defesa bem-sucedida.

O período seguinte, o da doença, distingue-se pelo *retorno das lembranças reprimidas*, ou seja, pelo fracasso da defesa. Nisso permanece indecidido se o despertar das lembranças ocorre mais frequentemente de maneira casual e espontânea ou devido a perturbações sexuais atuais, como uma espécie de efeito colateral delas. Mas as lembranças reavivadas e as recriminações formadas a partir delas nunca entram inalteradas na consciência; o que se torna consciente como ideia obsessiva e afeto obsessivo, que substitui a lembrança patogênica para a vida consciente, são formações de compromisso entre as ideias reprimidas e as repressoras.

Para descrever de modo expressivo e provavelmente correto os processos da repressão, do retorno do reprimido* e da formação das ideias patológicas de compromisso será preciso aceitar hipóteses bem definidas acerca do substrato dos eventos psíquicos e da consciência.

---

* Esta é a primeira vez que Freud usa a expressão, segundo James Strachey.

Enquanto não fizermos isso, teremos de nos contentar com as seguintes observações, entendidas antes de maneira ampla. Há duas formas de neurose obsessiva, conforme o ingresso na consciência seja obtido apenas pelo conteúdo mnêmico da ação que implica a recriminação ou também pelo afeto recriminador a ela vinculado. O primeiro caso é o das ideias obsessivas típicas, em que o conteúdo atrai a atenção do paciente e como afeto ele sente apenas um desprazer indefinido, enquanto somente o afeto da recriminação seria adequado ao conteúdo da ideia obsessiva. Este é duplamente deformado em relação ao ato obsessivo da infância: primeiro, porque algo atual é posto no lugar de uma coisa passada; segundo, porque o elemento sexual é substituído por algo análogo, não sexual. Essas duas mudanças são efeito da tendência à repressão, ainda em vigor, que atribuímos ao "Eu". A influência da lembrança patogênica reavivada se mostra no fato de o conteúdo da ideia obsessiva ainda ser, em parte, idêntico ao que foi reprimido, ou derivar dele por um raciocínio correto. Se, com o auxílio do método psicanalítico, reconstruímos a gênese de uma ideia obsessiva, vemos que dois diferentes cursos de pensamento foram estimulados a partir de impressão atual; um deles, que passou pela lembrança reprimida, revela-se formado de maneira tão logicamente correta quanto o outro, embora seja incapaz de chegar à consciência e insuscetível de correção. Se os resultados das duas operações psíquicas não concordam, não se chega a algum nivelamento lógico da contradição entre eles, mas sim, junto ao produto intelectual normal, entra na consciência uma ideia obsessiva de aparência absurda, como compromisso entre a resistência e o resultado intelectual patológico. Se os dois cursos de pensamento levam à mesma conclusão, eles reforçam um ao outro, de maneira que um resultado intelectual adquirido normalmente passa a se comportar psicologicamente como uma ideia obsessiva. *Sempre que aparece uma obsessão neurótica na psique, ela vem da repressão.* As ideias obsessivas têm, por assim dizer, um *Zwangskurs** psíquico; não por seu valor próprio, mas por causa da fonte que lhes deu origem ou que contribuiu para o seu valor.

Uma segunda forma da neurose obsessiva se produz quando o que obtém representação na vida psíquica consciente não é o conteúdo mnêmico reprimido, mas a recriminação igualmente reprimida. O afeto de recriminação pode, por alguma adição psíquica, se transformar em qualquer outro afeto desprazeroso. Isso acontecendo, nada mais impede que o afeto substituído se torne consciente. Assim, a *recriminação* (por haver executado a ação sexual na infância) se transforma facilmente em *vergonha* (se outra pessoa souber daquilo), em *medo hi-*

---

* Literalmente, "curso forçado"; designa, em economia, o câmbio fixo de uma moeda estrangeira, imposto pelo governo. Freud pôde recorrer a essa imagem devido à pluralidade de sentidos do substantivo *Zwang* (aqui usado de forma adjetiva), que significa "obrigação, coação, obsessão, compulsão" etc. Lembremos que "ideia ou representação obsessiva" é *Zwangsvorstellung* em alemão. No parágrafo seguinte, o termo traduzido por "representação" é *Vertretung*; o verbo *vertreten* significa "representar" no sentido de "estar no lugar de, figurar como".

pocondríaco (das consequências físicas nocivas do ato que gerou a recriminação), em *medo social* (da punição daquele delito pela sociedade), em *angústia religiosa*, em *delírio de ser observado* (temor de que aquela ação seja denunciada), em *angústia da tentação* (justificada desconfiança da própria força de resistência moral) etc. Mas o conteúdo mnêmico da ação que implicou a recriminação também pode ser representado na consciência ou inteiramente relegado, o que dificulta bastante o diagnóstico. Muitos casos que, numa investigação superficial, são tidos como hipocondria comum (neurastênica) pertencem a esse grupo de *afetos obsessivos*, sobretudo a assim chamada "neurastenia periódica" ou "melancolia periódica" parece, com insuspeitada frequência, desfazer-se em afetos obsessivos e ideias obsessivas, uma descoberta que faz diferença do ponto de vista terapêutico.

Além desses sintomas de compromisso, que significam o retorno do reprimido e, assim, um fracasso da defesa originalmente alcançada, a neurose obsessiva forma uma série de outros sintomas de origem bastante diversa. O Eu procura afastar os derivados da lembrança inicialmente reprimida, e nessa luta defensiva cria sintomas que podem ser reunidos sob o nome de *"defesa secundária"*. São todos eles *"medidas protetoras"* que prestaram um bom serviço no combate às ideias obsessivas e afetos obsessivos. Se esses auxílios na luta defensiva *realmente* conseguem reprimir de novo os sintomas do retorno [do reprimido] que se impuseram ao Eu, a obsessão se transfere para as medidas protetoras mesmas e cria uma terceira forma da "neurose obsessiva", as *ações obsessivas*. Estas nunca são primárias, jamais contêm algo que não seja uma defesa; nunca uma agressão. Sua análise psíquica mostra que, não obstante sua peculiaridade, elas sempre podem ser explicadas se as relacionamos à lembrança obsessiva que combatem.[5]

A defesa secundária contra as ideias obsessivas pode se dar mediante um vigoroso desvio para outros pensamentos que tenham o conteúdo mais contrário possível;

---

[5] Eis um exemplo entre muitos. Um menino de onze anos organizou, de maneira obsessiva, o seguinte cerimonial antes de ir para a cama: ele não adormecia antes de relatar à mãe, nos mínimos detalhes, tudo o que lhe acontecera durante o dia; no tapete do quarto não podia haver pedacinhos de papel ou qualquer outra sujeira; a cama tinha de estar bem encostada à parede, com três cadeiras à frente, e as almofadas dispostas de um modo bem específico. Para adormecer, ele precisava antes movimentar as pernas certo número de vezes e se deitar de lado.

Isso se explicou do seguinte modo: anos antes, acontecera que uma criada, encarregada de fazer dormir o belo garoto, aproveitara a ocasião para deitar sobre ele e dele abusar sexualmente. Quando, tempos depois, essa lembrança foi despertada por uma experiência recente, ela se anunciou à consciência na obsessão em realizar o cerimonial acima, cujo sentido era fácil de perceber e foi confirmado nos pormenores pela psicanálise: cadeiras na frente da cama e esta junto à parede — para que ninguém mais chegasse até a cama; almofadas dispostas de certa forma — para que estivessem arrumadas de maneira diferente do que naquela noite; os movimentos com as pernas — afastando a pessoa que se posicionasse sobre ele; dormir de lado — porque naquela cena ele estava deitado de costas; a confissão detalhada para a mãe — porque ele havia silenciado a respeito dessa e de outras experiências sexuais, por proibição da sedutora; enfim, limpeza do chão do quarto de dormir — porque isso era a principal recriminação que ele até então havia escutado da mãe.

por causa disso é que, prevalecendo a *obsessão de cismar*,* eles geralmente são sobre coisas abstratas, *suprassensoriais*, pois as ideias reprimidas sempre se ocupavam da *sensualidade*. Ou o doente procura dominar cada ideia obsessiva mediante o trabalho lógico e o recurso a suas lembranças conscientes; isso leva à *obsessão de pensar* e *examinar* e à *mania de dúvida*. Nesses exames, a primazia da percepção sobre a memória inicialmente o induz — e depois o compele — a juntar e a conservar todos os objetos com que esteve em contato. A defesa secundária contra os afetos obsessivos produz uma série ainda mais ampla de medidas protetoras capazes de se transformar em atos obsessivos. Podemos dividi-las nos seguintes grupos, conforme sua tendência: medidas de *penitência* (cerimonial fastidioso, aritmomania), de *prevenção* (todas as fobias, superstição, meticulosidade excessiva, intensificação do sintoma primário da conscienciosidade), de *temor da traição* (juntar papéis, evitar gente), de *entorpecimento* (dipsomania). Entre esses atos e impulsos obsessivos, as fobias têm a importância maior, por restringirem a existência do paciente.

Há casos em que é possível observar como a obsessão se transfere da ideia ou do afeto para a medida protetora; outros, em que a obsessão oscila periodicamente entre o sintoma do retorno [do reprimido] e o da defe-

---

* No original, *Grübelzwang*, em que o verbo *grübeln* significa "pensar bastante, cismar"; nas traduções consultadas temos: *especulación obsesiva*, *compulsión de cavilar*, *rimuginare ossessivo*, *obsessional brooding*. Na frase seguinte, o original de "ideia obsessiva" é *Zwangsidee* e não *Zwangsvorstellung*, o termo geralmente usado.

sa secundária; mas há também casos em que nenhuma ideia obsessiva se forma, sendo a lembrança reprimida representada de imediato pelo que é aparentemente uma medida de defesa primária. Neles se alcança, de um salto, aquele estágio que nos outros encerra o percurso da neurose obsessiva somente após a luta defensiva. Casos graves dessa afecção terminam na fixação de atos cerimoniais, na mania geral de dúvida ou numa vida excêntrica determinada por fobias.

O fato de [o paciente] não crer nas ideias obsessivas e tudo delas derivado se deve provavelmente ao sintoma defensivo da *conscienciosidade* que se formou na primeira repressão e também adquiriu valor obsessivo. A certeza de ter vivido moralmente por todo o período da defesa bem-sucedida torna impossível dar crédito à recriminação que a ideia obsessiva implica. Só temporariamente, ao surgir uma nova ideia obsessiva, e de vez em quando, nos estados melancólicos de esgotamento do Eu, os sintomas patológicos do retorno [do reprimido] adquirem crédito. A "obsessão" das formações psíquicas aqui apresentadas nada tem a ver, de modo bastante geral, com o reconhecimento pela crença, e também não deve ser confundida com o fator que designamos como "força" ou "intensidade" de uma ideia. Sua característica essencial é não poder ser dissipada pela atividade psíquica capaz de consciência, e essa característica não sofre alteração, seja mais forte ou mais fraca a ideia a que se prende a obsessão, mais ou menos intensamente "iluminada", "investida de energia" etc.

A causa dessa inatacabilidade da ideia obsessiva ou

de seus derivados está apenas em sua conexão com a lembrança reprimida da primeira infância, pois quando conseguimos tornar consciente essa ligação — o que os métodos psicoterapêuticos já parecem fazer —, a obsessão desaparece.

III. ANÁLISE DE UM CASO DE PARANOIA CRÔNICA[6]

Há um bom tempo abrigo a suspeita de que também a paranoia — ou grupos de casos que se incluem na paranoia — seja uma psicose de defesa, isto é, de que, como a histeria e as ideias obsessivas, provenha da repressão de lembranças penosas, e de que seus sintomas tenham sua forma determinada pelo conteúdo do que foi reprimido. A paranoia deve ter um meio ou mecanismo próprio de repressão,* assim como a histeria efetua a repressão pela via da *conversão* na inervação somática, e a neurose obsessiva, pela *substituição* (deslocamento ao longo de certas categorias associativas). Observei vários casos que favoreciam essa interpretação, mas não encontrei nenhum que a provasse, até que alguns meses atrás me foi

---

6 [Nota acrescentada em 1924:] Mais corretamente, *dementia paranoides*.

* Segundo James Strachey (em nota à edição *Standard* inglesa), nessa passagem temos um bom exemplo da mudança no uso dos termos "defesa" e "repressão" por Freud, pois, conforme a discussão que oferece deles em *Inibição, sintoma e angústia* (1926, cap. XI, seção C), ele usaria aqui "defesa" em vez de "repressão".

possível, graças à bondade do dr. Josef Breuer, submeter a uma psicanálise, para fins terapêuticos, o caso de uma inteligente mulher de 32 anos, ao qual não se podia negar a designação de paranoia crônica. Já informarei aqui sobre alguns esclarecimentos adquiridos naquele trabalho, pois tenho raras oportunidades de estudar a paranoia e porque acho que essas observações poderão induzir um psiquiatra mais bem situado nesse campo a fazer justiça ao fator da "defesa" na discussão sobre a natureza e o mecanismo psíquico da paranoia, tão viva atualmente. É claro que estou longe de, com base neste único exemplo, pretender afirmar algo mais que não seja isto: eis um caso de psicose de defesa, e é possível que no grupo "paranoia" haja outros que o sejam também.

A sra. P., de 32 anos de idade, casada há três anos, mãe de uma criança de dois, é filha de pais que não têm doenças nervosas; mas sei que os dois irmãos são igualmente neuróticos. É possível que por volta dos 25 anos ela tenha ficado temporariamente deprimida e confusa no seu juízo. Nos últimos anos esteve saudável e produtiva, até que, seis meses após o nascimento do filho, manifestou os primeiros sinais da doença de agora. Tornou-se desconfiada e reservada, passou a ter aversão à companhia dos irmãos do marido e a se queixar de que seus vizinhos, na pequena cidade onde morava, agiam de maneira rude e inconsiderada para com ela, diferentemente de antes. Pouco a pouco essas queixas aumentaram na intensidade, mas não na precisão: as pessoas tinham algo contra ela, embora não soubesse exatamente o quê.

Não havia dúvida: todos, parentes e amigos, negavam--lhe a consideração e faziam tudo para magoá-la. Ela quebrava a cabeça, dizia, para compreender a razão disso; mas não sabia qual era. Algum tempo depois, queixou-se de que era observada, de que adivinhavam seus pensamentos e sabiam de tudo o que se passava em sua casa. Uma tarde, veio-lhe subitamente a ideia de que a observavam à noite, quando se despia. Desde então, tomava complicadas medidas de precaução ao se despir; enfiava-se na cama com a luz apagada e tirava a roupa somente debaixo da coberta. Como evitava todo contato, nutria-se mal e estava muito abatida, foi enviada para uma instituição hidroterápica no verão de 1895. Lá surgiram novos sintomas e pioraram os já existentes. Já na primavera, teve subitamente, num dia em que estava sozinha com a criada de quarto, uma sensação no baixo-ventre, e achou que naquele instante a criada teve um pensamento indecente. Tal sensação se tornou mais frequente no verão, quase constante; ela sentia seus genitais "como se sente uma mão pesada". Então começou a ver imagens que a horrorizavam, alucinações de mulheres nuas, sobretudo de um baixo-ventre feminino com pelos; ocasionalmente, também de genitais masculinos. A imagem do ventre com pelos e a sensação no seu próprio ventre costumavam vir juntas. Essas imagens eram penosas para ela, pois normalmente lhe vinham quando estava com outra mulher, e sua interpretação era de que enxergava a outra em nudez indecente, mas no mesmo instante essa tinha idêntica imagem dela (!). Ao mesmo tempo que essas alucinações visuais —

que, após seu primeiro surgimento na instituição, desapareceram por vários meses —, começaram a incomodá-la vozes que não conhecia e não sabia explicar. Quando estava na rua, elas diziam: "Esta é a sra. P. — Aí vai ela. Para onde vai?". Comentavam cada um dos seus movimentos e atos, às vezes ela ouvia ameaças e recriminações. Todos esses sintomas ficavam piores quando ela estava com outras pessoas e até mesmo na rua. Por esse motivo, recusava-se a sair; explicou que tinha repugnância à comida, e logo se depauperou.

Soube essas coisas dela mesma, quando veio se tratar comigo no inverno de 1895. Relatei-as minuciosamente, para deixar clara a impressão de que realmente se trata de uma forma frequente de paranoia crônica — um juízo com o qual se harmonizam os detalhes dos sintomas e do comportamento dela, que exporei adiante. Naquele tempo ela escondeu de mim os delírios que ajudariam a interpretar as alucinações, ou eles ainda não haviam ocorrido. Sua inteligência estava inalterada; chamou-me a atenção apenas, no que relatou, que ela havia encontrado várias vezes o irmão que morava próximo, para confidenciar-lhe algo, mas não chegou a comunicar-lhe nada. Ela nunca falou sobre suas alucinações e, por fim, também não se manifestou muito sobre as ofensas e perseguições que sofria.

O que agora tenho a dizer sobre essa paciente se refere à etiologia do caso e ao mecanismo das alucinações. Encontrei a etiologia quando, assim como numa histeria, recorri ao método de Breuer, inicialmente para investigar e eliminar as alucinações. Nisso parti do pressuposto de que nessa paranoia, como nas duas outras neuroses de defesa que conhecia, tem de haver pensamentos inconscientes e lembranças reprimidas que podem ser levados à consciência da mesma forma que nelas, com superação de determinada resistência, e a paciente confirmou de imediato essa expectativa, comportando-se na análise exatamente como uma histérica, por exemplo; sob a pressão de minha mão (cf. *Estudos sobre a histeria* [1895]), trouxe pensamentos que não se lembrava de ter tido, que primeiramente não entendeu e que contrariavam sua expectativa. Assim foi demonstrada a presença de ideias inconscientes significativas também num caso de paranoia, e tive a esperança de poder relacionar à repressão também a obsessão da paranoia. Peculiar era apenas que ela ouvisse interiormente ou alucinasse as indicações oriundas do inconsciente como suas vozes, na maioria das vezes.

Sobre a origem das alucinações visuais ou, pelo menos, das imagens vívidas, eu soube o seguinte: a imagem do ventre feminino vinha quase sempre com a sensação física no próprio ventre, sendo essa última, porém, muito mais constante e muito frequentemente desacompanhada da imagem.

As primeiras imagens de ventres femininos haviam aparecido na instituição hidroterápica, poucas horas depois que ela realmente vira certo número de mulheres se desnudando na sala de banhos; ou seja, resultaram ser simples reproduções de uma impressão real. Ora, era lícito supor que tais impressões haviam se repetido somente porque um grande interesse se prendia a elas. A paciente me falou que havia sentido vergonha por aquelas mulheres; ela própria se envergonhava de ser vista nua, desde que tinha lembrança. Como tive de considerar essa vergonha algo obsessivo, inferi, conforme o mecanismo de defesa, que devia ter sido reprimida uma vivência em que ela não tinha se envergonhado, e solicitei que ela deixasse emergir as lembranças ligadas ao tema da vergonha. De imediato ela reproduziu várias cenas que remontavam dos dezessete aos oito anos de idade, em que ela tinha se envergonhado, no banho, de sua nudez diante da mãe, da irmã e do médico.* Mas a série de lembranças terminou com uma cena aos seis anos, em que ela se despia no quarto para dormir, sem se envergonhar do irmão que estava presente. Quando lhe perguntei sobre isso, soube que tinha havido muitas cenas assim, que os irmãos costumavam, durante anos, mostrar-se nus um ao outro antes de dormir. Compreendi então o significado do súbito pensamento de que a observavam quando ia dormir. Era um trecho inalterado da velha lembrança que implicava recriminação, e ela estava recuperando algo da vergonha que deixara de sentir quando criança.

A conjectura de que se tratava de uma relação infantil, como é frequente também na etiologia da histeria, foi reforçada por outros progressos da análise, que ofereceram igualmente soluções para alguns detalhes que aparecem com frequência no quadro da paranoia. O início do

---

* Causa espécie que o médico presenciasse o banho, mas assim está no original (*GW* I, p. 396).

seu abatimento coincidiu com uma briga entre o marido e o irmão, devido à qual este deixou de ir à sua casa. Ela sempre amou bastante esse irmão e sentia muito a sua falta nesse tempo. Além disso, falou de um momento, na história de sua doença, em que pela primeira vez "tudo ficou claro" para ela, ou seja, em que adquiriu a convicção de que era verdadeira sua suposição de que todos a menosprezavam e a magoavam intencionalmente. Essa certeza lhe veio graças à visita de uma cunhada, que durante a conversa falou: "Se uma coisa assim me acontece, não dou a mínima!". A sra. P. não escutou essa frase naturalmente; mas, depois que a visita foi embora, pareceu-lhe que essas palavras continham uma recriminação a ela, como se ela costumasse não dar importância a coisas sérias, e a partir desse momento ficou certa de que era uma vítima do falatório de todos. Quando lhe perguntei por que achava que aquelas palavras se referiam a ela, respondeu que o tom com que a cunhada havia falado a convencera disso (posteriormente, contudo) — o que é um detalhe característico da paranoia. Então eu a fiz se lembrar do que a cunhada havia falado antes da frase problemática, e se verificou que essa havia contado que na casa de seus pais tinha havido muitas dificuldades com seus *irmãos*, juntando a isso esta sábia observação: "Em toda família acontecem coisas que é melhor cobrir com um véu. Mas se algo assim me acontecesse, eu não daria importância". A sra. P. teve de admitir que seu abatimento se ligava às frases antes do último comentário da cunhada. Como havia reprimido essas duas frases, capazes de despertar a lembrança de sua relação com o irmão, e conservado apenas a insignificante frase final, teve de vincular a esta a sensação de que a cunhada a recriminava, e, como o conteúdo da frase não oferecia apoio para isso, passou do conteúdo para o tom com que as palavras tinham sido faladas. Uma evidência típica, provavelmente, de que as interpretações equivocadas da paranoia se baseiam numa repressão.

De modo surpreendente solucionou-se também o peculiar procedimento de marcar encontros com o irmão e nada ter para lhe comunicar. Sua explicação foi que ela acreditava que bastaria olhar para o irmão e ele compreenderia seu sofrimento, já que sabia a causa deste. Como esse irmão era realmente a única pessoa que podia saber algo da etiologia de sua doença, verificou-se que ela tinha agido conforme um motivo que ela mesma não compreendia de forma consciente, mas que parecia perfeitamente justificado quando lhe atribuíamos um sentido derivado do inconsciente.

Então consegui fazê-la reproduzir as várias cenas em que havia culminado o relacionamento sexual com o irmão (dos seis aos dez anos, pelo menos). Durante esse trabalho de reprodução, a sensação física no ventre "participou da conversa",* tal como se vê na análise de resíduos mnêmicos histéricos. A imagem de um ventre feminino nu (mas reduzido a proporções infantis e sem pelos) também se apresentava, ou não comparecia, conforme a cena em questão tivesse se dado em plena luz ou

---

* Cf. *Estudos sobre a histeria* (1895), cap. IV (mais especificamente, pp. 415-17 do v. 2 destas *Obras completas*).

no escuro. Também o nojo de comer achou explicação num detalhe repugnante daqueles procedimentos. Depois que evocamos todas as cenas, as sensações e imagens alucinatórias desapareceram para não mais voltar (pelo menos até hoje).[7]

Descobri, portanto, que essas alucinações não eram senão fragmentos do conteúdo das vivências infantis reprimidas, sintomas do retorno do reprimido.

Então passei à análise das vozes. Era preciso explicar, antes de tudo, por que frases irrelevantes como "Aí

---

7 Quando, depois, uma exacerbação [da doença] anulou o escasso êxito do tratamento, ela não voltou a enxergar as imagens indecentes de genitais alheios, mas tinha a ideia de que outras pessoas viam os *seus* genitais quando se encontravam *atrás* dela.

[O trecho seguinte constava desta nota nos *Collected Papers*, v. 1, de 1924, e não se acha em nenhuma edição alemã do presente ensaio, segundo informa James Strachey na edição *Standard* por ele dirigida:] "O relato fragmentário dessa análise, no texto acima, foi escrito enquanto a paciente ainda estava em tratamento. Pouco depois, sua condição piorou de tal forma que o tratamento teve de ser interrompido. Ela foi transferida para uma instituição e lá teve um período de fortes alucinações, com todos os sinais de *dementia praecox*. Mas, contrariando as expectativas, recuperou-se e voltou para casa; teve outro filho, que era bastante saudável, e por um longo período (de doze a quinze anos) foi capaz de realizar todos os seus deveres de maneira satisfatória. O único sinal de sua psicose anterior era, dizia-se, o fato de evitar a companhia de todos os parentes, tanto os de sua própria família como os do marido. No final desse período ela adoeceu de novo, atingida por mudanças adversas em sua vida. Seu marido havia se tornado incapaz de trabalhar, e os parentes que ela rejeitava tiveram de sustentar a família. Foi novamente internada e pouco tempo depois morreu na instituição, de uma pneumonia que logo lhe sobreveio."

vai a sra. P.", "Ela está procurando apartamento" etc. podiam ser tão penosas para ela; depois, de que modo essas afirmações inócuas chegaram a se distinguir pelo reforço alucinatório. De antemão estava claro que essas "vozes" não podiam ser lembranças reproduzidas de forma alucinatória, como as imagens e sensações, mas sim pensamentos "ditos em voz alta".

A primeira vez que ela escutou vozes foi nas seguintes circunstâncias. Ela havia lido, com grande interesse, a bela história de Otto Ludwig, *Die Heiterethei*, notando que durante a leitura lhe vinham pensamentos que reivindicavam sua atenção. Logo em seguida, fora passear por um caminho do campo, e, quando passava por uma casinha de camponeses, vozes lhe disseram subitamente: "Assim era a casa da Heiterethei! Ali está a fonte e ali os arbustos! Como ela era feliz, com toda a sua pobreza!". E as vozes lhe repetiam passagens inteiras que tinha acabado de ler; mas era incompreensível por que a casa, a fonte e os arbustos da Heiterethei, e justamente os trechos mais banais e desinteressantes da obra se impunham à sua atenção com intensidade patológica. No entanto, a solução do enigma não era difícil. A análise mostrou que durante a leitura ela também tivera outros pensamentos e fora estimulada por outras passagens do livro. Contra esse material — analogias entre o casal do livro e ela e seu marido, lembranças de intimidades da vida conjugal e de segredos de família —, contra tudo isso se erguera uma resistência repressora, porque tudo se ligava, por cursos de pensamentos facilmente demonstráveis, ao seu temor do sexo, e assim, em última instância, resultava no despertar das velhas experiências infantis. Devido a essa censura exercida pela repressão, as passagens inofensivas e idílicas, que eram vinculadas àquelas reprovadas mediante o contraste e também a vizinhança, adquiriram maior força junto à consciência, que lhes possibilitou serem ditas em voz alta. O primeiro dos pensamentos reprimidos se referia, por exemplo, ao falatório dos vizinhos, de que era alvo a heroína, que vivia só. A analogia com sua própria pessoa foi facilmente encontrada pela paciente. Ela também vivia num lugar pequeno, não se dava com ninguém e acreditava ser menosprezada pelos vizinhos. A desconfiança em relação a esses tinha uma base real: no início ela tivera de se contentar com uma habitação pequena, em que o quarto de dormir era contíguo à casa vizinha, e a cama do jovem casal ficava junto à parede entre as duas habitações. No início do seu casamento, ela desenvolveu — claramente pelo despertar inconsciente da sua relação infantil, em que eles tinham brincado de marido e mulher — um grande temor do sexo; preocupava-se continuamente com o fato de os vizinhos poderem escutar frases e ruídos através da parede divisória, e esse pudor se transformou em desconfiança dos vizinhos.

Assim, as vozes deviam seu aparecimento à repressão de pensamentos que, na sua resolução última, constituíam, verdadeiramente, recriminações a propósito de uma experiência análoga ao trauma infantil; eram, portanto, sintomas do retorno do reprimido, mas, ao mesmo tempo, consequências de um compromisso entre resistência do Eu e poder do reprimido que retorna, que nesse caso produziu uma deformação que tornou irreconhecível. Em outras ocasiões em que pude analisar vozes que a sra. P. ouvia, a deformação era menor. Mas as palavras tinham sempre a característica de uma vagueza diplomática; a alusão ofensiva era geralmente oculta, o nexo entre as frases era encoberto por formas de expressão estranhas, linguagem inusual etc. — características em geral comuns às alucinações auditivas dos paranoicos, e nas quais enxergo traços da deformação mediante o compromisso. Por exemplo, a fala: "Aí vai a sra. P., ela está procurando apartamento nessa rua" significava a ameaça de que ela não se recuperaria, pois eu havia lhe prometido que após o tratamento ela estaria em condições de voltar para a pequena cidade onde seu marido trabalhava; ela havia alugado por alguns meses um apartamento em Viena.

Às vezes a sra. P. ouvia ameaças mais nítidas — ligadas, por exemplo, aos parentes do marido; mas a expressão contida dessas vozes ainda contrastava com o tormento que lhe causavam. Pelo que sabemos dos paranoicos, inclino-me a supor que houve um gradual enfraquecimento da resistência que atenua as recriminações, de modo que enfim a defesa malogra inteiramente, e a recriminação original, o xingamento que a pessoa queria se poupar retorna em sua forma inalterada. Contudo, não sei se isso é um curso constante e se a censura das palavras recriminatórias pode se ausentar desde o início ou persistir até o final.

Agora é preciso apenas utilizar os esclarecimentos obtidos neste caso de paranoia para uma comparação entre a paranoia e a neurose obsessiva. Foi demonstrado que nas duas a repressão é o núcleo do mecanismo psíquico, e nos dois casos o material reprimido é uma experiência sexual infantil. Também nessa paranoia, toda obsessão vem da repressão; os sintomas da paranoia permitem uma classificação similar à que se mostrou justificada para a neurose obsessiva. Uma parte dos sintomas origina-se novamente da defesa primária; a saber, todas as ideias delirantes que envolvem desconfiança, suspeita e perseguição por outras pessoas. Na neurose obsessiva, a recriminação inicial foi reprimida através da formação do sintoma de defesa primário: a *desconfiança de si mesmo*. Com isso, a recriminação foi reconhecida como justificada, e, em compensação, a conscienciosidade adquirida no intervalo sadio impede de dar crédito às recriminações recorrentes como ideia obsessiva. Na paranoia, a recriminação é reprimida de uma maneira que pode ser designada como *projeção*,* em que se cria o sintoma de defesa da *desconfiança de outras pessoas*. Nisso o indivíduo subtrai à desconfiança o reconhecimento, e, como que para compensar, falta-lhe uma proteção contra as recriminações que retornam nas ideias delirantes.

Outros sintomas do meu caso de paranoia devem ser designados como sintomas do retorno do reprimido e, como os da neurose obsessiva, também levam consigo os traços do compromisso, o que lhes permite a entrada na consciência. Assim são a ideia delirante de ser obser-

---

* Segundo James Strachey, esse é provavelmente o primeiro uso do termo numa publicação de Freud.

vada ao se despir, as alucinações visuais e sensoriais e a escuta de vozes. Nessa ideia delirante se acha um conteúdo mnêmico quase inalterado, que se tornou indefinido graças à omissão. O retorno do reprimido em imagens visuais aproxima-se antes do caráter da histeria do que daquele da neurose obsessiva, mas a histeria costuma repetir seus símbolos mnêmicos sem modificação, enquanto a alucinação mnêmica paranoica sofre uma deformação similar à da neurose obsessiva; uma imagem análoga moderna se põe no lugar da reprimida (o ventre de uma mulher adulta em vez do de uma criança; com os pelos particularmente nítidos, porque não estavam na impressão original). Bastante peculiar à paranoia, e que não se esclarece nessa comparação, é o fato de que as recriminações reprimidas voltam como pensamentos ditos em voz alta, e nisso têm de sofrer uma dupla deformação: uma censura que leva à substituição por outros pensamentos associados ou à ocultação através de uma forma indeterminada de expressão, e a referência a experiências recentes, apenas análogas às velhas.

O terceiro grupo dos sintomas encontrados na neurose obsessiva, os sintomas da defesa secundária, não pode estar presente como tal na paranoia, pois contra os sintomas do retorno [do reprimido] — que acham crédito, como sabemos — nenhuma defesa atua. No lugar disso, acha-se na paranoia outra fonte de formação de sintomas; as ideias delirantes que chegaram à consciência mediante o compromisso (sintomas do retorno) colocam exigências ao trabalho de pensamento do Eu, até que sejam aceitas sem oposição. Como elas próprias não se deixam influenciar, o Eu tem de se adequar a elas, e, assim, o que aí corresponde aos sintomas da defesa secundária da neurose obsessiva é uma formação delirante combinatória, o *delírio de interpretação* que termina na *alteração do Eu*. Nesse aspecto, meu caso não foi completo; ele ainda não mostrava, na época, nenhuma das tentativas de interpretação que apareceram depois. Mas não duvido de que ainda chegaremos a um importante resultado, se a psicanálise for aplicada também nesse estágio da paranoia. Provavelmente se verificará que também a assim chamada *fraqueza de memória* dos paranoicos é *tendenciosa*, ou seja, baseada na repressão e obediente aos propósitos desta. São reprimidas e substituídas a posteriori aquelas lembranças, nada patogênicas, que contrariam a alteração do Eu que os sintomas do retorno exigem categoricamente.

A ETIOLOGIA DA HISTERIA (1896)

TÍTULO ORIGINAL: "ZUR ÄTIOLOGIE DER HYSTERIE".
PUBLICADO PRIMEIRAMENTE EM *WIENER KLINISCHEN RUNDSCHAU*
[REVISTA CLÍNICA DE VIENA], 10, N. 22-6. TRADUZIDO
DE *GESAMMELTE WERKE I*, PP. 425-59.

I

Prezados senhores:

Quando queremos formar uma opinião sobre as causas de um estado patológico como a histeria, começamos pela pesquisa anamnésica, perguntando ao paciente ou aos familiares e amigos quais influências nocivas eles relacionam ao aparecimento daqueles sintomas neuróticos. O que assim descobrimos é, naturalmente, falseado por todos aqueles fatores que costumam ocultar ao doente o conhecimento do próprio estado: por sua falta de compreensão científica dos efeitos etiológicos, pela falácia do *post hoc, ergo propter hoc*,* pela relutância em lembrar ou mencionar certas práticas nocivas e traumas. Assim, ao fazer tal anamnese nos atemos ao princípio de não adotar a suposição do paciente sem um cuidadoso exame crítico, de não permitir que os pacientes moldem a nossa opinião científica. Se, por um lado, reconhecemos algumas afirmações sempre recorrentes, como a de que o estado histérico é o efeito posterior, de longa duração, de uma comoção sofrida no passado, por outro lado introduzimos na etiologia da histeria um fator a que o paciente jamais se refere e admite apenas a contragosto, a predisposição hereditária recebida dos genitores. Como os senhores sabem, segundo a influente escola de Charcot, apenas a hereditariedade merece ser vista como causa real da histeria, enquanto todos os demais agentes nocivos, de na-

---

* Literalmente, "Depois disso, logo por causa disso": o erro de tomar como causa o que é apenas anterior.

tureza e intensidade as mais diversas, teriam somente o papel de causas eventuais, de *agents provocateurs*.

Os senhores certamente admitirão que seria desejável que houvesse uma segunda via para chegar à etiologia da histeria, na qual não dependêssemos tanto do que diz o paciente. Um dermatologista, por exemplo, sabe reconhecer se uma ferida é sifilítica pela natureza das bordas, da crosta, do formato, sem se deixar confundir pela objeção do enfermo, que nega a existência de uma fonte de infecção. Um médico-legista é capaz de esclarecer a origem de uma lesão mesmo quando não pode receber informações da pessoa lesionada. Mas também para a histeria há a possibilidade de, partindo dos sintomas, chegar ao conhecimento das causas. A fim de mostrar a relação entre o método que devemos empregar para isso e o método mais antigo da pesquisa anamnésica, quero lhes oferecer a analogia de um avanço que realmente aconteceu em outro âmbito de trabalho.

Suponham que um pesquisador chegue a uma região pouco conhecida, em que seu interesse é despertado por um campo de ruínas com restos de muros, fragmentos de colunas e de tabuinhas com inscrições meio apagadas e ilegíveis. Ele pode se contentar em olhar o que está à vista, depois perguntar aos habitantes dos arredores, talvez semibárbaros, o que a tradição diz sobre a história e o significado daqueles vestígios de monumentos, anotando o que lhe informam — e seguir adiante. Mas ele também pode proceder de outra forma; pode ter levado picaretas, pás e enxadas, arranjar para que os habitantes trabalhem com esses utensílios e, ao lado deles, começar a remover o entulho das ruínas, de modo a, partindo do que se acha visível, descobrir o que está soterrado. Se o trabalho tem êxito, os achados explicam a si mesmos: os vestígios de muros pertencem a um palácio ou uma casa do tesouro, os escombros de pilares deixam reconhecer um templo, as numerosas inscrições — que, com sorte, talvez sejam bilíngues — mostram um alfabeto e uma língua, e a sua decifração fornece insuspeitadas informações sobre os eventos do passado, em memória dos quais aqueles monumentos foram erguidos. *Saxa loquuntur* [As pedras falam]!

Se quisermos que, de maneira parecida, os sintomas de uma histeria se façam testemunhas da origem da doença, deveremos recorrer à importante descoberta de Josef Breuer, segundo a qual *os sintomas da histeria* (os estigmas à parte)* *são determinados por certas vivências do paciente que atuam de forma traumática, que são reproduzidas em sua vida psíquica como símbolos mnêmicos*. É preciso utilizar o procedimento de Breuer — ou um que lhe seja igual na essência —, a fim de reconduzir a atenção do doente, do sintoma para a cena na qual e pela qual o sintoma surgiu, e elimina-se este sintoma, conforme sua indicação, fazendo, na reprodução da cena traumática, uma correção a posteriori do decurso psíquico de então.

Hoje não é minha intenção abordar a difícil técnica desse procedimento terapêutico ou os esclarecimentos psicológicos obtidos através dele. Precisei me referir

---

* Cf. *Estudos sobre a histeria* (1895), cap. IV, seção 1 (p. 372 do v. 2 destas *Obras completas*).

a ele apenas porque as análises feitas acompanhando Breuer parecem também permitir o acesso às causas da histeria. Se submetermos a essa análise uma boa quantidade de sintomas de numerosos indivíduos, seremos levados a conhecer uma série igualmente grande de cenas que tiveram efeito traumático. Nessas vivências é que passaram a atuar as causas efetivas da histeria; então podemos esperar descobrir, pelo estudo das cenas traumáticas, que influências produzem os sintomas histéricos e de que modo o fazem.

Essa expectativa se cumpre necessariamente, pois as teses de Breuer se mostram corretas quando examinadas em grande número de casos. Mas o caminho dos sintomas da histeria para sua etiologia é longo e passa por mais conexões do que se imaginaria.

Devemos ter bem claro que fazer um sintoma histérico remontar a uma cena traumática só poderá trazer um ganho para a nossa compreensão se tal cena satisfizer duas condições: se possuir a pertinente *capacidade de servir como determinante* e se pudermos lhe reconhecer a necessária *força traumática*. Aqui está um exemplo, em vez de alguma explicação dos termos. Digamos que se trata do sintoma de vômitos histéricos; então acreditamos poder enxergar suas causas (excetuando um certo resíduo) se a análise faz o sintoma remontar a uma vivência que *justificadamente* produziu *bastante nojo*, como, por exemplo, a visão de um cadáver em decomposição. Se, em vez disso, a análise disser que os vômitos provêm de um grande susto, de um acidente ferroviário, digamos, então nos perguntaremos, insatisfeitos, como o susto pôde levar aos vômitos. Nessa derivação falta a *capacidade para servir como determinante*. Teríamos outra explicação insuficiente caso se afirmasse que os vômitos apareceram, digamos, porque a pessoa comeu uma fruta que tinha um pedaço podre. Então sim, eles foram determinados pelo nojo, mas não se compreende como o nojo poderia se tornar forte a ponto de se perenizar num sintoma histérico. Essa vivência não tem *força traumática*.

Vejamos agora até que ponto as cenas traumáticas da histeria descobertas pela análise satisfazem, em grande número de sintomas e casos, as duas exigências mencionadas. Aqui topamos com a primeira grande decepção! Algumas vezes ocorre que a cena traumática em que surgiu o sintoma possui realmente as duas coisas de que necessitamos para compreender o sintoma, a capacidade de atuar como determinante e a força traumática. Mas com maior frequência, com frequência incomparavelmente maior, deparamos com uma das três outras possibilidades, que são bastante desfavoráveis à nossa compreensão: a cena a que somos conduzidos pela análise, em que o sintoma apareceu primeiramente, nos parece incapaz de determinar o sintoma, pois seu conteúdo não mostra relação com a natureza do sintoma; ou a vivência supostamente traumática tem relação com o sintoma, mas se revela uma impressão normalmente inofensiva, incapaz de habitualmente produzir efeito; ou, por fim, a "cena traumática" nos confunde nos dois sentidos, parecendo-nos tanto inofensiva como sem relação com a peculiaridade do sintoma histérico.

(Observo aqui, de passagem, que a concepção de Breuer sobre a origem dos sintomas histéricos não foi abalada pela descoberta de cenas traumáticas que correspondem a vivências desprovidas de importância em si mesmas. Breuer supôs — acompanhando Charcot — que também uma vivência inócua pode ser alçada à condição de trauma e exibir força determinadora quando atinge a pessoa numa disposição psíquica especial, no chamado *estado hipnótico*. Mas creio que não há suporte para a pressuposição desses estados hipnóticos. O que permanece decisivo é que a teoria dos estados hipnóticos em nada contribui para a solução das outras dificuldades, a saber, que frequentemente falta às cenas traumáticas a capacidade determinante.)

Acrescentemos a isso, senhores, que essa primeira decepção, ao usar o método de Breuer, é logo seguida de outra, que deve ser especialmente dolorosa para um médico. Quando remontamos a vivências passadas, como descrevemos acima, e isso não basta para nossa compreensão a respeito de sua capacidade como determinantes e sua efetividade traumática, tampouco obtemos ganho terapêutico dessa forma; o paciente conservou os mesmos sintomas, apesar do resultado inicial proporcionado pela análise. Os senhores devem compreender como é grande a tentação de renunciar a um prosseguimento desse difícil trabalho.

Mas talvez necessitemos apenas de uma ideia nova para sair desse apuro e chegar a resultados valiosos. A ideia é a seguinte. Sabemos, por Breuer, que os sintomas histéricos podem ser resolvidos quando, partindo deles, conseguimos achar o caminho para a recordação de uma vivência traumática. Se a lembrança encontrada não corresponder a nossas expectativas, talvez devamos prosseguir no caminho um pouco mais, pois atrás da primeira cena traumática talvez se esconda outra que satisfaça melhor nossas exigências e cuja reprodução tenha um efeito terapêutico maior, de maneira que a cena achada primeiramente constitua apenas um elo da cadeia de associações. E talvez isso se repita várias vezes, cenas inoperantes se introduzam como transições necessárias na reprodução, até que, partindo do sintoma histérico, por fim chegamos à cena de efeito realmente traumático, satisfatória em todo aspecto, tanto terapêutico quanto analítico. Bem, meus senhores, essa conjectura é certa. Quando a primeira cena encontrada é insatisfatória, dizemos ao paciente que aquela vivência nada explica, mas que por trás dela deve se esconder uma mais significativa, anterior, e dirigimos a atenção dele, com a mesma técnica, para o fio associativo que une as duas lembranças, a encontrada e a por encontrar.[1] O prosseguimento da análise, então, sempre leva à reprodução de novas cenas com as características que esperamos. Retomando, por exemplo, o caso que selecionei antes, de vômitos histéricos — que a análise inicialmente ligou ao susto de um acidente ferroviário, que não tem capacidade para servir de determinante —, descubro, continuando a

---

1 Intencionalmente deixo fora de discussão a categoria a que pertence a associação das duas lembranças (se é de simultaneidade, de tipo causal, por semelhança de conteúdo etc.) e que característica psicológica (consciente ou inconsciente) se deve atribuir às "lembranças".

análise, que esse acidente despertou a lembrança de outro, anterior, que o paciente não vivenciou ele próprio, mas fez com que tivesse uma visão chocante e repulsiva de um cadáver. É como se o efeito combinado das duas cenas tornasse possível a concretização de nossos postulados: uma vivência proporciona, pelo susto, a força traumática, e a outra, pelo conteúdo, o efeito determinante. O outro caso, em que os vômitos foram referidos ao fato de se ter comido uma maçã com um pedaço podre, poderia ser completado mais ou menos assim pela análise: a maçã estragada lembra uma vivência anterior, a coleta das maçãs caídas de um jardim, em que o paciente deparou, por acaso, com o repulsivo cadáver de um bicho.

Não retornarei a esses exemplos, pois devo confessar que eles não procedem da minha experiência, que foram inventados por mim — e provavelmente foram mal inventados; eu mesmo considero impossíveis tais resoluções dos sintomas histéricos. Fui compelido a criar exemplos por vários fatores, um dos quais posso enunciar de imediato. Os exemplos reais são todos muito mais complicados; a comunicação detalhada de um deles tomaria o tempo inteiro desta conferência. A cadeia de associações sempre consiste em mais de dois elos, as cenas traumáticas não formam séries simples, do tipo de uma corrente de pérolas, mas sim conexões ramificadas como árvores genealógicas: a cada nova vivência, duas ou mais vivências anteriores passam a atuar como lembranças. Em suma, comunicar a resolução de um só sintoma corresponde, na verdade, à tarefa de expor inteiramente um caso clínico.

Mas não deixaremos de ressaltar uma tese a que o trabalho analítico conduziu inesperadamente, ao longo dessas cadeias de associações. Verificamos que *nenhum sintoma histérico pode se originar apenas de uma vivência real, que todas as vezes a lembrança de vivências passadas, despertada por associação, também contribui para causar o sintoma*. Se — como acredito — essa tese for válida *sem exceção*, então ela também indica o fundamento sobre o qual se deve construir uma teoria psicológica da histeria.

Os senhores poderiam achar que aqueles casos raros em que a análise relaciona de imediato o sintoma a uma cena traumática de boa capacidade determinante e força traumática e assim o elimina, como relatou Breuer no caso clínico de Anna O., seriam fortes objeções à validez geral dessa tese. Assim parece, de fato. Mas devo lhes garantir que tenho sólidas razões para supor que mesmo nesses casos há um encadeamento de lembranças eficazes que remontam muito além da primeira cena traumática, *embora* a reprodução apenas dessa última possa acarretar a eliminação do sintoma.

Acho mesmo surpreendente que os sintomas histéricos possam surgir apenas com a contribuição das lembranças, sobretudo se considerarmos que tais lembranças, conforme todos os relatos dos pacientes, não lhes apareceram na consciência no momento em que o sintoma se apresentou pela primeira vez. Nisso há matéria para muita reflexão, mas esses problemas não devem, agora, nos afastar da discussão da etiologia da histeria. Temos de nos colocar as seguintes questões. Aonde chegaremos, se seguirmos as cadeias de recordações associadas que a análise nos revela? Até onde vão elas? Têm, em algum lugar, um fim natural? Será que nos conduzem a vivências que são iguais de algum modo, no conteúdo ou no período de vida em que sucedem, de maneira que nesses fatores sempre similares poderíamos enxergar a etiologia da histeria que buscamos?

A experiência até agora adquirida me permite responder a essas questões. Se tomamos um caso que apresenta vários sintomas, mediante a análise chegamos, partindo de cada sintoma, a uma série de vivências cujas lembranças se acham encadeadas na associação. Inicialmente as cadeias de lembranças tomam cursos regressivos distintos, mas são ramificadas, como dissemos. Desde uma única cena são alcançadas duas ou mais lembranças simultaneamente, das quais partem cadeias laterais, cujos elos podem ligar-se de novo, por associação, a elos da cadeia principal. Não deixa de ser pertinente a comparação com a árvore genealógica de uma família cujos membros também se casaram entre si. Outras complicações do encadeamento vêm do fato de que uma única cena da mesma cadeia pode ser despertada várias vezes, de modo a ter várias relações com uma cena posterior, uma ligação direta e uma estabelecida por elos intermediários. Em suma, a trama não é nada simples, e o desvendar das cenas em ordem cronológica inversa (o que justifica a comparação com um sítio arqueológico estratificado) certamente não contribui para uma compreensão mais rápida do processo.

Novas dificuldades surgem quando prosseguimos com a análise. As cadeias de associações dos diferentes sintomas começam a estabelecer relações entre si; as árvores genealógicas se entrelaçam. Uma determinada experiência da cadeia de lembranças — por exemplo, os vômitos — desperta, além dos elos anteriores dessa cadeia, uma lembrança de outra cadeia, em que se baseia outro sintoma: dores de cabeça, digamos. Aquela experiência pertence, então, às duas séries, representa um *ponto nodal*,* do qual encontramos vários em toda análise. Seu correlato clínico talvez seja o fato de que a partir de certo tempo os dois sintomas aparecem juntos, simbioticamente, mas, a bem dizer, sem dependência interna um do outro. Retrocedendo mais ainda, encontramos *pontos nodais de outra espécie*. Para eles convergem as diferentes cadeias associativas; encontramos vivências de que procederam dois ou mais sintomas. Uma cadeia ligou-se a um detalhe da cena; a segunda, a outro detalhe.

Mas o resultado mais importante com que deparamos, prosseguindo coerentemente a análise, é este: quaisquer que sejam o caso e o sintoma de que partimos, *por fim chegamos infalivelmente ao âmbito das vivências sexuais*. Com isso estaria desvendada, pela primeira vez, uma precondição etiológica dos sintomas histéricos.

Experiências anteriores me fazem prever, caros senhores, que sua oposição se dirigirá precisamente contra essa tese ou contra a validez universal dela. Seria talvez melhor eu dizer: sua tendência à oposição, pois prova-

---

* Cf. *Estudos sobre a histeria* (1895), cap. IV, seção 3 (pp. 406 e 413 do v. 2 destas *Obras completas*).

velmente nenhum dos senhores já dispõe de pesquisas que, realizadas com o mesmo procedimento, tenham dado resultado diferente. Quanto à questão controversa mesma, quero apenas registrar que o destaque do fator sexual na etiologia da histeria não procede de nenhuma opinião preconcebida de minha parte. Os dois pesquisadores sob cuja orientação iniciei meus trabalhos sobre a histeria, Charcot e Breuer, estavam longe de tal suposição; até mesmo a encaravam com alguma aversão pessoal, da qual inicialmente partilhei. Apenas investigações laboriosas e detalhadas me converteram — lentamente — à opinião que hoje defendo. Se os senhores submeterem a um exame rigoroso minha afirmação de que também a etiologia da histeria se acha na vida sexual, ela se mostrará defensável com a informação de que em dezoito casos de histeria* pude notar essa conexão em cada sintoma e, quando as circunstâncias permitiram, confirmá-la mediante o êxito terapêutico. Certamente os senhores podem objetar que a 19ª e a 20ª análise mostrarão talvez que os sintomas histéricos derivam também de outras fontes, rebaixando a validez universal a 80%. Podemos aguardar que isso aconteça, mas, como esses dezoito casos são todos aqueles em que pude empreender o trabalho da análise, e como ninguém os escolheu para me agradar, os senhores acharão compreensível que eu não partilhe essa expectativa, e sim que esteja disposto a seguir adiante com minha crença na força

---

* Mas em dois trabalhos anteriores o número fornecido foi treze: cf., neste volume, pp. 152 e 161, neste volume.

probatória das observações que fiz até agora. A isso me leva também outro motivo, de validade apenas subjetiva no momento. Na única tentativa de explicação do mecanismo fisiológico e psíquico da histeria que pude desenvolver para sintetizar minhas observações, a intervenção de forças instintuais sexuais tornou-se uma premissa indispensável para mim.

Portanto, depois que as cadeias de lembranças convergem chegamos enfim ao âmbito sexual e a umas poucas vivências, que geralmente ocorreram no mesmo período da vida, na puberdade. Nessas vivências devemos buscar a etiologia da histeria, e por meio delas compreender a gênese dos sintomas histéricos. Mas nisso temos uma nova e séria decepção! Essas experiências encontradas tão laboriosamente, extraídas de todo o material mnêmico, e que pareciam ser as experiências traumáticas definitivas, têm em comum as duas características de serem sexuais e se darem na puberdade, mas são, de resto, *muito díspares e de valor desigual*. Em alguns casos são mesmo vivências que devem ser reconhecidas como traumas severos: uma tentativa de estupro que subitamente revela, à garota ainda imatura, toda a brutalidade do desejo sexual; o fato de testemunhar involuntariamente relações sexuais dos pais, que desvela algo feio e insuspeitado e fere a sensibilidade, tanto infantil quanto moral, e assim por diante. Em outros casos, tais vivências são de uma espantosa irrelevância. Numa de minhas pacientes, mostrou-se que na base de sua neurose estava a experiência de um garoto seu amigo alisar ternamente sua mão e, de outra vez, pressionar a perna contra seu vestido quando se achavam sentados a uma mesa, a expressão dele lhe revelando que isso era algo proibido. Com outra senhorita, bastou escutar um enigma em forma de pergunta, que admitia uma resposta obscena, para que isso lhe despertasse o primeiro ataque de angústia e abrisse o caminho para a enfermidade. Claro que essas descobertas não favorecem a compreensão das causas dos sintomas histéricos. Se tanto experiências sérias quanto irrelevantes, tanto algo sofrido no próprio corpo como impressões visuais e informações escutadas podem ser vistos como os traumas últimos da histeria, é possível arriscar a interpretação de que as pessoas histéricas seriam criaturas de constituição peculiar — provavelmente devido a uma predisposição hereditária ou atrofia degenerativa —, nas quais o temor à sexualidade, que normalmente tem certa importância na puberdade, é intensificado até um nível patológico e conservado de maneira permanente; de certo modo, pessoas que psiquicamente não conseguiriam atender às exigências da sexualidade. É verdade que essa tese não contempla a histeria dos homens; mas, mesmo que não houvesse graves objeções desse tipo, dificilmente seria grande a tentação de nos apegarmos a esta solução. Tem-se a clara sensação intelectual de algo não inteiramente compreendido, vago e insuficiente.

Felizmente para nossa explicação, algumas das vivências sexuais da puberdade mostram outra deficiência, que é própria para estimular a continuação do trabalho analítico. Ocorre que também essas vivências podem não ter a capacidade de servir como determinante, embora muito mais raramente do que nas cenas traumáticas de uma época posterior da vida. Assim, por exemplo, nas duas pacientes que mencionei como casos de experiências inofensivas na puberdade, depois dessas experiências surgiram peculiares sensações dolorosas nos genitais, que se estabeleceram como sintomas principais da neurose, e cuja determinação não podia remontar nem às cenas da puberdade nem a cenas posteriores, mas que certamente não se incluíam entre as sensações normais de órgão ou entre os sinais de excitação sexual. Não era natural, então, achar que tínhamos de procurar os determinantes desses sintomas em outras vivências mais remotas, que tínhamos de, pela segunda vez, seguir a ideia salvadora que anteriormente nos levara das primeiras cenas traumáticas às cadeias de lembranças por trás delas? Sem dúvida, assim chegamos à época da primeira infância, antes do desenvolvimento da vida sexual, o que parece implicar um abandono da etiologia sexual. Mas não temos o direito de supor que mesmo na infância não faltam leves excitações sexuais, e que talvez o desenvolvimento sexual posterior seja influenciado de forma decisiva por vivências infantis? Os danos sofridos por um órgão ainda imaturo, por uma função em desenvolvimento, causam frequentemente efeitos mais graves e duradouros do que se ocorressem numa idade mais madura. Talvez a reação anormal a impressões sexuais, que nos surpreende nas pessoas histéricas durante a puberdade, se baseie, de modo bem geral, em tais vivências sexuais da infância, que então seriam de natureza uniforme e significativa. Se assim for, teremos a perspectiva de explicar como sendo adquirido prematuramente o que até agora tivemos de pôr na conta de uma predisposição que, porém, não é compreensível mediante a hereditariedade. E, como vivências infantis de teor sexual só poderiam manifestar um efeito psíquico através dos seus *traços mnêmicos*, não seria esse um complemento bem-vindo àquela conclusão da análise, segundo a qual *os sintomas histéricos surgem apenas com a cooperação de lembranças*?

II

Provavelmente já perceberam, senhores, que eu não teria me alongado nessa última possibilidade se não quisesse prepará-los para a ideia de que somente ela nos conduzirá ao nosso objetivo, após tantas dilações. Estamos realmente no fim do nosso árduo e demorado trabalho analítico, e aqui veremos realizadas todas as demandas e expectativas em que insistimos. Se temos a perseverança de avançar com a análise até a primeira infância, até onde pode ir a memória de alguém, levamos o paciente, em todos os casos, à reprodução de vivências que, devido a suas peculiaridades e a suas relações com os sintomas patológicos futuros, devem ser vistas como a etiologia que se busca da neurose. Tais vivências *infantis* são, mais uma vez, de conteúdo *sexual*, mas de tipo muito mais uniforme do que as cenas da puberdade encontradas antes; já não se trata, no caso delas, de o tema sexual ser despertado por uma impressão sensorial qualquer, mas de experiências sexuais no próprio corpo, de um ato *sexual* (no sentido mais amplo). Os senhores admitirão que a *importância* de tais cenas não requer justificação; acrescente-se a isso que nos pormenores delas poderão, a cada vez, encontrar os fatores *determinantes* que não teriam notado nas outras, naquelas ocorridas depois e reproduzidas antes.

Portanto, afirmo que na base de todo caso de histeria se encontra *um ou vários episódios de experiência sexual prematura* ocorridos na primeira infância, que podem ser reproduzidos mediante o trabalho analítico, não obstante o intervalo de décadas.[2] Considero isso um achado importante, a descoberta do *caput Nili* [nascente do Nilo] da neuropatologia, mas acho que não sei o que tomar como ponto de partida para prosseguir com a discussão desse tema. Devo lhes expor o material real que obtive de minhas análises ou seria melhor encarar primeiramente as objeções e dúvidas que agora se apoderam de sua atenção, como é legítimo supor? Escolho a segunda alternativa; talvez possamos, depois, nos ocupar mais calmamente dos fatos.

a) Quem se mostra hostil à compreensão psicológica da histeria, não querendo abandonar a esperança de que um dia conseguiremos ligar seus sintomas a "sutis alterações anatômicas", e tendo rejeitado a concepção de que os fundamentos materiais das mudanças histéricas hão de ser do mesmo tipo que as de nossos processos

---

2 [Acrescentado em 1924:] Ver a nota 3 da p. 210, adiante.

psíquicos normais, evidentemente não terá muita confiança nos resultados de nossas análises. No entanto, a diferença de princípio que há entre as suas premissas e as nossas também nos exime da obrigação de convencê-lo em cada ponto.

Mas também outros, menos contrários às teorias psicológicas da histeria, se verão tentados a perguntar, em vista dos nossos resultados analíticos, que segurança oferece o emprego da psicanálise, se não é possível que o médico imponha tais cenas ao dócil paciente, como supostas lembranças, ou que este lhe apresente invenções e fantasias deliberadas, que ele aceita como sendo genuínas. A isso devo responder que dúvidas de natureza geral sobre a confiabilidade do método psicanalítico podem ser apreciadas e eliminadas apenas quando houver uma exposição completa de sua técnica e de seus resultados; mas as dúvidas quanto à autenticidade das cenas sexuais infantis já podemos afastar agora, e com mais de um argumento. Primeiro, a conduta dos pacientes, enquanto reproduzem essas vivências infantis, é totalmente incompatível com a suposição de que as cenas sejam outra coisa que não uma realidade sentida de maneira dolorosa e lembrada muito a contragosto. Antes da análise, os pacientes nada sabem destas cenas, costumam se indignar quando lhes é anunciado o surgimento delas. Apenas com a forte pressão* do tratamento podem ser levados à sua reprodução; sofrem com violentas sensações, de que se envergonham e pro-

---

* No original, *Zwang*, que pode ser traduzido por "pressão, coação, obsessão, compulsão"; cf. *Zwangsneurose*, "neurose obsessiva".

curam esconder, ao trazer à consciência tais experiências infantis, e, mesmo após ter novamente passado por elas de forma tão convincente, tentam negar que mereçam crédito, insistindo em que, diferentemente do que houve com outro material esquecido, não tiveram o sentimento de estar recordando.³

Ora, esse último comportamento me parece ter grande força probatória. Por que os pacientes afirmariam terminantemente sua incredulidade, se eles mesmos, por algum motivo, inventaram as coisas que desejam invalidar?

Não é tão fácil refutar, embora me pareça igualmente insustentável, a ideia de que o médico impõe ao paciente essas reminiscências, de que o sugestiona para que as imagine e reproduza. Pessoalmente, jamais consegui impor a um paciente uma cena que eu aguardava, de forma tal que ele parecesse revivê-la com todos os sentimentos a ela relacionados. Talvez outros tenham mais êxito nisso.

Mas há uma série de outras coisas que avalizam a realidade das cenas sexuais infantis. Primeiro, a uniformidade que mostram em certos detalhes, que resulta necessariamente dos pressupostos dessas experiências, os quais são do mesmo tipo e sempre recorrentes; de outro modo, seria preciso acreditar em combinações secretas entre os pacientes. Depois, o fato de às vezes

---

3 [Nota acrescentada em 1924:] Tudo isso está correto, mas deve-se levar em consideração que naquele tempo eu ainda não me livrara da superestimação da realidade e do menosprezo da fantasia.

os pacientes apresentarem, como sendo inofensivos, eventos cujo significado eles claramente não entendem, pois senão ficariam horrorizados, ou de mencionarem, sem lhes dar valor, detalhes que apenas um indivíduo experiente conhece e é capaz de apreciar como sutis traços do real.

Se eventos desse tipo reforçam a impressão de que os pacientes realmente devem ter vivido o que — sob a pressão da análise — reproduzem como cena da infância, há outra prova disso, mais forte, que vem da relação entre as cenas infantis e o conteúdo de toda a história clínica restante. Assim como, nos quebra-cabeças infantis, após várias tentativas temos a certeza absoluta de qual peça vai para o lugar vazio — porque somente ela completa a imagem, seu contorno irregular se encaixando nos contornos das peças vizinhas, de modo que não resta espaço livre e não há superposição —, também as cenas infantis se revelam, em termo de conteúdo, complementos indispensáveis para a trama lógica e associativa da neurose, e apenas após a inserção delas o processo se torna inteligível [*verständlich*] — muitas vezes poderíamos dizer: evidente [*selbstverständlich*].

Acrescentarei, sem pretender enfatizar isso, que numa série de casos pode-se aduzir também a prova terapêutica da autenticidade das cenas infantis. Há casos em que é possível obter uma cura total ou parcial sem ter de chegar às vivências infantis; em outros, não há êxito até que a análise atinja seu fim natural, com a descoberta dos mais antigos traumas. Naqueles, acho que não há garantia contra recidivas; minha expectativa é de que uma psicanálise completa signifique a cura radical de uma histeria. Mas nisso não devemos antecipar as lições da experiência!

Haveria outra prova, realmente inatacável, da autenticidade das vivências sexuais infantis, quando as declarações de uma pessoa em análise fossem confirmadas por outra, em tratamento ou fora dele. Seria preciso que essas duas pessoas tivessem participado da mesma vivência na infância, que estivessem talvez num relacionamento sexual. Relações infantis desse tipo não são raras, como os senhores logo saberão. Também sucede, com frequência, que os dois envolvidos adoeçam posteriormente de uma neurose; mas considero uma sorte que duas vezes, em dezoito casos, eu tenha obtido uma confirmação objetiva dessas. Uma vez foi o irmão (que permaneceu sadio) que, sem ser perguntado, confirmou — não, é verdade, as primeiras experiências sexuais com a irmã (a paciente), mas cenas assim de sua infância posterior e o fato de que houvera relações sexuais mais antigas. De outra vez, aconteceu que duas mulheres em tratamento haviam se relacionado sexualmente com a mesma pessoa do sexo masculino quando eram crianças, e nisso haviam se dado algumas cenas *à trois* [a três]. Determinado sintoma, oriundo dessas vivências infantis, desenvolveu-se nos dois casos, como testemunha do que haviam experimentado juntas.

b) Portanto, em última análise, experiências sexuais da infância que consistem em estimulação dos genitais, atos similares ao coito etc., devem ser reconhecidas como os traumas de que se originam a reação histérica aos eventos da puberdade e o desenvolvimento de sintomas histéricos. Essa afirmação certamente encontrará, vindas de várias direções, duas objeções que são contrárias uma à outra. Alguns dirão que tais abusos sexuais, cometidos em crianças ou por crianças entre si, ocorrem muito raramente para que possam responder pela determinação de uma neurose tão frequente como a histeria. Outros argumentarão talvez que essas vivências, pelo contrário, são muito frequentes, frequentes demais para que se possa atribuir importância etiológica à sua constatação. Dirão também que, perguntando-se a algumas pessoas, não é difícil achar quem se recorda de cenas de sedução e abuso sexual na infância e que nunca foi histérico. Por fim, ouviremos o sério argumento de que nas camadas inferiores da população a histeria certamente não ocorre com maior frequência do que nas mais altas, e tudo indica que a obrigação de salvaguardar sexualmente a infância é muito menos respeitada no tocante aos filhos dos proletários.

Comecemos nossa defesa com a parte mais fácil da tarefa. Parece-me fora de dúvida que nossas crianças se acham bem mais expostas a ataques sexuais do que seria de esperar pela precaução que os pais tomam quanto a isso — que não é grande. Quando comecei a perguntar aos colegas o que se sabe sobre o tema, soube que várias publicações de pediatras já acusavam a frequência de práticas sexuais, até mesmo em crianças de peito, por parte de amas de leite e babás, e nas últimas semanas caiu-me nas mãos um estudo do dr. Stekel, de Viena, que aborda o "Coito na infância" (*Wiener medizinesche*

Blätter [Folhas de medicina de Viena]), 18 de abril de 1896. Não tive tempo de reunir outros artigos publicados, mas, ainda que sejam escassos, é de esperar que, com o aumento da atenção dada a esse tema, logo se verá confirmada a grande frequência de experiências sexuais e de atividade sexual na infância.

Afinal, as conclusões de minha análise podem falar por si mesmas. Em todos os dezoito casos (de pura histeria e de histeria combinada com ideias obsessivas, seis homens e doze mulheres), tive conhecimento de tais vivências sexuais na infância, como disse. Posso dividir meus casos em três grupos, conforme a procedência dos estímulos sexuais. No primeiro grupo temos o abuso, único ou eventual, de meninas por parte de indivíduos adultos e desconhecidos (e que souberam como evitar uma ofensa grosseira, mecânica), em que certamente não houve a aquiescência da criança e a consequência imediata da experiência foi sobretudo o horror. Outro grupo é formado pelos casos, bem mais numerosos, em que uma pessoa que cuidava da criança — babá, preceptora, professor, também um parente próximo, infelizmente com certa frequência — iniciou-a nas relações sexuais e com ela manteve, às vezes durante anos, uma relação amorosa — desenvolvida também no lado psíquico. Por fim, no terceiro grupo estão as ligações propriamente infantis, laços sexuais entre duas crianças de sexo diferentes, em geral irmãos, que muitas vezes prosseguem até além da puberdade e trazem consequências duradouras para o casal em questão. Na maioria dos meus casos houve um efeito combinado de duas ou mais dessas etiologias; em alguns casos, o acúmulo de experiências sexuais vindas de diferentes lados era espantoso. Mas os senhores compreenderão facilmente essa peculiaridade das minhas observações, se levarem em conta que todos os casos que tratei eram de grave adoecimento neurótico que tornava difícil a existência.

Quando tinha havido uma relação entre duas crianças, às vezes pude provar que o garoto — que também aí teve o papel de agressor — havia sido seduzido por um adulto do sexo feminino e que depois, sob a pressão da libido despertada prematuramente e devido à compulsão da lembrança,* havia buscado repetir com a garota pequena as mesmas práticas que aprendera com a mulher adulta, sem fazer nenhuma modificação própria no tipo da atividade sexual.

Por isso, inclino-me a supor que, na ausência de uma sedução prévia, as crianças não sejam capazes de encontrar o caminho para atos de agressão sexual. Assim, o fundamento para a neurose sempre seria colocado por adultos na infância, e as crianças mesmas transmitiriam uma à outra a predisposição para depois adoecer de histeria. Peço-lhes que considerem um pouco mais a frequência de relações sexuais na infância, entre irmãos e primos, devido às muitas oportunidades de estarem juntos; imaginem que, dez ou quinze anos depois, vários indivíduos da nova geração estejam doentes nessa

---

* No original, *Erinnerungszwang* — nas versões consultadas: *obsesión mnémica*, *compulsión mnémica*, *ricordo ossessivo*, *compelled by his memory*.

família, e perguntem a si mesmos se esse aparecimento conjunto da neurose não levaria à suposição equivocada de uma predisposição herdada, quando há apenas uma *pseudo-hereditariedade* e ocorreu, na verdade, uma transmissão, um contágio na infância.

Agora abordemos a outra objeção, que se baseia precisamente na admitida frequência das experiências sexuais infantis e na constatação de que muitas pessoas se lembram de tais cenas e não se tornaram histéricas. A isso respondemos, em primeiro lugar, que a grande frequência de um fator etiológico não pode ser usada como argumento contra sua importância etiológica. O bacilo da tuberculose não está em toda parte e não é inalado por muito mais pessoas do que as que adoecem de tuberculose? E sua importância etiológica é prejudicada pelo fato de claramente requerer a ação conjunta de outros fatores para provocar a tuberculose, seu efeito específico? Para que seja apreciado como etiologia específica, basta notar que a tuberculose não é possível sem a sua presença. O mesmo vale para o nosso problema. Não importa que muitas pessoas vivam cenas sexuais infantis sem se tornar histéricas, desde que todas as que se tornam histéricas tenham vivido tais cenas. A área de ocorrência de um fator etiológico pode muito bem ser mais ampla do que a de seu efeito; só não pode ser mais estreita. Nem todo mundo que toca num doente de varíola ou dele se aproxima chega a desenvolver a doença, mas o contágio é praticamente a única etiologia que conhecemos da varíola.

É verdade que, se a atividade sexual infantil fosse uma ocorrência quase universal, sua comprovação em todos os casos não teria peso. Mas, primeiro, tal afirmação seria certamente um enorme exagero, e, em segundo lugar, as pretensões etiológicas das cenas infantis não se baseiam apenas na regularidade com que surgem na anamnese dos histéricos, mas sobretudo na evidência dos laços associativos e lógicos entre elas e os sintomas histéricos — que pareceria evidente aos senhores, num caso clínico relatado de forma integral.

Quais seriam os outros fatores que a "etiologia específica" também requer para realmente produzir a neurose? Esse é um tema à parte, meus senhores, que não pretendo abordar; hoje preciso apenas indicar os pontos de contato em que as duas partes do assunto — a etiologia específica e a acessória — se encaixam uma na outra. Um bom número de fatores terá de ser levado em conta: a constituição hereditária e pessoal, a importância intrínseca das vivências sexuais infantis, sobretudo a sua frequência; uma breve relação com um garoto desconhecido, que depois vem a ser indiferente, terá um efeito menor do que laços de vários anos, íntimos, sexuais, com o próprio irmão. Na etiologia das neuroses, condições quantitativas são tão relevantes quanto as qualitativas; há limiares que têm de ser ultrapassados para que a doença se manifeste. De resto, mesmo a série etiológica acima não me parece completa e não resolve o enigma de por que a histeria não é mais frequente nas camadas inferiores. (Lembrem-se, aliás, da surpreendente difusão da histeria masculina que Charcot afirmou haver na camada trabalhadora.) Mas posso também lhes recordar que eu mesmo, há poucos anos, indiquei um fator até agora pouco apreciado, para o qual reivindico o papel principal na produção da histeria após a puberdade. Expus, então,* que quase sempre a irrupção da histeria pode ser relacionada a um *conflito psíquico*, em que uma representação intolerável provoca a *defesa* do Eu e convida à repressão. Na época não soube dizer em que circunstâncias esse esforço de defesa tem o efeito patológico de realmente empurrar para o inconsciente a lembrança que é penosa para o Eu e criar um sintoma histérico no seu lugar. Mas agora eu completo: *a defesa alcança o propósito de empurrar para fora da consciência a representação intolerável quando na pessoa em questão, até então sadia, há cenas infantis em forma de lembranças inconscientes, e quando a representação a ser reprimida pode ser ligada, de maneira lógica ou associativa, a uma vivência infantil daquele tipo.*

Como o esforço defensivo do Eu depende de toda a formação moral e intelectual do indivíduo, já não deixamos de compreender totalmente o fato de a histeria, na população mais baixa, ser bem mais rara do que seria de esperar por sua etiologia específica.

Retornemos uma vez mais, senhores, àquele último grupo de objeções, cuja resposta nos levou tão longe. Ouvimos e reconhecemos que existem muitas pessoas que se lembram muito claramente das experiências sexuais infantis e não são histéricas. Essa objeção não tem peso algum, mas nos fornece a ocasião para um comentário valioso. Segundo a nossa compreensão da neurose, pessoas assim não *deveriam* absolutamente ser

* Cf. neste volume, "As neuropsicoses de defesa" (1894), seção I.

histéricas, ou, pelo menos, não devido às cenas de que lembram conscientemente. Em nossos pacientes, tais lembranças nunca são conscientes; mas nós os curamos de sua histeria transformando-lhes as recordações inconscientes das cenas infantis em conscientes. Quanto ao fato de que elas haviam tido essas experiências, não podíamos nem precisávamos fazer nada. Os senhores veem, então, que não importa apenas a existência das experiências sexuais infantis, mas que haja também uma precondição psicológica. Tais cenas precisam estar presentes como *lembranças inconscientes*; apenas enquanto e na medida em que sejam inconscientes podem produzir e manter sintomas histéricos. O que determina se essas vivências geram recordações conscientes ou inconscientes, se a condição para isso está no teor das vivências, no tempo em que ocorrem ou em influências posteriores — isso é outro problema, que cuidadosamente evitamos. Deixem-me apenas enfatizar para os senhores a tese que a análise nos propicia, como um primeiro resultado: *os sintomas histéricos são derivados de lembranças que agem de modo inconsciente*.

c) Se nos atemos à concepção de que as vivências sexuais infantis são a condição básica, como que a *predisposição* para a histeria, mas que não criam diretamente os sintomas histéricos, permanecendo sem efeito no início e apenas depois agindo de maneira patogênica, quando são despertadas como lembranças inconscientes após a puberdade, então devemos discutir as numerosas observações que mostram o surgimento da histeria já na infância, antes da puberdade. Entretanto, a dificuldade desaparece quando consideramos mais atentamente os dados, obtidos na análise, acerca da cronologia das experiências sexuais infantis. Vê-se então que em nossos casos graves a formação de sintomas histéricos começa — não de forma excepcional, mas sim com regularidade — aos oito anos, e que as vivências sexuais que não mostram efeito imediato sempre remontam aos três, quatro, até dois anos de idade. Como em nenhum caso a cadeia das vivências de efeito possível é interrompida aos oito anos, tenho de supor que essa época da vida, em que há o período de crescimento da segunda dentição, constitui um limite para a histeria, a partir do qual sua produção torna-se impossível. Quem não teve experiências sexuais antes, já não terá predisposição para a histeria; quem as teve, já pode desenvolver sintomas histéricos. O aparecimento isolado de histeria após esse limite de idade (de oito anos) ainda pode ser interpretado como um fenômeno de maturidade precoce. Muito provavelmente, o fato de haver esse limite está ligado a processos de desenvolvimento do sistema sexual. Precocidade do desenvolvimento sexual somático pode ser observada com frequência, e é até mesmo concebível que seja promovida por estimulação sexual prematura.

Obtemos, assim, uma indicação de que certo estado *infantil* das funções psíquicas, e também do sistema sexual, é necessário para que uma experiência sexual ocorrida nesse período venha a ter depois, como lembrança, um efeito patogênico. Ainda não me atrevo, porém, a afirmar coisas mais precisas sobre a natureza desse infantilismo psíquico e seu limite cronológico.

d) Outra objeção poderia vir da suposição de a lembrança das experiências sexuais infantis manifestar um efeito patogênico tão grande, ao passo que tê-las vivido não deixou efeito. De fato, não estamos habituados a que uma imagem mnêmica dê origem a forças de que a impressão real carecia. Os senhores notam aqui, de resto, a coerência com que, na histeria, se cumpre a tese de que os sintomas só podem resultar de lembranças. Nenhuma das cenas posteriores, em que surgem os sintomas, é eficaz, e as vivências propriamente eficazes não produzem efeito nenhum inicialmente. Mas aqui nos defrontamos com um problema que é lícito mantermos separado de nosso tema. É certo que nos sentimos tentados a fazer uma síntese quando ponderamos a série de condições notáveis de que tomamos conhecimento: que, para formar um sintoma histérico, tem de existir um esforço de defesa contra uma representação penosa; que essa tem de apresentar uma ligação lógica ou associativa com uma lembrança inconsciente, por meio de poucos ou numerosos elos que naquele momento permanecem também inconscientes; que a lembrança inconsciente só pode ser de conteúdo sexual; que ela tem por conteúdo uma vivência ocorrida em determinado período da infância. E não podemos senão nos perguntar como sucede que tal lembrança de uma experiência inofensiva, na época, venha a manifestar postumamente o efeito anormal de levar um processo psíquico como a defesa a um resultado patológico, enquanto ela mesma permanece inconsciente.

Mas teremos de admitir que esse é um problema puramente psicológico, cuja solução talvez torne necessárias certas hipóteses sobre os processos psíquicos normais e sobre o papel que nelas tem a consciência, mas que no momento pode permanecer não resolvido, sem com isso desvalorizar o conhecimento que até agora obtivemos sobre a etiologia dos fenômenos histéricos.

III

Senhores, o problema que acabo de delinear diz respeito ao *mecanismo* da formação de sintomas histéricos. Mas somos obrigados a descrever as causas primárias desses sintomas sem levar em conta esse mecanismo, o que traz uma inevitável perda de clareza e completude em nossa discussão. Retornemos ao papel das cenas sexuais infantis. Receio que posso tê-los induzido a superestimar o poder que elas têm de formar sintomas. Por isso, novamente enfatizo que todo caso de histeria mostra sintomas que não são determinados por vivências infantis, mas por outras, com frequência mais recentes. Sem dúvida, uma parte dos sintomas retrocede às mais antigas experiências; é, por assim dizer, de linhagem antiga. Entre eles estão sobretudo as numerosas e variadas sensações e parestesias nos genitais e outros locais do corpo, que correspondem simplesmente ao conteúdo sensorial das cenas infantis reproduzido de forma alucinatória, frequentemente intensificado com dor.

Outros fenômenos histéricos bastante comuns — a dolorosa necessidade de urinar, a sensação que acompanha a defecação, distúrbios intestinais, asfixias e vômitos, indigestão e nojo de comida — também se fizeram notar (com surpreendente regularidade) em minhas análises, como derivados das mesmas vivências infantis, e se explicaram, sem dificuldade, a partir de constantes peculiaridades dessas vivências. Ocorre que as cenas sexuais infantis são repugnantes para o sentimento de um indivíduo sexualmente normal. Elas incluem todas as transgressões conhecidas dos libertinos e impotentes, em que a boca e o reto são impropriamente usados para o sexo. Para o médico, o espanto diante disso logo dá lugar à compreensão. De pessoas que não hesitam em satisfazer suas necessidades sexuais com crianças não podemos esperar que se choquem com nuances na maneira dessa satisfação, e a impotência sexual inerente à infância impele inevitavelmente às mesmas ações substitutivas a que o adulto se rebaixa no caso de impotência adquirida. Todas as peculiares condições em que o par desigual leva adiante sua relação amorosa — o adulto, que não escapa à participação na dependência mútua que um relacionamento sexual implica, mas que segue armado com toda a autoridade e com o direito de punir e troca um papel pelo outro para satisfazer sem inibição suas vontades; a criança, desamparada à mercê desse arbítrio, precocemente despertada para todo tipo de sensações e exposta a todas as desilusões, e frequentemente interrompida, nas práticas sexuais que lhe são requeridas, por seu domínio imperfeito das necessidades naturais — todas essas incongruências, grotescas mas trágicas, vêm a impregnar o desenvolvimento futuro do indivíduo e de sua neurose, num sem-número de efeitos duradouros que mereceriam um estudo minucioso. Quando a relação é entre duas crianças, o caráter das cenas sexuais continua repulsivo, pois toda relação desse tipo requer a sedução anterior de uma das crianças por um adulto. As consequências psíquicas dessas relações infantis são extraordinariamente profundas. Durante toda a vida, as duas pessoas permanecem vinculadas por um laço invisível.

Às vezes, são circunstâncias secundárias dessas cenas infantis que futuramente se tornam uma força determinante dos sintomas da neurose. Assim, num de meus casos, o fato de que a criança fosse ensinada a estimular com o pé os genitais de uma mulher adulta bastou para, durante anos, fixar sua atenção neurótica nas pernas e suas funções e, por fim, provocar uma paraplegia histérica. Em outro caso, teria permanecido um mistério a razão pela qual uma paciente, em ataques de angústia que sobrevinham em certas horas do dia, tranquilizava-se apenas quando uma irmã especificamente (entre as muitas que tinha) não saía do seu lado, se a análise não tivesse mostrado que o seu agressor, na época, sempre havia perguntado se aquela irmã estava em casa, pois provavelmente temia que ela o atrapalhasse.

Pode acontecer que a força determinante das cenas infantis esteja tão oculta que não a enxerguemos numa análise superficial. Então acreditamos haver encontrado a explicação de certo sintoma no conteúdo de uma das últimas cenas e deparamos, no decorrer do trabalho, com o mesmo conteúdo numa das cenas infantis, de modo que temos de reconhecer, afinal, que a cena posterior deve sua força para determinar sintomas apenas à sua coincidência com a anterior. Não direi que a última cena é insignificante por causa disso; se fosse minha tarefa expor-lhes as regras da formação de sintomas histéricos, teria de admitir, como uma dessas regras, que é escolhida para o sintoma a representação que foi destacada pela atuação conjunta de vários fatores, que foi despertada a partir de diversos lados simultaneamente — algo que, em outro local,* busquei expressar com a tese de que *os sintomas histéricos são sobredeterminados*.

Mais uma coisa, senhores. É verdade que antes coloquei de lado, como um tema especial, a relação entre a etiologia recente e a infantil. Mas, contrariando essa intenção, não posso abandonar o assunto sem fazer uma observação pelo menos. Os senhores convirão em que há *um* fato, sobretudo, que nos desorienta na compreensão psicológica dos fenômenos histéricos, que parece nos advertir para não usar a mesma medida nos atos psíquicos das pessoas histéricas e das normais. É a discrepância, que encontramos nos indivíduos histéricos, entre estímulos psiquicamente excitantes e reações psíquicas, de que procuramos dar conta pela suposição de uma suscetibilidade geral a estímulos e que, com frequência, nos esforçamos em explicar fisiologicamente, como se determinados órgãos do cérebro que se prestam à transmissão [de estímulos] se achassem num estado químico especial

---

* No cap. IV de *Estudos sobre a histeria*, capítulo que foi redigido por Freud, num livro que tem a coautoria de Josef Breuer (v. 2 destas *Obras completas*, pp. 369 e 407).

nos pacientes (talvez como os centros espinais de uma rã à qual se injetou estricnina), ou tivessem se subtraído à influência de centros inibidores mais elevados (como em experimentos com animais vivisseccionados). Às vezes essas duas concepções podem justificar-se plenamente para a explicação dos fenômenos histéricos; não questiono isso. Mas a parte principal do fenômeno, da reação anormal, excessiva, histérica, aos estímulos psíquicos, permite outra explicação, que é sustentada por inúmeros exemplos das análises. E ela diz o seguinte: *a reação dos histéricos é só aparentemente exagerada; ela tem de nos parecer assim, pois só conhecemos uma pequena parte dos motivos aos quais se deve.*

Na realidade, essa reação é proporcional ao estímulo excitante; ou seja, normal e psicologicamente compreensível. Notamos isso de imediato, quando a análise acrescenta aos motivos manifestos, conscientes para o doente, aqueles outros motivos que agiram sem que o doente soubesse deles, que ele, portanto, não podia nos comunicar.

Eu poderia levar horas demonstrando a validade dessa tese para todo o âmbito da atividade psíquica na histeria, mas devo me limitar a uns poucos exemplos aqui. Os senhores se recordam da frequente "sensibilidade" psíquica dos histéricos, que os faz reagir ao mais leve sinal de menosprezo como se fossem mortalmente ofendidos. O que pensariam, então, se observassem esse alto grau de suscetibilidade em duas pessoas sãs, dois cônjuges, por exemplo, numa ocasião irrelevante? Certamente concluiriam que a cena conjugal que presenciaram não resultou apenas do último, insignificante acontecimento, mas que por longo tempo acumulou-se ali um material inflamável que necessitou apenas de uma centelha mínima para explodir.

Por favor, transfiram o mesmo raciocínio para os histéricos. Não é a última, pequenina mágoa que produz o choro convulsivo, a crise de desespero, a tentativa de suicídio, desconsiderando o axioma da proporcionalidade entre causa e efeito; essa pequena mágoa do presente despertou e ativou as lembranças de muitas ofensas anteriores, mais intensas, por trás das quais se esconde ainda a lembrança de uma ofensa grave sofrida na infância e nunca superada. Ou vejamos este outro exemplo: uma menina faz a si mesma terríveis recriminações porque deixou que um garoto lhe acariciasse secretamente a mão, e a partir de então sucumbe à neurose. Os senhores podem lidar com esse mistério julgando que se trata de uma pessoa hipersensível, anormal, de disposição excêntrica; mas pensarão de outra forma se a análise lhes mostrar que aquela carícia lembrou à menina uma outra, semelhante, que aconteceu quando ela era bem nova e que foi parte de um conjunto de atos menos inocentes, de modo que as recriminações dizem respeito àquela outra ocasião, na verdade. Afinal, o enigma dos pontos histerogênicos não é diferente. Se os senhores tocam em determinado ponto, fazem algo que não pretendiam; despertam uma lembrança que pode desencadear um ataque convulsivo, e, como nada sabem desse elo psíquico intermediário, relacionam o ataque diretamente ao seu toque, este sendo a causa e aquele o efeito. Os pacientes também o ignoram e cometem erros similares, continuamente estabelecem "ligações erradas"* entre a última causa de que têm consciência e o efeito, que depende de tantos elos intermediários. Porém, caso se torne possível para o médico juntar os motivos conscientes e inconscientes para explicar uma reação histérica, quase sempre ele terá de reconhecer tal reação aparentemente excessiva como adequada, anormal apenas na forma.

Agora os senhores objetarão, legitimamente, que isso não é uma justificação normal da reação histérica aos estímulos psíquicos, pois por que os indivíduos sãos se comportam de outra maneira, por que neles as excitações há muito ocorridas não atuam novamente quando há uma nova excitação? A impressão que se tem é de que nos histéricos permanecem efetivas todas as antigas vivências a que eles já reagiram tantas vezes de maneira impetuosa, como se fossem incapazes de lidar com estímulos psíquicos. É correto, senhores; algo assim temos realmente que admitir como verdadeiro. Não se esqueçam de que, havendo uma causa precipitadora atual, as vivências antigas das pessoas histéricas exercem efeito como *lembranças inconscientes*. Parece que a dificuldade de responder a uma impressão atual, a impossibilidade de transformá-la numa recordação inócua, liga-se justamente ao caráter do inconsciente psíquico. Como veem, o restante do problema é, mais uma vez, psicologia — e uma psicologia para a qual os filósofos não nos prepararam muito.

---

* Cf. "As neuropsicoses de defesa" (1894), parte II, e *Estudos sobre a histeria* (1895), a longa nota na seção sobre Emmy von N.

A essa psicologia, ainda a ser criada para atender nossas necessidades — a essa futura *psicologia das neuroses* — devo também remeter os senhores, comunicando-lhes, para concluir, algo que primeiramente recearão ser um entrave à nossa incipiente compreensão da etiologia da histeria. Devo dizer que o papel etiológico das vivências sexuais infantis não se limita ao campo da histeria, pois vale igualmente para a singular neurose das ideias obsessivas, e talvez também para as formas da paranoia crônica e outras psicoses funcionais. Nisso me expresso de maneira menos decidida, porque o número de análises que tenho de neuroses obsessivas ainda é bem menor que o de histerias; quanto a análises da paranoia, disponho apenas de uma satisfatória e algumas fragmentárias. Mas o que encontrei nesses casos me pareceu confiável e me encheu de boas expectativas em relação a outros. Talvez os senhores se lembrem de que já defendi que histeria e neuroses obsessivas fossem reunidas sob o título "neuroses de defesa",* antes de conhecer a etiologia infantil comum às duas. Agora devo acrescentar — mas não é preciso esperar que isso ocorra de forma geral — que todos os meus casos de ideias obsessivas revelaram um substrato de sintomas histéricos, na maioria sensações e dores, que remontavam justamente às mais antigas vivências infantis. O que decide se depois as cenas sexuais infantis que permaneceram inconscientes darão origem à histeria ou à neurose obsessiva, ou até mesmo à paranoia, uma vez acrescentados os outros fatores patogênicos? Esse

---

* Em "As neuropsicoses de defesa" (1894).

aumento em nossos conhecimentos parece prejudicar o valor etiológico de tais cenas, ao anular a especificidade da relação etiológica.

Ainda não estou em condições, meus senhores, de dar uma resposta confiável a essa pergunta. O número de casos que analisei, a variedade de condições neles presentes, não é grande o suficiente para isso. Notei, até agora, que as ideias obsessivas regularmente se mostram, na análise, como *autorrecriminações*, transformadas e ocultas, *por agressões sexuais na infância*, e que, por isso, são encontradas mais frequentemente nos homens do que nas mulheres, e neles se desenvolvem com mais frequência do que a histeria. Disso eu poderia concluir que o caráter das cenas infantis — se são experimentadas com prazer ou apenas passivamente — tem influência determinante na escolha da neurose posterior, mas não gostaria de subestimar a influência da idade em que ocorrem esses atos infantis, nem a de outros fatores. Apenas a discussão de mais análises poderá lançar luz sobre isso. Mas, tornando-se claro que fatores governam a decisão entre as possíveis formas de neuropsicose de defesa, mais uma vez será um problema puramente psicológico a questão de mediante qual mecanismo aquela forma específica se configura.

Chego ao fim da minha discussão de hoje. Já preparado para a oposição e a descrença, quero apenas dizer uma coisa mais em apoio à minha causa. Como quer que recebam meus resultados, peço-lhes que não os vejam como fruto de uma especulação banal. Eles se baseiam em laboriosa investigação de cada paciente, que na maioria das vezes tomou uma centena de horas de trabalho ou até mais. Ainda mais importante que a sua apreciação dos resultados é, para mim, que deem atenção ao procedimento por mim utilizado, que é novo, de difícil manejo, mas insubstituível para finalidades científicas e terapêuticas. Os senhores compreenderão que não é possível se opor adequadamente às conclusões a que leva esse método de Breuer modificado quando ele é posto de lado e se utiliza apenas o método habitual de examinar pacientes. Seria como recorrer ao exame macroscópico para refutar descobertas feitas com a técnica da histologia. Permitindo-nos o acesso a um novo elemento do funcionamento psíquico, aos processos mentais que permaneceram inconscientes — "*insuscetíveis de consciência*",* na expressão de Breuer —, o novo método de investigação nos instila a esperança de uma nova, melhor compreensão de todos os transtornos psíquicos funcionais. Não posso acreditar que a psiquiatria demore muito a usar esse novo caminho para o conhecimento.

---

* Cf. Breuer, "Considerações teóricas", cap. III de *Estudos sobre a histeria* (1893-5), seção 5 (p. 318 do v. 2 destas *Obras completas*).

A SEXUALIDADE NA ETIOLOGIA DAS NEUROSES (1898)

TÍTULO ORIGINAL: "DIE SEXUALITÄT IN DER ÄTIOLOGIE DER NEUROSEN". PUBLICADO PRIMEIRAMENTE EM *WIENER KLINISCHEN RUNDSCHAU*, 12, N. 2, 4, 5 E 7. TRADUZIDO DE *GESAMMELTE WERKE I*, PP. 491-516.

A SEXUALIDADE NA ETIOLOGIA DAS NEUROSES

Nos últimos anos, investigações cuidadosas me levaram a concluir que fatores da vida sexual representam as causas imediatas e de maior importância prática em todo caso de doença neurótica. Essa teoria não é completamente nova: alguma significação sempre foi atribuída aos fatores sexuais na etiologia das neuroses por todos os autores; e várias correntes secundárias da medicina nunca deixaram de prometer a cura simultânea de "padecimentos sexuais" e "fraqueza dos nervos". Não será difícil, portanto, questionar a originalidade dessa teoria, uma vez que se tenha desistido de negar sua validade.

Em alguns artigos publicados nos últimos anos na *Neurologisches Zentralblatt*, na *Revue Neurologique* e na *Wiener klinischen Rundschau*,* procurei indicar o material e os pontos de vista que fornecem apoio científico à teoria da "etiologia sexual das neuroses". Ainda não há uma exposição minuciosa, sobretudo porque, no esforço de esclarecer o que é efetivamente reconhecido como nexo, deparamos com novos problemas, cuja solução requer trabalhos preliminares que ainda não temos. Mas não me parece prematura a tentativa de guiar o interesse do médico praticante para o que afirmo serem os fatos, para que ele se convença tanto da verdade de minhas afirmações como do proveito que o conhecimento delas pode retirar para sua atividade médica.

Sei que não faltarão esforços para impedir o médico, usando argumentos de natureza ética, de prosseguir no

---

* Os sete artigos a que ele se refere estão incluídos neste volume.

exame desse tema. Quem quiser verificar se as neuroses dos pacientes realmente estão ligadas à vida sexual, não pode deixar de lhes indagar sobre sua vida sexual, insistindo em ter informações corretas acerca dela. Mas nisso está o perigo para o indivíduo e a sociedade, é o que se diz. O médico não teria o direito de se inteirar dos segredos sexuais dos pacientes, de ofender-lhes grosseiramente o pudor — sobretudo das pacientes — com perguntas desse tipo. Sua desastrada ingerência poderia apenas destruir a felicidade familiar, ferindo a inocência das pessoas jovens e usurpando a autoridade dos pais; e quanto aos adultos, ele ganharia um embaraçoso conhecimento e arruinaria sua própria relação com os doentes. Assim, teria o dever ético de manter-se afastado da questão sexual.

A isso podemos responder que é expressão de um puritanismo indigno de um médico, é uma crítica que busca esconder sua fraqueza com maus argumentos. Se fatores da vida sexual devem ser mesmo reconhecidos como causas da doença, a averiguação e discussão desses fatores se inclui, justamente por isso, entre os deveres do médico. A ofensa ao pudor, de que ele aí se faz culpado, não é diferente nem pior, diríamos, do que quando ele insiste em inspecionar os genitais femininos para tratar uma infecção local, exigência a que sua própria formação médica o obriga. Senhoras mais velhas, que passaram a juventude no interior, ainda hoje contam que quase sucumbiram ao debilitamento por causa de fortes hemorragias genitais, não podendo consentir a um médico a visão da sua nudez. A influência educativa que os médicos têm sobre o público fez com que, no curso de uma geração, esse tipo de recusa tenha se tornado muito raro em nossas mulheres jovens. Se ocorresse, seria condenado como puritanismo insensato, como pudor no lugar errado. "Por acaso vivemos na Turquia", perguntaria o marido, "onde uma mulher doente só pode mostrar ao médico o braço, através de um buraco na parede?"

Não procede que o exame e o conhecimento da vida sexual dos pacientes proporcionem ao médico um perigoso poder sobre eles. A mesma objeção poderia ter sido feita no passado, e com maior razão, ao emprego da anestesia, que priva o paciente da sua consciência e do exercício da vontade e permite que o médico decida se e quando ele os terá de volta. No entanto, hoje a anestesia se tornou indispensável para nós, pois presta enorme auxílio ao médico em seu trabalho, e ele assume a responsabilidade pelo seu uso, entre as suas sérias obrigações.

O médico sempre pode causar dano quando não tem habilidade ou consciência, e isso não é mais nem menos válido quando se trata de investigar a vida sexual dos pacientes. Sem dúvida, quem, num apreciável esforço de autoconhecimento, não vê em si próprio o tato, a seriedade e a discrição necessários para o exame de neuróticos; quem sabe que revelações sobre a vida sexual provocam em sua pessoa pruridos lascivos, em vez de interesse científico, esse fará bem em evitar o tema da etiologia das neuroses. Apenas solicitamos que ele também mantenha distância do tratamento das neuroses.

Tampouco procede que os pacientes coloquem obstáculos insuperáveis à indagação sobre sua vida sexual. Após hesitar um pouco, os adultos costumam se adequar à situação, dizendo: "Afinal, estou no médico, e a ele pode-se falar de tudo". Muitas mulheres, que sentem o peso de precisar esconder seus sentimentos sexuais ao longo da vida, ficam aliviadas ao notar que no médico nada é mais importante que o tratamento, e agradecem por lhes ser permitido ter uma postura humana ante as questões sexuais. Parece que nunca se perdeu, na consciência dos leigos, um vago conhecimento da importância maior dos fatores sexuais na gênese do nervosismo,* algo que procuro reconquistar para a ciência. É frequente presenciarmos cenas como a seguinte. Vêm para consulta um marido e uma mulher, um deles sofrendo de uma neurose. Após várias introduções e escusas, dando a entender que não deve haver barreiras convencionais para o médico que deseja ser útil nesses casos, dizemos aquilo que supomos: que a razão para a doença está na forma de intercurso sexual, pouco natural e prejudicial, que devem ter escolhido após o último parto da mulher. Também lhes informamos que os médicos não costumam se ocupar dessas questões, mas nisso fazem mal, mesmo que os pacientes não gostem de ouvir sobre isso etc. Então um dos dois se volta para o outro e diz:

* No original, *Nervosität*; mas nota-se, pelo contexto, que o sentido corresponderia antes a "neurose", e por isso a edição *Standard* inglesa optou por essa palavra (usando o plural). No alemão de hoje, *Nervosität* denota o mesmo que "nervosismo" em português, isto é, apenas um estado de agitação nervosa.

"Está vendo, eu lhe disse que isso ia me deixar doente". E o outro responde: "Sim, também pensei nisso, mas o que fazer?".

Em determinadas circunstâncias, no caso, por exemplo, de garotas que são sistematicamente educadas para ocultar sua vida sexual, temos de nos contentar com um modesto grau de sinceridade nas respostas. Mas é importante, nisso, que o médico especializado não veja seus pacientes sem estar preparado, e que normalmente não precise lhes pedir esclarecimento, mas apenas confirmação de suas hipóteses. Quem seguir minhas orientações de como explicar a si mesmo a morfologia das neuroses e transpô-la para o âmbito etiológico, não precisará de muitas confissões mais dos pacientes. Nas descrições dos sintomas, que estes prontamente oferecem, em geral já se revela também o conhecimento dos fatores sexuais ali ocultos.

Seria uma grande vantagem se os pacientes tivessem mais ciência da segurança com que agora é possível, para o médico, interpretar seus achaques neuróticos e inferir, a partir deles, a etiologia sexual atuante. Certamente seriam estimulados a abandonar os segredos, desde o instante em que resolvem pedir ajuda para lidar com seu sofrimento. Todos nós temos interesse em que também nas coisas sexuais a franqueza se torne obrigação entre as pessoas, em grau maior do que até agora se exigiu. A moralidade sexual apenas ganharia com isso. Atualmente somos todos hipócritas no que toca ao sexo, tanto os doentes como os sadios. Só poderá nos beneficiar se, em decorrência da franqueza geral, alcançarmos certo grau de tolerância em questões sexuais.

O médico tem, habitualmente, pouco interesse em vários problemas debatidos entre os neuropatologistas com relação às neuroses: se, por exemplo, é justificado distinguir rigorosamente a histeria da neurastenia; se podemos, além disso, diferenciar uma histeroneurastenia; se devemos considerar a obsessão uma neurastenia ou reconhecê-la como uma neurose especial e assim por diante. De fato, tais distinções podem não fazer diferença para o médico, enquanto nada decorrer da decisão tomada, nenhuma compreensão mais profunda e nenhuma indicação para a terapia, e enquanto o paciente, em todos os casos, for enviado para um estabelecimento hidroterápico, ou lhe disserem que nada tem. A coisa muda, porém, se forem aceitos nossos pontos de vista sobre as relações causais entre a sexualidade e as neuroses. Então será despertado um novo interesse na sintomatologia dos diferentes casos neuróticos e haverá importância prática em separar o complicado quadro em seus componentes, de maneira certa, e nomeá-los também corretamente. A morfologia das neuroses pode ser traduzida em etiologia sem maior dificuldade, e o conhecimento desta levará, como é evidente, a novas indicações terapêuticas.

A decisão importante — que a cada vez pode ser tomada de forma segura, mediante cuidadosa avaliação dos sintomas — é se o caso tem características de uma neurastenia ou de uma psiconeurose (histeria, obsessão.) (Com bastante frequência há casos mistos, em que traços de neurastenia se encontram unidos aos de uma psiconeurose; mas deixaremos para depois a apreciação deles.)

A SEXUALIDADE NA ETIOLOGIA DAS NEUROSES

Somente nas neurastenias a indagação feita aos pacientes tem êxito em descobrir os fatores etiológicos oriundos da vida sexual. Estes são conhecidos do paciente, o que é natural, e pertencem ao presente, ou melhor, ao período de vida posterior à maturação sexual (embora essa delimitação não permita incluir todos os casos). Nas psiconeuroses essa indagação não produz muita coisa. Talvez leve a conhecer fatores que devemos admitir como causas precipitadoras e que podem ou não se ligar à vida sexual. No primeiro caso, não se revelam de tipo diferente daquele dos fatores etiológicos da histeria, ou seja, falta-lhes uma relação específica com as causas da psiconeurose. No entanto, em todo caso a etiologia das psiconeuroses também se situa na esfera sexual. Por uma curiosa via indireta, da qual falaremos depois, é possível chegar a um conhecimento dessa etiologia e achar compreensível que o paciente nada soubesse nos dizer sobre ela. Pois os eventos e influências que subjazem a toda psiconeurose não pertencem à atualidade, mas sim a uma época há muito esquecida, como que pré-histórica, da vida, à primeira infância, e por isso o paciente também não os conhece. Ele os esqueceu — mas apenas em determinado sentido.

Portanto, etiologia sexual em todos os casos de neurose, mas nas neurastenias ela é de tipo atual, e nas psiconeuroses, fatores de natureza infantil — esta é a primeira grande contraposição na etiologia das neuroses. A segunda ocorre quando se leva em conta uma diferença na sintomatologia da neurastenia mesma. Aí se encontram, por um lado, casos em que certas queixas características da neurastenia prevalecem: pressão intracraniana, tendência à fadiga, dispepsia, constipação, problemas na coluna etc. Em outros casos, esses sinais diminuem, e o quadro clínico se compõe de outros sintomas, que mostram relação com o sintoma nuclear, a "angústia" (ansiedade vaga, inquietude, angústia de espera, ataques de angústia completos, rudimentares ou suplementares, vertigem locomotora, agorafobia, insônia, maior sensibilidade à dor etc.). Deixei o primeiro tipo com o nome de neurastenia, mas designei o segundo como "neurose de angústia", e justifiquei essa distinção em outro lugar,* onde também considerei o fato de as duas neuroses geralmente aparecerem juntas. Para nosso propósito, basta enfatizar que junto à diversidade sintomática das duas formas há, paralelamente, uma diferença na etiologia. A neurastenia sempre pode ser relacionada a um estado do sistema nervoso como o que se adquire por excessiva masturbação ou que surge espontaneamente por poluções frequentes; na neurose de angústia se acham regularmente influências sexuais que têm em comum o fator da contenção ou da satisfação incompleta, como *coitus interruptus*, abstinência com libido intensa, a assim chamada excitação frustrânea etc. No artigo que buscou introduzir a neurose de angústia, enunciei a fórmula de que a angústia é libido que foi desviada de seu emprego.**

---

* Em "Sobre os motivos para separar da neurastenia um complexo de sintomas, a 'neurose de angústia'" (1895), neste volume.
** Idem, p. 105.

A SEXUALIDADE NA ETIOLOGIA DAS NEUROSES

Quando há um caso em que sintomas da neurastenia e da neurose de angústia se encontram reunidos, ou seja, um caso misto, atemo-nos à tese, alcançada empiricamente, segundo a qual uma mistura de neuroses implica uma colaboração de vários fatores etiológicos, e veremos que a nossa expectativa é sempre confirmada. Verificar a frequência com que esses fatores etiológicos se ligam um ao outro organicamente, pelo nexo dos processos sexuais — por exemplo, *coitus interruptus* ou potência masculina insuficiente e masturbação —, seria algo merecedor de uma discussão específica.

Tendo diagnosticado de forma segura o caso de neurose neurastênica e classificado corretamente seus sintomas, podemos traduzir a sintomatologia em etiologia e, então, ousadamente solicitar do paciente a confirmação de nossas conjecturas. Uma negativa inicial não deve nos desconcertar; devemos insistir no que inferimos, e afinal vencemos toda resistência, enfatizando o caráter inabalável de nossa convicção. Nisso aprendemos todo tipo de coisa sobre a vida sexual das pessoas, com que se poderia preencher um livro útil e instrutivo, mas também aprendemos a lamentar, em todo sentido, que hoje a ciência da sexualidade ainda seja mal-afamada. Como os pequenos desvios de uma *vita sexualis* normal são muito frequentes para que possamos dar valor à sua descoberta, somente admitiremos como explicação uma anormalidade séria e prolongada na vida sexual do paciente neurótico. Mas a ideia de que a insistência do médico pode levar um paciente psiquicamente normal a acusar a si próprio, falsamente, de má conduta sexual — isso podemos, sem hesitação, descartar como sendo um perigo imaginário.

Se agimos dessa maneira com os pacientes, adquirimos também a convicção de que não há casos negativos para a teoria da etiologia sexual da neurastenia. Comigo, pelo menos, essa convicção se tornou tão firme que, quando a indagação tem resultado negativo, aproveito isso para o diagnóstico, concluindo que tais casos não podem ser de neurastenia. Assim, em várias ocasiões vim a supor a existência de paralisia progressiva em vez de neurastenia, pois não havia conseguido provar a masturbação frequente que a minha teoria requer, e o curso posterior desses casos me deu razão. Em outra vez, quando o paciente, não havendo alterações orgânicas nítidas, queixava-se de pressão intracraniana, dores de cabeça e dispepsia, e reagiu a minhas suspeitas sobre sua vida sexual com franqueza e tranquila segurança, ocorreu-me a possibilidade de ele ter uma supuração numa das cavidades nasais, e um colega especialista confirmou essa inferência feita a partir do resultado negativo da indagação sobre os fatores sexuais, retirando pus da cavidade e acabando assim com as dores do paciente.

Se, contudo, parece haver "casos negativos", isso pode ter outra origem. Às vezes a indagação mostra uma vida sexual normal em pessoas cuja neurose realmente se assemelha, numa observação superficial, a uma neurastenia ou uma neurose de angústia. Mas uma investigação mais aprofundada põe a descoberto, com regularidade, o verdadeiro estado de coisas. Por trás desses casos, tidos como neurastenia, há uma psiconeurose, uma histeria ou neurose obsessiva. Sobretudo a histeria, que copia tantas afecções orgânicas, pode facilmente simular uma das neuroses atuais,* ao elevar os sintomas destas a histéricos. Essas histerias em forma de neurastenia não são raras. Mas recorrer às psiconeuroses para as neurastenias com resultado sexual negativo não é uma saída simples; a prova de que isso é correto pode ser alcançada pela única via que desmascara infalivelmente a histeria — a via da psicanálise, de que falaremos adiante.

Entre aqueles dispostos a levar em conta a etiologia sexual nos seus pacientes neurastênicos, alguns podem recriminar como parcialidade que não sejam exortados a dar atenção também aos outros fatores geralmente mencionados pelos autores como causas da neurastenia. Ora, está longe de mim querer substituir todas as demais etiologias das neuroses pela etiologia sexual, declarando que aquelas não têm efetividade. Seria um mal-entendido. Quero dizer, isto sim, que além de todos os fatores etiológicos conhecidos, e provavelmente reconhecidos com razão pelos autores, no que diz respeito à neurastenia, há também os sexuais, que até agora não foram devidamente apreciados. Estes merecem, na minha avaliação, que lhes seja dada uma posição especial na série etiológica; pois

---

* No original, *aktuelle Neurosen*, que depois assumiria a forma *Aktualneurosen* (p. 254). O adjetivo "atual" significa que as causas da neurose são contemporâneas, não têm origem no passado; cf. "Novas observações sobre as neuropsicoses de defesa" (1896, neste volume), onde é explicitada a distinção entre "neuroses atuais" e "psiconeuroses".

somente eles não estão ausentes em nenhum caso de neurastenia, somente eles são capazes de produzir uma neurose sem colaboração adicional, de modo que os outros fatores parecem reduzidos ao papel de etiologia auxiliar e suplementar. Somente eles permitem ao médico perceber relações seguras entre a sua variedade e a multiplicidade de quadros clínicos. Se, por outro lado, eu reúno os casos que supostamente se tornaram neurastênicos por excesso de trabalho, agitação emocional, após terem tifo etc., eles nada me mostram em comum nos sintomas, a natureza da etiologia não me consente formar nenhuma expectativa quanto aos sintomas, assim como, inversamente, o quadro clínico não me leva a inferir qual a etiologia atuante.

As causas sexuais são também aquelas que mais prontamente oferecem ao médico um suporte para sua influência terapêutica. A hereditariedade é, sem dúvida, um fator significativo quando está presente; ela permite que haja um grande efeito patológico, quando normalmente se produziria um bastante pequeno. Mas a hereditariedade está fora da influência do médico. Cada indivíduo traz consigo suas tendências hereditárias; não podemos mudá-las. Também não se deve esquecer que justamente na etiologia das neurastenias temos de recusar à hereditariedade o primeiro plano. A neurastenia (nas duas formas) se inclui entre as afecções que qualquer pessoa sem tara hereditária pode adquirir. Não fosse assim, seria inimaginável o grande aumento da neurastenia, do qual todos os autores se queixam. No que toca à civilização, em cuja lista de pecados costumamos inserir a produção da neurastenia, pode ser que também estejam certos (embora provavelmente por motivos diferentes do que pensam); mas o estado da nossa civilização é, igualmente, algo inalterável para o indivíduo. Além disso, esse fator, valendo para todos os membros de uma sociedade, não pode explicar a escolha na incidência da enfermidade. Afinal, o médico não neurastênico está sob a mesma influência da civilização supostamente nefasta que o paciente neurastênico que ele deve tratar.

Com essas limitações, os fatores da exaustão conservam a importância. Mas o elemento "excesso de trabalho", que os médicos tanto gostam de apontar aos pacientes como causa da neurose, é bastante exagerado. É certo que todo aquele que, mediante práticas sexuais nocivas, predispôs-se à neurastenia, suporta mal o trabalho intelectual e os empenhos psíquicos da vida; mas ninguém fica neurótico apenas pelo trabalho ou pela agitação. O trabalho mental é antes algo que protege contra o adoecimento neurótico; justamente os trabalhadores intelectuais mais perseverantes são poupados da neurastenia, e o que os neurastênicos denunciam como "excesso de trabalho estafante" não merece, em regra, ser chamado de "trabalho intelectual", quer pela qualidade, quer pela quantidade. Os médicos terão de se habituar a esclarecer, ao funcionário que "se extenuou" no escritório ou à dona de casa para quem o trabalho doméstico se tornou muito pesado, que eles não adoeceram porque buscaram cumprir deveres que, na verdade, são fáceis para um cérebro civilizado, mas porque, enquanto se desincumbiam deles, negligenciaram e estragaram grosseiramente sua vida sexual.

Além disso, somente a etiologia sexual nos permite compreender todas as particularidades das histórias clínicas dos neurastênicos, as enigmáticas melhoras no curso da doença e os agravamentos também misteriosos, que os médicos e os pacientes costumam relacionar com a terapia adotada. Entre os mais de duzentos casos que reuni, acha-se, por exemplo, a história de um homem que, depois que o tratamento do médico da família em nada o ajudou, foi ao pastor Kneipp* e, após a terapia deste, registrou um ano de melhora excepcional. Mas depois, quando sintomas voltaram e ele novamente buscou ajuda em Wörishofen, o segundo tratamento não teve resultado. Uma olhada na crônica familiar do paciente resolveu esse duplo enigma. Seis meses e meio após o primeiro retorno de Wörishofen, sua esposa deu-lhe um filho; portanto, ele havia partido no começo de uma gravidez da qual não sabia, e depois da volta pôde ter intercurso natural com ela. Decorrido esse tempo salutar, sua neurose foi novamente ativada pela retomada do *coitus interruptus*, e o segundo tratamento não pôde ter êxito, pois a gravidez mencionada foi também a última.

Um caso semelhante, em que também foi preciso explicar o efeito inesperado da terapia, resultou ainda mais instrutivo, pois incluiu uma misteriosa alternância nos sintomas da neurose. Um jovem paciente neurótico tinha

---

* O pastor Sebastian Kneipp (1821-97), de Bad Wörishofen, na região da Suábia, era conhecido por seu tratamento com água fria e métodos "naturais".

sido enviado, por seu médico, a uma instituição hidroterápica de boa reputação, devido a uma neurastenia típica. Lá o seu estado melhorou consideravelmente no início, de modo que havia boa possibilidade de que, ao deixar o estabelecimento, ele seria um grato partidário da hidroterapia. Mas na sexta semana houve uma reviravolta; o paciente "já não suportava a água", estava cada vez mais nervoso e abandonou o local após mais duas semanas, doente e insatisfeito. Quando ele veio a mim e se queixou dessa ilusão da terapia, perguntei-lhe sobre os sintomas que haviam aparecido no meio do tratamento. Curiosamente, havia ocorrido uma mudança. Ele entrara no sanatório com pressão intracraniana, cansaço e dispepsia, e o que o incomodou enquanto esteve lá foram agitação, acessos de sufocamento, vertigem ao andar e distúrbio do sono. Pude então dizer a esse paciente: "Você está sendo injusto com a hidroterapia. Como você mesmo sabia muito bem, adoeceu devido à masturbação praticada por longo tempo. No sanatório deixou essa forma de satisfação, e então logo se recuperou. Quando se sentiu melhor, porém, buscou imprudentemente estabelecer relações com uma senhora — uma colega paciente, supomos —, o que pôde apenas produzir uma excitação que não teve a satisfação normal. Os belos passeios nos arredores do estabelecimento lhe deram oportunidade para isso. Por causa desse relacionamento, não de uma súbita intolerância à hidroterapia, é que você adoeceu de novo. E, pelo seu estado atual, concluo que está prosseguindo com esse relacionamento aqui na cidade também". Posso garantir que o paciente confirmou tudo o que falei.

A terapia atual da neurastenia, que talvez seja conduzida do modo mais conveniente nas instituições hidroterápicas, tem o objetivo de obter a melhora do estado nervoso mediante dois fatores: repouso e fortalecimento do paciente. Eu nada teria a dizer contra essa terapia, apenas que não considera as condições sexuais do caso. Pela minha experiência, seria desejável que os diretores médicos dessas instituições compreendessem claramente que não lidam com vítimas da civilização ou da hereditariedade, e sim com — *sit venia verbo* [desculpe-se a expressão] — aleijados sexuais. Assim poderiam, por um lado, explicar de forma mais fácil tanto os seus êxitos como os seus fracassos, e, por outro lado, alcançar novos êxitos, que até agora foram deixados à mercê do acaso ou da conduta desacompanhada do paciente. Ao tirarmos uma mulher neurastênica e angustiada de sua casa e a enviarmos para um estabelecimento hidroterápico, onde, livre das obrigações, ela pode se banhar, fazer ginástica e ter uma alimentação rica, com certeza nos inclinamos a atribuir a melhora (às vezes magnífica), obtida em algumas semanas ou meses, ao sossego de que a paciente desfrutou e ao efeito vigorizador da hidroterapia. Pode ser que sim; mas nisso esquecemos que o afastamento do lar também ocasionou uma interrupção do intercurso conjugal, e que apenas essa temporária remoção da causa patogênica lhe dá a possibilidade de se restabelecer com um tratamento apropriado. O descuido em relação a esse ponto de vista etiológico sai caro a posteriori, quando a cura aparentemente satisfatória se mostra passageira. Pouco tempo depois que o paciente volta à sua vida habitual, os sintomas da enfermidade reaparecem e o obrigam, de vez em quando, a passar uma parte da existência nessas instituições, de forma improdutiva, ou o fazem voltar para outras direções sua esperança de cura. É claro, então, que na neurastenia as tarefas terapêuticas não devem ser abordadas nos estabelecimentos hidroterápicos, mas sim dentro das circunstâncias de vida dos doentes.

Em outros casos, nossa teoria etiológica pode esclarecer o médico da instituição sobre a origem de insucessos que ocorrem ainda nela, indicando-lhe como evitá-los. Em garotas crescidas e homens adultos, a masturbação é bem mais frequente do que se supõe, e tem efeito nocivo não apenas por produzir sintomas neurastênicos, mas também ao conservar os doentes sob o peso de um segredo sentido como vergonhoso. O médico, não acostumado a traduzir neurastenia como masturbação, explica o estado patológico recorrendo a chavões como anemia, subnutrição, trabalho excessivo etc., e espera curar o paciente usando a terapia elaborada para esses problemas. Mas, para sua surpresa, períodos de melhora alternam com outros em que os sintomas todos pioram, acompanhados de severa depressão. Em geral, o desfecho de um tratamento assim é duvidoso. Se o médico soubesse que durante todo o tempo o paciente estava lutando com seu hábito sexual, que caiu em desespero porque novamente havia sucumbido a este, se fosse capaz de extrair do paciente seu segredo, de aliviar-lhe a gravidade deste e apoiá-lo em sua luta para se livrar do hábito, o êxito do esforço terapêutico estaria garantido.

Livrar o paciente do hábito da masturbação é apenas uma das novas tarefas terapêuticas que a atenção à etiologia sexual impõe ao médico, e essa tarefa, como toda libertação de um hábito, parece ser exequível apenas num sanatório, sob a supervisão de um médico. Entregue a si mesmo, o masturbador costuma recair na sua cômoda satisfação quando sucede algo que o deprime. Nesse caso, o tratamento médico não pode ter outro objetivo senão conduzir o neurastênico, então revigorado, ao intercurso sexual normal, pois a necessidade sexual, uma vez despertada e durante algum tempo satisfeita, já não pode ser silenciada, mas apenas deslocada para outro caminho. Uma observação análoga também vale para todas as demais terapias de desabituação, que apenas parecerão ser bem-sucedidas, enquanto o médico se contentar em subtrair ao doente o meio narcótico, sem cuidar da fonte de que se origina a necessidade imperativa deste. "Hábito" é uma simples palavra, sem maior valor explicativo; nem todo mundo que teve oportunidade de tomar morfina, cocaína, cloridrato etc. adquire o "vício" dessas substâncias. Uma investigação mais precisa costuma demonstrar que esses narcóticos servem como sucedâneos — de forma direta ou indireta — do gozo sexual que falta, e que, quando já não é possível estabelecer uma vida sexual normal, podemos ter certeza de que haverá reincidência no hábito.

Outra tarefa, que a etiologia da neurose de angústia coloca para o médico, consiste em levar o paciente a abandonar todas as formas nocivas de intercurso sexual e adotar relações sexuais normais. Como é compreensível, esse dever cabe sobretudo ao médico de confiança do paciente, o da família, e este prejudicará gravemente seus clientes se se julgar muito respeitável para intervir nesse âmbito.

Como, nesses casos, na maioria das vezes temos casais de cônjuges, logo o esforço do médico entra em conflito com a tendência malthusiana de limitar o número de concepções no casamento. Parece-me fora de dúvida que esse propósito se dissemina cada vez mais em nossa classe média. Encontrei casais que já depois do primeiro filho se puseram a evitar a concepção, e outros que já na noite de núpcias procuraram levar em conta esse intento. O problema do malthusianismo é vasto e complicado. Não tenho a intenção de abordá-lo aqui de forma exaustiva, como requereria, na verdade, a terapia das neuroses. Quero apenas discutir a melhor atitude que pode adotar, diante desse problema, o médico que reconhece a etiologia sexual das neuroses.

O pior que ele pode fazer, evidentemente, é ignorá--lo sob qualquer pretexto. O que é necessário não pode ser indigno de minha atividade médica, e é necessário dar conselho médico a um casal que pensa em limitar a procriação, para não deixar um ou os dois cônjuges à mercê de uma neurose. É incontestável que em algum momento haverá a necessidade de tomar medidas malthusianas no casamento, e teoricamente seria um dos maiores triunfos da humanidade, uma das mais tangíveis liberações da imposição natural a que nossa estirpe está sujeita, se tivéssemos êxito em elevar o ato responsável da procriação e torná-lo uma ação deliberada e soberana, livrando-o do vínculo com a necessária satisfação de uma carência natural.

O médico judicioso decidirá, portanto, em que condições se justifica o uso de medidas para prevenir a concepção, e entre esses meios haverá de distinguir os prejudiciais dos inócuos. Prejudicial é tudo aquilo que impede a satisfação. Mas, como se sabe, atualmente não dispomos de nenhum meio anticonceptivo que satisfaça todos os requisitos legítimos, isto é, que seja seguro, cômodo, não afete a sensação de prazer no coito e não ofenda a sensibilidade da mulher. Nisso há uma tarefa de natureza prática para os médicos, em cuja execução eles podem aplicar suas energias de modo compensador. Quem preencher essa lacuna na técnica de nossa medicina, conservará o prazer na vida e manterá a saúde de inúmeras pessoas; e também, é verdade, abrirá o caminho para uma profunda mudança em nossas condições sociais.

Isso não esgota os estímulos proporcionados pelo reconhecimento de uma etiologia sexual das neuroses. O que mais podemos fazer pelos neurastênicos diz respeito à profilaxia. Se a masturbação é a causa da neurastenia na juventude, e depois, pela diminuição da potência que acarreta, também adquire importância etiológica na neurose de angústia, a prevenção da masturbação se torna uma tarefa merecedora de mais atenção do que até agora teve. Refletindo sobre os efeitos nocivos, tanto os grosseiros como os sutis, que procedem dessa neurastenia que, conforme se diz, se alastra cada vez mais, notamos que é realmente de interesse público que *os homens ingressem na vida sexual com plena potência*. Em matéria de profilaxia, porém, o indivíduo exerce pouca influência. Toda a comunidade precisa se interessar pelo tema e consentir na criação de regulamentos válidos para todos. No momento ainda estamos longe de um estado de coisas que ajudasse, e por isso podemos, com justiça, responsabilizar também nossa civilização pela difusão da neurastenia. Seria necessário mudar muita coisa. Deve-se quebrar a resistência de uma geração de médicos que não se recorda mais de sua própria juventude; é preciso vencer o orgulho dos pais que não querem, diante dos filhos, descer a um nível simplesmente humano, e combater o insensato pudor das mães que veem como um insondável, porém imerecido golpe do destino, o fato de "justamente seus filhos terem se tornado neuróticos". Sobretudo, deve-se criar espaço na opinião pública para a discussão dos problemas da vida sexual; deve-se poder falar deles sem ser considerado perturbador da paz ou alguém que mercadeja com os baixos instintos [*Instinkte*]. Também nisso haveria trabalho para os próximos cem anos, em que nossa civilização terá de aprender a lidar com as exigências da nossa sexualidade.

O valor de uma correta diferenciação diagnóstica entre psiconeuroses e neurastenia também se mostra no fato de aquelas pedirem uma avaliação prática diversa e medidas terapêuticas especiais. As psiconeuroses surgem sob duas condições, ou de forma independente ou acompanhando as neuroses atuais (neurastenia e neurose de angústia). Neste último caso, lidamos com um novo tipo de neurose mista, aliás muito comum. A etiologia da neurose atual tornou-se uma etiologia auxiliar da psiconeurose; aparece um quadro clínico em que, digamos, a neurose de angústia predomina, mas que contém traços da autêntica neurastenia, da histeria e da neurose obsessiva. Não se recomenda, diante de uma mistura assim, abandonar a separação dos quadros clínicos neuróticos, pois não é difícil formular o caso da maneira seguinte. O desenvolvimento predominante da neurose de angústia mostra que a doença nasceu sob a influência etiológica de prática sexual nociva atual. Além disso, porém, o indivíduo em questão se achava predisposto para uma ou mais psiconeuroses, devido a uma etiologia especial, e em algum momento, de modo espontâneo ou com o advento de outro fator debilitante, adoeceria de uma psiconeurose. Dessa maneira, a etiologia auxiliar que faltava para a psiconeurose foi acrescentada pela etiologia atual da neurose de angústia.

Para esses casos, adotou-se corretamente a prática terapêutica de não atentar para os componentes psiconeuróticos do quadro clínico e tratar exclusivamente a neurose atual. Em muitos casos, quando se enfrenta de forma apropriada a neurastenia, consegue-se também dominar a [psico]neurose que a acompanha. Mas requerem outra avaliação os casos de psiconeurose que surgem espontaneamente ou restam de modo independente, depois de transcorrida uma doença que foi mescla de neurastenia e psiconeurose. Quando falo do surgimento "espontâneo" de uma psiconeurose, não quero dizer que a pesquisa anamnésica não traga nenhum fator etiológico.

Isso pode acontecer, mas também podemos ser remetidos a um fator indiferente, um estado emocional, um debilitamento por enfermidade somática etc. Mas é preciso ter em mente, para todos esses casos, que a verdadeira etiologia das psiconeuroses não está nessas causas precipitadoras, permanecendo inapreensível para o modo habitual de levantamento anamnésico.

Como se sabe, essa é a lacuna que se buscou preencher com a hipótese de uma predisposição neuropática específica — cuja existência, naturalmente, não deixaria muita perspectiva de êxito para uma terapia desses estados patológicos. A predisposição neuropática mesma é vista como sinal de uma degeneração geral, e, assim, esse termo conveniente passou a ser usado de forma excessiva para os pobres doentes que os médicos são incapazes de ajudar. Felizmente, a situação é outra. A predisposição neuropática existe, mas devo questionar que baste para a produção da psiconeurose. Também devo questionar que a conjunção de predisposição neuropática e causas precipitadoras que ocorrem posteriormente na vida represente uma etiologia suficiente das psiconeuroses. Foi-se longe demais ao ligar as vicissitudes patológicas do indivíduo às vivências de seus ancestrais, esquecendo que entre a concepção e a maturidade de uma pessoa há um período prolongado e relevante, a infância, em que podem ser adquiridos os germes da doença posterior. E é isso que acontece na psiconeurose. Sua verdadeira etiologia deve ser buscada nas vivências da infância, e mais uma vez — exclusivamente — nas impressões que tocam à vida sexual. É um erro não considerar a vida sexual das crianças. Pelo que pude ver, elas são capazes de todas as funções* sexuais na esfera psíquica e de muitas no âmbito somático. Assim como os genitais externos e as gônadas não constituem todo o aparelho sexual humano, também sua vida sexual não tem início apenas com a puberdade, como pode parecer a uma observação ligeira. É certo, porém, que a organização e o desenvolvimento da espécie humana buscam evitar uma maior atividade sexual durante a infância; parece que as forças instintuais sexuais devem se armazenar no ser humano, para que, ao serem desencadeadas na época da puberdade, sirvam a grandes finalidades culturais (Wilhelm Fliess). Isso talvez nos permita compreender por que as vivências sexuais da infância atuarão de modo patogênico. Mas elas produzem seu efeito só em pequeno grau no momento em que acontecem; muito mais significativo é seu *efeito a posteriori*, que pode ocorrer apenas em períodos ulteriores de amadurecimento. Esse efeito a posteriori se origina — não poderia ser de outro modo — nos traços psíquicos que as vivências sexuais infantis deixaram para trás. No intervalo entre essas vivências e sua reprodução (ou melhor, fortalecimento dos impulsos libidinais delas oriundos), não apenas o aparelho sexual somático, mas também o aparelho psíquico experimentou um significativo de-

---

* "Funções": tradução insuficiente para o original *Leistungen*, substantivo do verbo *leisten*, que significa "realizar, render, trabalhar"; as versões estrangeiras consultadas recorrem a: "*funciones, operaciones, funzioni, activity*".

senvolvimento, e por isso a influência daquelas antigas vivências sexuais leva a uma reação psíquica anormal, surgem formações psicopatológicas.

Nestes apontamentos apenas pude indicar os fatores principais em que se baseia a teoria das psiconeuroses: o efeito a posteriori, o estado infantil do aparelho sexual e do instrumento psíquico. Seria necessária uma exposição mais ampla para obter uma real compreensão do mecanismo pelo qual são geradas as psiconeuroses; acima de tudo, seria indispensável apresentar como plausíveis determinadas suposições, que me parecem novas, sobre a composição e o modo de trabalho do aparelho psíquico. Num livro sobre a interpretação dos sonhos, que estou escrevendo, terei a oportunidade de tocar nesses fundamentos de uma psicologia das neuroses, pois os sonhos se incluem na mesma série de formações psicopatológicas que as ideias fixas histéricas, as representações obsessivas e os delírios.

Como as manifestações das psiconeuroses surgem pelo efeito a posteriori de traços psíquicos inconscientes, são acessíveis à psicoterapia — que nesse caso, porém, deve tomar caminhos diferentes daquele até agora seguido, que é o da sugestão, com ou sem hipnose. Com base no método "catártico" de Josef Breuer, desenvolvi quase inteiramente, nos últimos anos, um procedimento terapêutico que chamo de "psicanalítico", ao qual devo numerosos êxitos e cuja eficácia espero ainda aumentar consideravelmente. Nos *Estudos sobra a histeria*, que publiquei em 1895 (junto com Josef Breuer), estão as primeiras comunicações sobre a técnica e o alcance do método. Posso afirmar que várias coisas foram nele aperfeiçoadas desde então. Na época, declaramos modestamente que poderíamos encetar a eliminação dos sintomas histéricos, não a cura da histeria mesma, mas depois essa distinção se revelou vazia, ou seja, passou a haver a perspectiva de uma verdadeira cura da histeria e das obsessões. Foi com vivo interesse, então, que li, em publicações de colegas especialistas, que "nesse caso falhou o engenhoso procedimento inventado por Breuer e Freud", e que "o método não correspondeu ao que parecia prometer". Lendo essas coisas, me senti como alguém que vê num jornal o anúncio de sua própria morte, mas conserva a tranquilidade, por estar mais bem informado. Com efeito, o método é tão difícil que precisa absolutamente ser aprendido; e não me lembro de algum dos meus críticos ter desejado aprendê-lo comigo, tampouco acredito que, como eu, tenha se ocupado disso de modo tal a descobri-lo sozinho. As observações que se acham nos *Estudos sobre a histeria* estão longe de possibilitar ao leitor o domínio dessa técnica, nem visam oferecer uma instrução assim completa.

A terapia psicanalítica não é aplicável a todos os casos atualmente. Conheço as seguintes limitações dela. Primeiro, requer um certo grau de maturidade e compreensão do paciente, não servindo, portanto, para crianças ou para adultos com debilidade mental ou incultos. Também fracassa com pessoas muito idosas, pois, devido ao material acumulado, levaria tanto tempo que no final do tratamento elas estariam num estágio da vida em que já não se atribui maior valor à saúde nervosa. Por fim, ela só é possível quando o paciente tem um estado psíquico normal, desde o qual se possa dominar o material patológico. Durante um período de confusão histérica, em intercalações de mania ou melancolia, nada se obtém com os meios da psicanálise. É possível submeter esses casos ao procedimento analítico depois que as turbulências forem acalmadas com as medidas habituais. Na prática, os casos crônicos de psiconeurose respondem melhor ao método que os casos de crise aguda, em que naturalmente é mais importante a rapidez na resolução. Por isso, as fobias histéricas e as várias formas de neurose obsessiva são o mais propício campo de trabalho para essa nova terapia.

O fato de o método ter essas restrições se explica, em boa parte, pelas circunstâncias em que tive de elaborá-lo. Meu material se constitui justamente de neuróticos crônicos das camadas mais instruídas. Considero bastante possível que sejam desenvolvidos procedimentos complementares para crianças e para o público que busca assistência em hospitais. Devo acrescentar que até agora experimentei minha terapia somente em casos graves de histeria e neurose obsessiva; não sei dizer como seria nos casos leves que, num tratamento inespecífico de poucos meses, terminam numa cura ao menos aparente. Compreende-se que uma nova terapia, que requer vários sacrifícios, deve contar apenas com aqueles pacientes que já tentaram sem sucesso os métodos conhecidos, ou cujo estado justifica a conclusão de que nada podem esperar desses procedimentos terapêuticos supostamente mais cômodos e mais curtos. Assim, tive de encetar as mais difíceis tarefas com um instrumento imperfeito. O teste resultou tanto mais convincente.

As dificuldades essenciais que ainda hoje se contrapõem ao método terapêutico psicanalítico não estão nele mesmo, mas na falta de compreensão da natureza das psiconeuroses por parte de médicos e leigos. É apenas uma contrapartida necessária dessa ignorância o fato de os médicos acharem legítimo consolar os pacientes com afirmações infundadas ou induzi-los a tomar medidas terapêuticas. "Venha para minha instituição por seis semanas e verá que seus sintomas (angústia de viajar, obsessões etc.) desaparecerão." De fato, a instituição é indispensável para acalmar episódios agudos no decorrer de uma psiconeurose, oferecendo distração, cuidados e preservação; mas para eliminar estados crônicos ela nada faz — tanto os sanatórios aristocráticos, de orientação supostamente científica, quanto as instituições hidroterápicas comuns.

Seria mais digno, e mais proveitoso para o doente — que, afinal, tem de se conformar com suas dores —, se o médico dissesse a verdade tal como a vê diariamente: as psiconeuroses, como gênero patológico, de modo algum são doenças leves. Quando uma histeria começa, ninguém sabe de antemão quando terminará. Na maioria das vezes, as pessoas se consolam com a vã profecia de que "um dia passará de repente". Com frequência, a cura se revela como um simples acordo de tolerância mútua entre o que é são e o que é doente no paciente, ou ocorre pela transformação de um sintoma numa fobia. A histeria da garota, trabalhosamente acalmada, revive na mulher casada, após uma breve interrupção com a felicidade inicial do matrimônio, mas então é outra pessoa, o marido, que por interesse próprio se cala a respeito da enfermidade. Quando não há uma evidente incapacidade de levar a vida por causa da doença, quase sempre se constata a perda do livre desenvolvimento das forças mentais. Ideias obsessivas retornam ao longo da vida; fobias e outras restrições da vontade foram, até agora, refratárias à influência de qualquer terapia. Tudo isso é sonegado ao conhecimento do leigo, e por isso o pai de uma garota histérica se assusta quando, por exemplo, deve concordar com um tratamento de um ano para sua filha, enquanto a doença durou apenas alguns meses. O leigo se acha, digamos, intimamente convencido da superfluidade de todas essas psiconeuroses, e por isso não mostra paciência com o curso da doença nem se dispõe a fazer sacrifícios para o tratamento. Se sua conduta é mais sensata diante de um caso de tifo, que dura três semanas, da fratura de uma perna, que toma seis meses para o restabelecimento, se lhe parece compreensível que as medidas ortopédicas prossigam por anos, tão logo há os primeiros sinais de deformação da coluna em seu filho, essa diferença no comportamento se deve à maior compreensão do médico, que transmite sinceramente ao leigo aquilo que sabe. A franqueza dos médicos e a boa vontade dos leigos se estenderão também às psiconeuroses, quando o conhecimento da natureza dessas afecções se tornar patrimônio comum da medicina. O tratamento psicoterapêutico radical sempre vai requerer um treino especial e será incompatível com o exercício de outra atividade médica. Em compensação, esta classe de médicos — provavelmente numerosa no futuro — terá a oportunidade de fazer coisas louváveis e de obter uma satisfatória compreensão da vida psíquica humana.

O MECANISMO PSÍQUICO DO ESQUECIMENTO (1898)

TÍTULO ORIGINAL: "ZUM PSYCHISCHEN MECHANISMUS DER VERGESSLICHKEIT". PUBLICADO PRIMEIRAMENTE EM *MONATSCHRIFT FÜR PSYCHIATRISCHE NEUROLOGIE*, 4, N. 6, PP. 436-43. TRADUZIDO DE *GESAMMELTE WERKE I*, PP. 519-27.

Todo indivíduo já observou, em si mesmo e em outros, o fenômeno do esquecimento que vou aqui descrever e tentar esclarecer. Ele atinge principalmente o uso dos nomes próprios e se manifesta da seguinte forma. No meio de uma conversa, a pessoa se vê obrigada a admitir ao interlocutor que não acha o nome que queria mencionar e pede a ajuda desse, geralmente sem êxito: "Como se chama aquele...? É um nome conhecido; está na ponta da língua; no momento me escapa". Uma evidente irritação, similar à de quem tem afasia motora, acompanha então os esforços para encontrar o nome, que a pessoa sente que ainda há pouco tinha a seu dispor. Nos casos adequados, dois fenômenos secundários são dignos de nota. Primeiro, que o enérgico, voluntário empenho da função denominada atenção se mostra incapaz de encontrar o nome perdido, por mais que seja prolongado. Segundo, que no lugar deste logo se apresenta outro nome, que a pessoa nota ser incorreto e rejeita, mas que retorna continuamente. Ou então ela acha em sua memória, em vez de um nome substituto, uma letra ou uma sílaba, que reconhece como parte do nome procurado. Diz, por exemplo: "Começa com B". Quando, afinal, de alguma maneira consegue saber qual é o nome, vê-se, na grande maioria dos casos, que ele não começa com B e nem sequer tem essa letra.

O melhor procedimento para chegar ao nome buscado consiste, como se sabe, em "não pensar nele", ou seja, desviar dessa tarefa a parte da atenção de que dispomos voluntariamente. Após certo tempo, o nome buscado "vem"; a pessoa não pode deixar de enunciá-lo em voz alta, para surpresa do interlocutor, que já esqueceu esse detalhe e não teve grande interesse naquele esforço da pessoa. "Não faz diferença como o sujeito se chamava. Continue a história", costuma dizer esse interlocutor. Enquanto não surge a solução, mesmo após o desvio proposital da atenção, a pessoa se preocupa de tal maneira que não se explica pelo interesse inerente ao assunto.[1]

Em alguns casos de esquecimento de nome que se deram comigo mesmo, pude explicar, através da análise psíquica, o processo ocorrido. Agora relatarei, de forma detalhada, o mais simples e transparente desses casos.

Certa vez, numas férias de verão, tomei uma carruagem da bela Ragusa* para uma cidade próxima na Herzegovina. A conversa com o amigo que me acompanhava tratou, como era natural, da situação das duas regiões (Bósnia e Herzegovina) e do caráter de seus habitantes. Falei de algumas peculiaridades dos turcos que lá vivem, tais como me haviam sido relatadas por um colega que tinha vivido longamente entre eles, trabalhando como médico. Pouco depois, conversamos sobre a Itália e a pintura, e tive oportunidade de recomendar vivamente, ao meu companheiro de viagem, que fosse a Orvieto algum dia, para ver os afrescos do fim do mundo e do Juízo Final, com que um grande pintor havia adornado uma capela da catedral. Mas o nome do pintor me escapou. Tentei me lembrar dele, trouxe à memória os detalhes do dia que havia passado em Orvieto, vi que nenhum

---

[1] E tampouco pela eventual sensação de desprazer por ser inibido num ato psíquico.

* Atual Dubrovnik, na Croácia.

deles se havia apagado ou obscurecido. Pelo contrário, eu podia evocar as imagens com maior vividez do que normalmente consigo;* e de modo especialmente nítido me aparecia o autorretrato do pintor — com o rosto sério e as mãos cruzadas —, que ele pôs no canto de uma das pinturas, junto ao retrato do seu antecessor no trabalho, Fra Angelico da Fiesole. Mas o nome do artista, que me era familiar, ocultava-se persistentemente. O companheiro de viagem não foi capaz de me ajudar. O único resultado de meu esforço contínuo foi o aparecimento de dois outros nomes de pintores, dos quais eu sabia, porém, que não podiam ser o nome correto: *Botticelli* e, depois, *Boltraffio*.[2] A recorrência do som "Bo" nesses nomes poderia levar alguém inexperiente a supor que ele estava também no nome buscado, mas eu cuidei de não abrigar essa expectativa.

Como eu não tinha acesso a obras de consulta durante a viagem, por vários dias tive de me conformar com esse lapso da memória e o desgosto íntimo a ele relacionado, que experimentava algumas vezes a cada dia, até que conheci um italiano culto que me livrou disso, informando-me o nome: *Signorelli*. Eu mesmo pude acrescentar o primeiro nome do artista: *Luca*. Logo empalideceu minha lembrança tão nítida do rosto do mestre em sua pintura.

---

* Sobre a maior nitidez de traços secundários numa recordação, cf. *Psicopatologia da vida cotidiana*, nota ao cap. II (1901, v. 5 destas *Obras completas*, p. 29) e "Construções na Análise", cap. III (1937, v. 19, p. 340).

2 O primeiro desses nomes eu conhecia bem; o segundo, muito pouco.

O MECANISMO PSÍQUICO DO ESQUECIMENTO

Que influências me haviam levado a esquecer o nome Signorelli, que me era bastante familiar e que facilmente se imprime na memória? E por quais caminhos se fizera sua substituição pelos nomes Botticelli e Boltraffio? Bastou retroceder um pouco, até as circunstâncias em que havia ocorrido o esquecimento, para esclarecer as duas questões.

Pouco antes de abordar o tema dos afrescos da catedral de Orvieto, eu havia relatado a meu companheiro o que escutara sobre os turcos bósnios do meu colega, anos atrás. Eles tratam os médicos com enorme respeito e, ao contrário de nosso povo, mostram-se resignados ante os golpes do destino. Quando o médico teve de comunicar a um pai de família que um dos seus parentes iria morrer, a réplica deste foi: "Senhor [*Herr*], o que dizer? Eu sei que se ele tivesse salvação o senhor o ajudaria". Junto com essa história, eu conservava outra lembrança na memória: o mesmo colega havia me contado que esses bósnios davam ao prazer sexual uma importância que superava tudo. "O senhor sabe, *Herr*, quando *isso* acaba, então a vida não tem mais valor." Pareceu-nos, na época, que era de supor a existência de um laço íntimo entre os dois traços de caráter do povo bósnio ali exemplificados. Mas quando me lembrei disso, no trajeto para a Herzegovina, suprimi o segundo deles, em que se tocava no tema da sexualidade. Pouco depois me fugiu o nome *Signorelli* e apareceram como substitutos os nomes *Botticelli* e *Boltraffio*.

A influência que tornou o nome *Signorelli* inacessível à recordação — ou "reprimido", como estou acostumado a dizer — só podia vir daquela história suprimida sobre o valor dado à morte e ao prazer sexual. Se era assim, tinha de ser possível demonstrar as ideias intermediárias que haviam ligado os dois temas. A afinidade de conteúdo — de um lado, o Juízo Final, o fim do mundo; do outro, morte e sexualidade — parece tênue; e como se tratava da repressão de um nome, de tirá-lo da memória, era provável que a conexão tivesse ocorrido entre um nome e outro. Ora, *signor* significa *Herr* [senhor]; e *Herr* também está no nome *Her*zegovina. Além disso, não é irrelevante que nas duas falas de pacientes, de que eu me lembrava, eles usassem *Herr* ao se dirigir ao médico. A tradução de *Herr*, *signor*, foi, portanto, a via pela qual a história por mim suprimida tinha arrastado atrás de si o nome por mim buscado. Todo o processo foi claramente facilitado pelo fato de nos últimos dias em Ragusa eu ter falado italiano de modo constante, ou seja, ter me habituado a traduzir do alemão para o italiano em minha mente.[3]

Quando me empenhei em recuperar o nome do pintor, em resgatá-lo da repressão, fez-se sentir a influência da ligação em que ele havia entrado naquele meio-tempo. Encontrei um nome de artista, mas não o correto, e sim um nome deslocado, e a linha do deslocamento fora dada pelos nomes contidos no tema reprimido.

---

3 "Uma explicação rebuscada, forçada!", dirão. Mas essa impressão é inevitável, porque o tema suprimido procura, de toda forma, estabelecer uma conexão com aquele não suprimido, e nisso não desdenha a via da associação externa. Uma situação "forçada" semelhante à feitura de rimas.

"Botticelli" contém as mesmas sílabas finais de "Signorelli"; portanto, retornaram as sílabas finais que não tinham, como a primeira parte do nome, *Signor*, uma relação direta com "Herzegovina". Mas o nome normalmente ligado a Herzegovina, Bósnia, mostrara sua influência ao dirigir a substituição para dois nomes de artista que começavam com "Bo": Botticelli e, depois, Boltraffio. Assim, o aparecimento do nome "Signorelli" foi atrapalhado pelo tema a ele subjacente, em que surgem os nomes *Bósnia* e *Herzegovina*.

Para que esse tema tivesse tais efeitos, não bastava que eu o suprimisse uma vez numa conversa — para isso, afinal, motivos casuais eram decisivos. Deve-se supor, isto sim, que esse tema estivesse em ligação íntima com os pensamentos que se achavam em estado de repressão dentro de mim, ou seja, que, apesar da intensidade do interesse que lhes tocava, encontravam uma resistência que os impedia de serem trabalhados por determinada instância psíquica e, desse modo, se tornarem conscientes. Naquele tempo, passava-se assim mesmo comigo em relação ao tema "morte e sexualidade", como demonstram várias coisas de minha autoinvestigação que não preciso expor aqui. Mas posso chamar a atenção para um efeito que deriva desses pensamentos que se acham em repressão. A experiência me ensinou a exigir que cada produto psíquico seja levado até seu pleno esclarecimento, inclusive chegando à sobredeterminação, e agora me parece que o segundo nome substituto, "Boltraffio", do qual até o momento só as letras iniciais foram explicadas pela semelhança com "Bósnia", requer mais uma determinação. Então me lembro de que esses pensamentos reprimidos nunca me ocuparam tanto quanto algumas semanas antes, depois que recebi certa notícia. O lugar em que a notícia me chegou se chama *Trafoi*, e esse nome é muito parecido com a segunda metade de "Boltraffio", de modo que certamente influiu na escolha deste. Podemos tentar reproduzir num pequeno gráfico as relações que agora se tornaram claras:

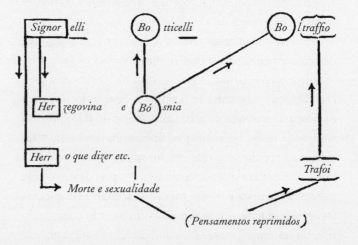

Talvez não seja algo desprovido de interesse compreender como se dá um evento psíquico desse tipo, que se inclui entre os pequeninos distúrbios no controle do aparelho psíquico e que é compatível com uma saúde psíquica de resto normal. Mas o exemplo aqui apresentado adquire bem maior interesse quando sabemos que pode ser tido como modelo dos processos patológicos a que os sintomas psíquicos das psiconeuroses — histeria, obsessões e paranoia — devem sua gênese. Há os mesmos elementos e o mesmo jogo de forças nos dois casos. É da mesma forma, e por meio de associações superficiais semelhantes, que um curso reprimido de pensamentos se apodera, na neurose, de uma impressão inócua recente e a leva consigo para a repressão. O mesmo mecanismo que fez surgir os nomes substitutos "Botticelli" e "Boltraffio" a partir de "Signorelli", a substituição através de representações intermediárias ou de compromisso, também governa a formação dos pensamentos obsessivos e dos enganos de memória paranoicos. A característica normalmente incompreensível — e, de fato, não compreendida pelo interlocutor — desse caso de esquecimento, de liberar contínuo desprazer até o momento do desfecho, encontra uma analogia plena no modo como massas de pensamentos reprimidos prendem sua capacidade afetiva a um sintoma cujo conteúdo psíquico parece, a nosso juízo, totalmente inadequado para essa liberação de afeto. Por fim, o fato mesmo de a tensão se resolver quando o nome certo é comunicado por outra pessoa é um bom exemplo da eficácia da terapia psicanalítica, que procura corrigir as repressões e deslocamentos e elimina os sintomas pela reinserção do objeto psíquico verdadeiro.

Assim, entre os vários fatores que contribuem para uma fraqueza da memória ou uma ausência da lembrança, não devemos ignorar o papel da repressão, que pode ser demonstrado não apenas em neuróticos, mas também, de modo qualitativamente semelhante, em pessoas normais. Pode-se afirmar, de maneira bastante geral, que a facilidade — e também a fidelidade — com que despertamos certa impressão na memória depende não apenas da constituição psíquica do indivíduo, da força da impressão quando era nova, do interesse que lhe foi dirigido então, da constelação psíquica do presente, do interesse que agora se dedica ao seu despertar, das ligações em que a impressão foi incluída etc., mas também do favor ou desfavor de um fator psíquico particular que se recusa a reproduzir algo que possa liberar desprazer ou levar, subsequentemente, à liberação de desprazer. A função da memória, que gostamos de imaginar como um arquivo aberto a todos desejosos de saber, é assim afetada por uma tendência da vontade, exatamente como qualquer ação nossa dirigida ao mundo externo. Metade do segredo da amnésia histérica é desvendada quando dizemos que os histéricos não sabem o que não *querem* saber, e o tratamento psicanalítico, tendo de preencher essas lacunas da memória no seu curso, percebe que determinada resistência se opõe à evocação de cada uma dessas lembranças perdidas, resistência cuja magnitude tem de ser compensada pelo trabalho. Nos processos psíquicos que são normais no conjunto, naturalmente não se pode pretender que a influência desse fator unilateral na revivescência da memória supere, de alguma maneira regular, todos os demais fatores a serem considerados.[4]

---

[4] Seria errado crer que o mecanismo acima revelado seja válido apenas em casos raros. Ele é frequente, na verdade. Certa vez, por exemplo, quando quis contar esse pequeno episódio a um colega,

O MECANISMO PSÍQUICO DO ESQUECIMENTO

Com relação à natureza tendenciosa de nossos esquecimentos e lembranças, aconteceu-me, há não muito tempo, algo que é um exemplo instrutivo — porque revelador —, e que gostaria de relatar aqui. Eu pretendia fazer uma visita de 24 horas a um amigo que infelizmente vive longe, e tinha muitas coisas a lhe comunicar. Antes, porém, senti-me na obrigação de visitar uma família de amigos em Viena, da qual um integrante havia se mudado para a outra cidade, a fim de levar saudações e mensagens para aquele ausente. Eles me disseram o nome da pensão em que ele morava, também o nome da rua e o número da casa, e, em vista de minha má memória para essas coisas, escreveram o endereço num cartão — que eu pus em minha carteira. No dia seguinte, quando cheguei à casa de meu amigo, disse: "Tenho só uma incumbência, que talvez atrapalhe o nosso encontro; uma visita a fazer, primeiramente. Tenho o endereço aqui na carteira". Para minha surpresa, porém, não achei o cartão. Então tive de recorrer à memória. Minha memória para nomes não é particularmente boa, mas, ainda assim, é muito melhor do que aquela para

---

subitamente me escapou o nome de quem me havia informado sobre a Bósnia. A razão para isso foi a seguinte. Logo antes, eu havia jogado cartas. O sobrenome do meu informante era Pick. Ora, *Pick* e *Herz* [literalmente, "picada" e "coração"; mas também "espadas" e "copas"] são dois dos quatro naipes de cartas. Além disso, estão unidos numa pequena história em que essa pessoa apontou para si mesma e disse: "Eu não me chamo *Herz*, e sim *Pick*". A palavra *Herz* se encontra igualmente no nome "*Herz*egovina", e o coração [*Herz*] também aparece, como órgão doente, nos pensamentos que designei como reprimidos.

cifras e números. Depois de passar um ano inteiro fazendo visitas médicas em determinada casa, costumo ter dificuldade com o endereço quando um novo cocheiro vai me transportar. Nesse caso, porém, eu havia notado o número da casa; ele era bastante nítido, como que por escárnio; mas dos nomes da rua e da pensão não havia vestígio. Eu tinha esquecido todos aqueles dados do endereço que podiam servir de ponto de partida para achar a pensão, e, contrariamente a meu hábito, havia conservado o número que em nada ajudava. Portanto, não pude fazer a visita; consolei-me de modo notavelmente rápido e pude me dedicar inteiramente a meu amigo. Quando estava de volta a Viena, diante da escrivaninha, encontrei de imediato o lugar onde, "distraído", havia posto o cartão com o endereço. Nesse inconsciente ocultamento havia atuado a mesma intenção que no meu esquecimento peculiarmente modificado.

LEMBRANÇAS ENCOBRIDORAS (1899)

TÍTULO ORIGINAL: "ÜBER DECKERINNERUNGEN".
PUBLICADO PRIMEIRAMENTE EM *MONATSCHRIFT FÜR PSYCHIATRISCHE NEUROLOGIE*, 6, N. 3. TRADUZIDO DE *GESAMMELTE WERKE I*, PP. 531-54.

Em meus tratamentos psicanalíticos (de histeria, neurose obsessiva etc.), muitas vezes tive de lidar com fragmentos de lembranças dos primeiros anos da infância que ficaram na memória dos pacientes. Como já indiquei em outro texto,* deve-se atribuir uma grande importância patogênica às impressões dessa época da vida. Mas o tema das lembranças infantis é de interesse psicológico em todos os casos, pois nelas aparece, de modo claro, uma diferença fundamental entre a conduta psíquica da criança e a do adulto. Ninguém duvida de que as vivências dos nossos primeiros anos deixam traços indeléveis no íntimo de nossa psique. Mas, quando indagamos à nossa *memória* quais foram as impressões destinadas a exercer influência duradoura em nossa vida, ela nada responde ou oferece um número relativamente pequeno de lembranças isoladas, de valor misterioso ou questionável. Somente a partir dos seis ou sete anos — ou dez, em muitas pessoas — acontece de a vida ser reproduzida na memória como uma cadeia contínua de eventos. Mas desde então se estabelece uma relação constante entre a importância psíquica de uma vivência e a sua permanência na memória. O que aparece como algo importante, devido a seus efeitos imediatos ou subsequentes, é notado; o que se considera irrelevante é esquecido. Quando me recordo de um evento por muito tempo, vejo no fato de conservá-lo na memória uma comprovação de que ele me causou pro-

* Conferir, por exemplo, "A etiologia da histeria" (1896), neste volume, p. 191.

funda impressão na época. Costumo me admirar por ter esquecido algo *importante*, e ainda mais, talvez, quando me lembro de algo aparentemente trivial.

Apenas em determinados estados psíquicos patológicos deixa de haver a relação, que existe em adultos normais, entre a importância psíquica de uma impressão e sua conservação na memória. O indivíduo histérico, por exemplo, habitualmente mostra amnésia em relação a todas ou algumas das vivências que levaram à irrupção da doença e que por isso mesmo se tornaram significativas para ele, ou que, independentemente disso, podem ser importantes em si mesmas. A analogia entre essa amnésia patológica e a amnésia normal relativa aos anos da infância me parece uma valiosa indicação dos laços íntimos existentes entre o conteúdo psíquico da neurose e nossa vida infantil.

Estamos tão acostumados a essa ausência de memória das impressões infantis que ignoramos o problema que há por trás dela e tendemos a atribuí-la, como sendo natural, ao estado rudimentar da atividade psíquica da criança. Na verdade, a criança normalmente desenvolvida já mostra, na idade de três a quatro anos, um grande número de atos psíquicos altamente complexos, fazendo comparações e inferências e exprimindo sentimentos, e não há razão óbvia para que haja amnésia desses atos psíquicos, de valor igual àqueles posteriores.

Naturalmente, uma precondição indispensável para abordar os problemas psicológicos que se ligam às primeiras lembranças infantis seria fazer uma coleta do material, perguntando a um bom número de adultos normais sobre as lembranças dessa época da vida que são capazes de comunicar. Um primeiro passo nessa direção foi dado por V. e C. Henri em 1895, ao distribuir um questionário que haviam formulado. Os animadores resultados dessa pesquisa, respondida por 123 pessoas, foram publicados pelos autores em 1897, em *L'Année psychologique*, v. III ("Enquête sur les premiers souvenirs de l'enfance"). Mas, como no momento não é minha intenção tratar esse tema de forma exaustiva, limito-me a enfatizar os pontos que me permitirão introduzir o que denomino "lembranças encobridoras".

A idade em que se situa o conteúdo das primeiras lembranças infantis é, na maioria das vezes, aquela entre os dois e os quatro anos (assim é com 82 pessoas do grupo de observação dos Henri). Mas há indivíduos cuja memória retrocede mais, até antes de haverem completado um ano de vida; e, por outro lado, há outros em que a mais remota lembrança vem apenas dos seis, sete ou mesmo oito anos. Por enquanto não é possível dizer como se explicam essas diferenças individuais; mas nota-se, afirmam os Henri, que uma pessoa cuja mais antiga lembrança remonta a uma idade bastante tenra — talvez ao primeiro ano — também dispõe de outras lembranças dos anos seguintes, e a reprodução das vivências como uma cadeia sucessiva de lembranças tem início, nela, antes que em outras pessoas cuja primeira lembrança é de uma época posterior. Assim, não apenas o momento em que surge a primeira lembrança, mas toda a função da memória é antecipada ou retardada em diferentes pessoas.

Interesse especial tem a questão de qual costuma ser o *conteúdo* dessas primeiras lembranças infantis. A psicologia dos adultos levaria necessariamente à expectativa de que, do material vivenciado, são escolhidas como dignas de registro as impressões que despertaram um afeto poderoso ou que logo depois foram reconhecidas como importantes devido a suas consequências. Uma parte das experiências compiladas pelos Henri parece corroborar essa expectativa, pois elas exibem, como conteúdos mais frequentes das primeiras lembranças infantis, ocasiões de temor, vergonha, dores físicas etc., e também, por outro lado, eventos importantes, como doenças, mortes, incêndios, nascimentos de irmãos etc. Assim, tenderíamos a supor que o princípio que governa a escolha das memórias é, na psique das crianças, o mesmo que na dos adultos. É algo compreensível — mas também digno de menção expressa — que as lembranças infantis preservadas deem testemunho de quais impressões atraíram o interesse da criança, diferentemente do interesse dos adultos. Isso explica, sem dificuldade, por que uma mulher diz que se lembra de alguns acidentes que ocorreram a suas bonecas quando tinha dois anos de idade, mas não guarda memória de acontecimentos sérios e tristes que teria presenciado na mesma época.

Mas se acha em absoluto contraste com nossa expectativa, e provoca legítimo assombro, quando nos informam que, em algumas pessoas, as primeiras lembranças infantis têm por conteúdo impressões cotidianas e triviais, as quais não produziram efeito emocional nem mesmo ao serem vivenciadas pela criança, e que, porém, foram registradas com todos os detalhes — de modo bastante nítido, diríamos —, enquanto outros eventos da época não foram conservados na memória, ainda que tenham afetado a criança, segundo os avós. Assim, os Henri mencionam um professor de filologia cuja mais antiga lembrança, por ele situada entre os três e os quatro anos de idade, era a imagem de uma mesa posta, onde havia um recipiente com gelo. Na mesma época deu-se o falecimento da avó, o que muito abalou o menino, conforme o testemunho dos pais. No entanto, o agora professor de filologia nada sabe dizer dessa morte, recorda-se apenas do recipiente com gelo.

Outro homem relata, como primeira lembrança infantil, um episódio de um passeio, no qual quebrou o galho de uma árvore. Ele crê que ainda hoje é capaz de dizer onde isso ocorreu. Várias outras pessoas estavam presentes, e uma delas lhe prestou ajuda.

Os Henri afirmam que esses casos são raros; segundo minhas observações — feitas em neuróticos, na maioria —, não deixam de ser frequentes. Um dos pesquisados pelos Henri fez uma tentativa de explicar essas imagens mnêmicas incompreensíveis em sua inocência, e devo dizer que acho correta a explicação. Ele acredita que nesses casos a cena talvez se tenha conservado de maneira incompleta na memória, parecendo então nada esclarecer. As partes esquecidas conteriam tudo o que tornava a impressão notável. Posso confirmar que é realmente assim; apenas diria, em vez de "elementos esquecidos da experiência", "elementos omitidos". Muitas vezes consegui, com o tratamento psicanalítico, revelar os fragmentos que faltavam da experiência infantil e, desse modo, ter a prova de que, quando a impressão (da qual havia ficado apenas um torso na lembrança) é completada, realmente corresponde ao pressuposto de que o mais importante é conservado na memória. Mas com isso não se explica a peculiar escolha que a memória faz entre os elementos de uma vivência; é preciso perguntar por que justamente o significativo é suprimido e o trivial é conservado. Obtém-se uma explicação apenas ao penetrar mais profundamente no mecanismo desses processos. Então se forma a concepção de que duas forças psíquicas participam do surgimento dessas lembranças, das quais uma vê a importância da experiência como motivo para querer lembrá-la, mas a outra — uma resistência — se opõe a esse favorecimento. As duas forças contrárias não se anulam; nem acontece de um motivo sobrepujar o outro (com ou sem perda para si mesmo); ocorre, isto sim, um efeito de compromisso, algo análogo à formação da resultante num paralelogramo de forças. O compromisso consiste em que a experiência mesma não fornece a imagem mnêmica — nisso a resistência prevalece —, e sim outro elemento psíquico, ligado àquele chocante por vias associativas próximas; e nisso se mostra novamente o poder do primeiro princípio, que busca fixar impressões significativas fabricando imagens mnêmicas reproduzíveis. O resultado do conflito é que, em vez da imagem mnêmica originalmente certa, produz-se outra, que foi um pouco *deslocada* na associação em relação à primeira. Como os componentes relevantes da impressão são precisamente aqueles que geraram o choque, a lembrança substituta tem de ser livre desse elemento relevante; por isso, facilmente resultará banal. Parecerá incompreensível para nós, pois tendemos a buscar o motivo de sua conservação na memória em seu próprio conteúdo, quando ele se acha na relação desse conteúdo com outro, que foi suprimido. Usando um símile popular, direi que determinada vivência da infância não sobressai na memória porque é de ouro, mas porque ficou junto a algo de ouro.

Entre os muitos casos possíveis de substituição de um conteúdo psíquico por outro, que ocorrem em diferentes constelações psicológicas, um dos mais simples, evidentemente, é esse das lembranças infantis aqui consideradas, no qual os componentes inessenciais de uma vivência representam na memória os essenciais. Trata-se de um deslocamento por associação de contiguidade, ou, tendo em vista o processo inteiro, uma repressão* com substituição por algo vizinho (em nexo espacial ou temporal). Já pude informar sobre um caso bem semelhante de substituição, na análise de uma pa-

---

* A tradução de *Verdrängung* por "repressão" foi sugerida pelo próprio autor (cf. *As palavras de Freud*, op. cit., p. 112). Mas com frequência ele não faz distinção entre *verdrängen* ("reprimir") e *unterdrücken* (insatisfatoriamente traduzido por "suprimir" nestas *Obras completas*), pois esses verbos são usados alternadamente ao longo deste ensaio — e em várias outras obras: cf. a nota do tradutor em *A interpretação dos sonhos* (v. 4 desta coleção), p. 275.

ranoia.[1] Relatei sobre uma mulher que tinha alucinações, que ouvia vozes repetindo longas passagens de *Die Heiterethei*, de Otto Ludwig, e eram trechos banais e irrelevantes do romance. Mas a análise demonstrou que outras passagens do livro haviam despertado pensamentos bastante dolorosos na paciente. O afeto doloroso foi um motivo para a defesa, e os motivos para que eles prosseguissem não puderam ser suprimidos, de modo que daí resultou um compromisso, em que as passagens inócuas apareceram com força e nitidez patológicas na lembrança. O processo aqui notado: *conflito, repressão, substituição com formação de compromisso*, ressurge em todos os sintomas psiconeuróticos, fornece a chave para o entendimento da formação de sintomas. Assim, é importante que seja possível mostrar sua existência também na vida psíquica dos indivíduos normais. O fato de ele influir na seleção das lembranças infantis de pessoas normais surge como uma nova indicação das íntimas relações, já enfatizadas, entre a vida anímica das crianças e o material psíquico das neuroses.

Os processos, claramente muito importantes, de defesa normal e patológica, e os deslocamentos a que levam, ainda não foram estudados pelos psicólogos, até onde sei, e ainda resta a ser verificado em que camadas da atividade psíquica e sob que condições eles ocorrem. A razão para essa negligência talvez seja que nossa vida psíquica, na medida em que é objeto de nossa percep-

---

[1] Em "Novas observações sobre as neuropsicoses de defesa" (1896 [neste volume]).

ção interna *consciente*, não permite discernir algo desses processos, exceto nos casos que classificamos de "erros de raciocínio",* ou em algumas operações psíquicas que visam um efeito cômico. Afirmar que uma intensidade psíquica pode se deslocar de uma representação, que fica abandonada, para outra, que passa a exercer o papel psicológico da primeira, é tão estranho para nós como certos traços dos mitos gregos — quando, por exemplo, os deuses revestem um ser humano de beleza como se esta fosse um invólucro, enquanto nós conhecemos apenas a transfiguração pelo jogo de expressões do rosto.

Continuando a investigar as lembranças infantis indiferentes, vi que seu surgimento pode se dar de outra maneira ainda, e que por trás de sua aparente inocuidade se esconde uma insuspeitada riqueza de significado. Mas agora não me limitarei a afirmações; apresentarei detalhadamente um único exemplo, que me parece o mais instrutivo entre vários outros semelhantes, e que sem dúvida adquire maior valor por ser de um indivíduo que não é neurótico, ou que o é apenas ligeiramente.

Trata-se de um homem de 38 anos, de formação universitária, que, embora exerça uma profissão distante

---

* No original, *Denkfehler*; nas traduções consultadas: "erros de raciocínio", *errores mentales*, *falacias*, *errori mentali*, *faulty reasoning*. Além das versões estrangeiras normalmente consultadas na elaboração destas *Obras completas* (a espanhola da Biblioteca Nueva, a argentina da Amorrortu, a italiana da Boringhieri e a da *Standard* inglesa), dispusemos, para o presente texto, também da tradução de André Medina Carone, lançada no portal de periódicos da Unifesp em maio de 2020.

da psicologia, tem interesse em questões psicológicas, desde que o libertei de uma pequena fobia por meio da psicanálise.* No ano passado, ele me chamou a atenção para suas lembranças da infância, que já tinham desempenhado um certo papel na análise. Depois que tomou conhecimento da pesquisa de V. e C. Henri, ele me comunicou o seguinte:

"Disponho de um bom número de lembranças da primeira infância que posso datar com segurança. Quando eu tinha três anos, minha família deixou a pequena localidade onde nasci e se mudou para uma cidade grande. Todas essas lembranças se passam no meu local de nascimento, ou seja, são de meu segundo ou terceiro ano de vida. Geralmente são cenas breves, mas bem conservadas e possuindo todos os detalhes da percepção sensorial, ao contrário de minhas lembranças da época adulta, nas quais falta o elemento visual. A partir dos três anos, as recordações se tornam mais raras e menos claras; há lacunas que devem abranger mais de um ano; apenas a

---

* Segundo informa James Strachey numa nota à edição *Standard* inglesa, o exemplo é autobiográfico, na verdade, e Freud estava com 43 anos quando enviou este trabalho para a revista onde foi publicado. Na reprodução do diálogo com o suposto interlocutor, mantivemos a forma do original (que é a mesma de *A questão da análise leiga*, de 1926), em que os trechos ditos por este vêm com aspas e os ditos pelo autor, sem elas — diferentemente da norma brasileira, em que os diálogos são marcados com um travessão no início de cada fala.

Sobre o uso de "você" para verter o pronome de tratamento *Sie*, que é mais formal, ver a nota do tradutor ao referido texto de 1926 (v. 17 desta coleção, p. 132).

partir dos sete anos, creio, a corrente de lembranças se torna contínua. Divido em três grupos as recordações anteriores à mudança para a cidade grande. O primeiro grupo é formado pelas cenas que depois os meus pais me contaram repetidas vezes; no caso delas, não estou seguro de ter a imagem desde o início, posso tê-la criado após ouvir uma dessas narrativas de meus pais. Mas observo que também acontece de, apesar de eles me haverem descrito uma cena várias vezes, eu não ter nenhuma imagem que lhe corresponda. Atribuo mais valor ao segundo grupo; são cenas das quais — pelo que sei — ninguém me falou, e de algumas ninguém pode ter me falado, pois não revi as pessoas que delas participaram (babá, outras crianças que brincavam). O terceiro grupo abordarei depois. No que diz respeito ao conteúdo dessas cenas e, portanto, ao motivo de serem conservadas na memória, devo dizer que não estou inteiramente desorientado. É certo que não posso afirmar que as lembranças conservadas correspondem aos mais importantes eventos daquele tempo, ou aos que hoje consideraria mais importantes. Não me recordo do nascimento de uma irmã, dois anos e meio mais nova do que eu. A partida da cidadezinha, minha primeira visão da estrada de ferro, o longo trajeto de carruagem até lá não deixaram traço em minha memória. Mas registrei dois pequenos episódios da viagem de trem. Como você sabe, eles apareceram na análise de minha fobia. O que deve ter deixado a impressão mais forte em mim foi um corte no rosto, que causou muita perda de sangue e foi suturado por um médico. Ainda tenho a cicatriz que resultou desse acidente, mas não sei de nenhuma lembrança ligada a essa experiência, direta ou indiretamente. Talvez eu ainda não tivesse dois anos na época.

"Portanto, não me surpreendem as cenas e imagens dos dois primeiros grupos. Sem dúvida, são lembranças deslocadas, nas quais o essencial geralmente é omitido; mas em algumas é pelo menos insinuado, e outras eu posso completar sem dificuldade, seguindo determinadas indicações. Quando assim faço, cria-se uma boa conexão entre os diversos fragmentos de lembranças, e vejo claramente qual interesse infantil recomendou aqueles episódios à minha memória. Mas é diferente no que diz respeito ao conteúdo do terceiro grupo, que não discuti até agora. Trata-se de um material — uma cena mais longa e várias imagens curtas — do qual não sei o que pensar. A cena me parece bastante indiferente, e não compreendo por que a fixei na memória. Permita-me descrevê-la. Vejo um campo quadrangular, um tanto inclinado, com densa vegetação verde em que há muitas flores amarelas, que são dentes-de-leão comuns. Na parte de cima do campo há uma casa camponesa, e diante da porta duas mulheres conversam animadamente, uma camponesa de lenço na cabeça e uma babá. Três crianças brincam no campo; uma delas sou eu (com dois a três anos de idade), as duas outras são meu primo, um ano mais velho que eu, e sua irmã, que tem quase a mesma idade minha. Nós colhemos as flores amarelas e cada um segura na mão um punhado dessas flores. A menina tem o ramalhete mais bonito; mas nós, garotos, nos aproximamos dela de repente, como se fosse algo combinado, e lhe arrancamos as flores. Ela corre pelo prado acima, chorando, e recebe da camponesa um grande pedaço de pão preto como consolo. Quando vemos isso, jogamos fora as flores, precipitamo-nos para a casa e também pedimos pão. A camponesa corta a bisnaga com uma longa faca e nós também o recebemos. Esse pão tem um sabor delicioso em minha lembrança, e assim acaba a cena.

"O que, nessa vivência, justifica o dispêndio de memória que a ela me levou? Inutilmente quebrei a cabeça pensando nisso. O peso maior estaria em nossa indelicadeza para com a menina? Teria o amarelo dos dentes-de-leão, uma flor que hoje não acho nada bonita, me agradado tanto na época? Ou gostei tanto do pão, depois de muito brincar pelo campo, que ele se transformou numa impressão indelével? Também não consigo encontrar relação entre esta cena e o interesse (nada difícil de descobrir) que une as demais cenas de minha infância. Tenho a impressão, por fim, de que alguma coisa está errada com esta cena. O amarelo das flores se destaca demais no conjunto, e o sabor do pão também me parece exagerado de forma alucinatória. Isso me lembra quadros que vi certa vez numa exposição humorística, nos quais algumas partes do corpo eram reproduzidas plasticamente, em vez de pintadas (naturalmente as mais inapropriadas, como os enchimentos traseiros dos vestidos). Pode me mostrar um caminho que leve ao esclarecimento ou interpretação dessa lembrança infantil supérflua?"

Achei oportuno perguntar desde quando lhe ocorria essa lembrança infantil, se queria dizer que ela retornava periodicamente à sua memória desde a infância ou se tinha aparecido em algum momento depois, após uma ocasião que podia ser lembrada. Essa pergunta foi tudo o que precisei contribuir para a solução do problema; o resto foi encontrado por meu interlocutor mesmo, que não era um novato nesse tipo de trabalho.

Ele respondeu:

"Ainda não pensei nisso. Depois que você fez essa pergunta, tenho quase certeza de que essa lembrança infantil não me ocorreu quando eu era novo. Mas posso me lembrar da ocasião que levou ao despertar dessa e de muitas outras lembranças de meus primeiros anos de vida. Quando tinha dezessete anos e estava na escola secundária, retornei ao meu lugar de origem pela primeira vez, para passar férias com uma família que era nossa amiga desde aquela época. Sei da infinidade de emoções que se apoderou de mim então. Mas vejo que agora tenho de lhe contar uma parte da minha vida; tem relação com isso, e você provocou esse relato com sua pergunta. Escute, portanto. Sou filho de gente que teve um passado próspero e que, imagino, viveu com conforto naquela pequena cidade provinciana. Quando eu tinha mais ou menos três anos, houve uma catástrofe no ramo de indústria em que meu pai trabalhava. Ele perdeu os bens e fomos obrigados a ir embora do lugar, mudando para uma grande cidade. Seguiram-se anos difíceis; acho que não vale a pena registrar alguma coisa deles. Na cidade eu não me sentia realmente à vontade; creio, agora, que nunca perdi a nostalgia dos belos bosques de minha terra natal, para os quais eu costumava fugir de meu pai tão logo aprendi a andar, como mostra uma lembrança que conservei da época. Foram minhas primeiras férias no campo, aos dezessete anos, e me hospedei, como disse, com uma família amiga, que desde a nossa mudança havia ascendido bastante na sociedade. Tive oportunidade de comparar o conforto e o sossego que ali reinavam com o nosso modo de vida na cidade. Mas é melhor deixar de rodeios; devo lhe confessar que algo mais me sensibilizou enormemente. Eu estava com dezessete anos e a família que me hospedava tinha uma garota de quinze anos, pela qual me apaixonei de imediato. Foi meu primeiro amor; intenso, mas mantido em segredo. Após alguns dias, a garota retornou para a escola (da qual tinha vindo de férias também), e essa separação, depois de tão fugaz convivência, só fez exacerbar meu anseio. Eu passava longas horas em caminhadas solitárias pelos magníficos bosques que redescobria, ocupado em construir castelos no ar — que, estranhamente, não miravam o futuro, e sim buscavam corrigir o passado. Se a falência não tivesse ocorrido, se eu tivesse permanecido na terra natal, crescido no campo, tornando-me robusto como os rapazes da família, os irmãos de minha amada, e tivesse seguido a profissão de meu pai e, por fim, desposado a garota, que estaria me conhecendo após todos aqueles anos! Naturalmente, eu não duvidava nem um instante que, nas circunstâncias criadas em minha fantasia, eu a amaria com o ardor que sentia então. Curiosamente, quando agora acontece de eu revê-la — ela se casou com alguém daqui —, ela me é completamente indiferente; e, contudo, posso me lembrar muito bem que por bastante tempo me emocionou a cor amarela do vestido que ela usava na primeira vez que a encontrei, sempre que eu via essa cor em algum lugar."

Isso é semelhante à sua observação de que atualmente o dente-de-leão não lhe agrada mais. Você não suspeita que haja uma relação entre o amarelo do vestido da garota e aquele amarelo tão nítido das flores na cena de sua infância?

"É possível, mas não era o mesmo amarelo. O vestido era antes de um amarelo amarronzado, como o goivo. Mas posso lhe dar uma ideia intermediária, que talvez seja útil. Depois vi, nos Alpes, que algumas flores, que na planície têm cores claras, adquirem matizes mais escuros nas altitudes elevadas. Se não me engano, nas montanhas se acha muito uma flor semelhante ao dente-de-leão, mas que é amarelo-escura e corresponderia à cor do vestido da garota que eu amava então. Mas não é só isso; houve uma segunda ocasião, ainda próxima daquele tempo, que despertou em mim aquelas impressões da infância. Com dezessete anos estive naquele povoado. Três anos depois, durante as férias, visitei meu tio e revi aqueles que tinham sido meus companheiros de brincadeiras, o primo que era um ano mais velho que eu e a prima da mesma idade minha, que aparecem na cena do campo de flores. Essa família tinha deixado meu lugar de origem ao mesmo tempo que nós e havia prosperado na cidade distante."

E lá você se apaixonou novamente, dessa vez pela prima, e criou mais fantasias?

"Não, dessa vez foi diferente. Eu já estava na universidade e pensava somente nos livros; nada sobrava para minha prima. Que eu saiba, não tive fantasias assim naquele momento. Mas acho que meu pai e meu tio compartilhavam o plano de que eu viesse a trocar meus estudos complicados por algo mais concreto, e que após terminar o estudo me estabelecesse onde vivia meu tio e tomasse minha prima como esposa. Quando notaram que eu estava mesmo decidido em meu propósito, deixaram o plano de lado. Mas digo que certamente percebi a ideia deles. Somente depois, quando era um jovem acadêmico, quando as necessidades da vida me atingiram e tive de esperar muito até alcançar uma posição nesta cidade, devo ter refletido que a intenção de meu pai havia sido boa, que com esse projeto de casamento ele queria me ver compensado pelo dano que aquela catástrofe significara para minha vida."

Eu situaria nesse seu período de luta pelo pão cotidiano o surgimento da cena infantil em questão, se você me confirmar que foi durante esse tempo que conheceu a região dos Alpes.

"Exato; os passeios nas montanhas eram a única distração que eu me concedia na época. Mas ainda não compreendo muito bem o que quer dizer."

Logo verá. Você destacou na sua cena infantil, como o elemento mais intenso, que o pão feito no campo tinha um sabor extraordinário. Não percebe que essa representação, sentida de forma quase alucinatória, condiz com a ideia de que, se tivesse permanecido em sua terra natal, se tivesse esposado aquela garota, sua vida seria confortável, ou, expresso de maneira simbólica, teria um gosto ótimo o pão pelo qual você tanto lutou naquela época posterior? E o amarelo das flores aponta para a mesma garota. Aliás, na cena infantil há elementos que podem se referir apenas à segunda fantasia, em que você se casaria com a prima. Jogar fora as flores, trocando-as por um pão, não me parece um mau disfarce para a intenção que seu pai tinha para você. Ele esperava que você abandonasse seus ideais pouco práticos e se dedicasse a um estudo "ganha-pão", não é verdade?

"Assim, eu teria juntado os dois grupos de fantasias de como minha vida seria mais confortável, tirando o 'amarelo' e o 'pão do campo' do primeiro e o desfazer-se das flores e as pessoas do segundo?"

Sim; teria projetado uma na outra as duas fantasias e criado uma recordação da infância a partir delas. O elemento das flores dos Alpes é como que a marca que mostra a época dessa fabricação. Posso lhe garantir que frequentemente as pessoas fazem coisas assim de modo inconsciente, como criações literárias.

"Então não se trataria de uma recordação infantil, mas de uma fantasia recuada para a infância. Mas tenho a sensação de que a cena é verdadeira. Como conciliar isso?"

Não há garantia para o que a memória nos traz. Mas concordo que a cena é genuína. Então você a escolheu entre inúmeras outras, semelhantes ou diferentes, porque, devido ao conteúdo — indiferente em si —, ela serviu para representar as duas fantasias que eram significativas para você. Eu chamaria de *lembrança encobridora* uma recordação assim, cujo valor consiste em tomar na memória o lugar de impressões e pensamentos de uma época posterior, que têm o conteúdo ligado ao seu por laços simbólicos e similares. De todo modo, você deixará de se surpreender com o frequente retorno dessa cena em sua memória. Não é mais possível considerá-la inocente, pois, como vimos, ela se destina a ilustrar as mais importantes mudanças em sua vida, a influência das duas mais poderosas forças motrizes,* a fome e o amor.

"Sim, a fome ela representou bem; e o amor?"

Está no amarelo das flores, creio. Mas não posso negar que a representação do amor nesta sua cena infantil fica muito atrás do que estou acostumado em minha experiência.

"Não, de maneira nenhuma. A representação do amor é o principal nela, na verdade. Agora entendo! Pois veja: tirar a flor de uma garota significa 'deflorar'. Que contraste entre a ousadia dessa fantasia e minha timidez na primeira ocasião e minha indiferença na segunda."

Posso lhe assegurar que fantasias assim ousadas costumam ser o complemento da timidez juvenil.

"Mas então a fantasia que se transformou nessas lembranças da infância não seria uma consciente, da qual posso me recordar, mas uma inconsciente?"

Pensamentos inconscientes que dão continuidade aos

---

* "Forças motrizes": *Triebkräfte*; usamos a versão tradicional desse termo alemão, anterior à psicanálise (assim também, *Triebfeder* é, na mecânica e literalmente, "mola propulsora", e, em sentido figurado, o que move alguém, o motivo ou móvel de uma ação). As traduções consultadas recorreram a: "forças propulsoras", *impulsos instintivos*, *resortes pulsionales*, *spinte pulsionali*, *motive forces*.

conscientes. Você pensa consigo mesmo: "Se eu tivesse me casado com tal ou tal garota", e por trás do pensamento surge o impulso de imaginar esse casamento.

"Agora posso continuar eu mesmo. O mais atraente em todo o assunto, para um jovem descomprometido, é imaginar a noite de núpcias; ele não pensa no que virá depois. Mas essa imagem não ousa se apresentar à luz do dia, é suprimida pela predisposição dominante de modéstia e respeito para com a garota. Assim, permanece inconsciente…"

E *escapa* para uma lembrança infantil. Você está certo, o que há de grosseiramente sensual na fantasia é o motivo para ela não se desenvolver numa fantasia consciente, tendo de se contentar em ser acolhida numa cena infantil, como alusão, de modo *floreado*.

"Mas por que justamente numa cena da infância, eu gostaria de saber."

Talvez justamente por causa da inocência. Você consegue pensar num contraste mais forte com as agressivas intenções sexuais do que as brincadeiras infantis? E há motivos determinantes mais gerais que levam pensamentos e desejos reprimidos a escapar para as lembranças infantis, pois você pode verificar esse procedimento de forma regular em pessoas histéricas. Também parece que a própria recordação de algo acontecido há muito tempo é facilitada por um motivo ligado ao prazer. *Forsan et haec olim meminisse juvabit*.[*]

---

[*] "E um dia talvez nos alegre recordar essas coisas" (Virgílio, *Eneida*, I, 203).

"Se assim for, não acredito mais na autenticidade da cena com os dentes-de-leão. Minha concepção é a de que nas duas ocasiões, com base em motivos reais bem palpáveis, surgiu em mim este pensamento: 'Se você tivesse se casado com essa ou aquela garota, sua vida teria se tornado bem mais agradável'. A corrente sensual, em mim, repetiu o pensamento da oração condicional em imagens capazes de lhe dar satisfação. Esta segunda versão do mesmo pensamento continuou inconsciente, devido à sua incompatibilidade com a disposição sexual dominante, mas justamente por isso teve condição de permanecer na vida psíquica muito depois de a versão consciente ser eliminada por mudanças na realidade. A oração que permaneceu inconsciente procurou (conforme uma lei vigente, como você diz) se transformar numa cena infantil, que pode se tornar consciente devido à sua inocência. Para esse fim, teve de sofrer uma nova modificação, ou melhor, duas: uma, que tirou o que havia de chocante na oração condicional, expressando-a figurativamente; e outra, que imprimiu à segunda oração uma forma suscetível de representação visual — para a qual foi usada a ideia intermediária 'pão/estudo para ganhar o pão'. Vejo que, com a produção dessa fantasia, gerei como que a realização dos dois desejos suprimidos: de defloração e de bem-estar material. Mas agora que posso dar conta, de maneira tão completa, dos motivos que levaram ao surgimento da fantasia com os dentes-de-leão, tenho de supor que se trata de algo que jamais aconteceu, que foi ilegitimamente colocado entre minhas lembranças da infância."

Agora farei o papel de defensor dessa autenticidade. Você vai longe demais. Eu lhe disse que toda fantasia desse tipo, suprimida, tende a escapar para uma cena infantil; agora acrescente que isso não ocorre quando não há um traço de lembrança cujo conteúdo ofereça pontos de contato com a fantasia, que vá ao encontro dela, por assim dizer. Tendo-se achado um ponto de contato assim —nesse caso é a defloração, a tomada da flor —, o conteúdo restante da fantasia é modificado com todas as ideias intermediárias permitidas (pense no pão), até que surgem novos pontos de contato com o teor da cena infantil. É bem possível que nesse processo também a cena infantil sofra mudanças; tenho como certo que dessa maneira também se produzem falseamentos nas lembranças. No seu caso, a cena infantil parece ter sido apenas burilada; pense no excessivo destaque do amarelo e no pão saboroso demais. Mas o material bruto era aproveitável. Se assim não fosse, essa lembrança não teria se destacado entre todas as outras e chegado até a consciência. Você não teria tal cena como lembrança infantil, ou talvez tivesse outra, pois você sabe com que facilidade o nosso engenho forma pontes de ligação de um ponto qualquer para outro. E a favor da autenticidade de sua lembrança com os dentes-de-leão fala outra coisa mais, além de sua sensação de ela ser verdadeira, que eu não subestimo. Ela tem elementos que não podem ser resolvidos pelo que você me comunicou, nem combinam com os significados que vêm da fantasia. Por exemplo, quando seu primo lhe ajuda a roubar as flores da menina. Você poderia dotar de algum sentido essa ajuda na defloração? Ou a camponesa e a babá na frente da casa?

"Acho que não."

Portanto, a fantasia não coincide inteiramente com a cena infantil, apenas em alguns pontos se apoia nela. Isso fala a favor da autenticidade da lembrança infantil.

"Você crê que muitas vezes é adequado esse tipo de interpretação de lembranças aparentemente inócuas?"

Sim, muito frequentemente, na minha experiência. Você quer experimentar, de brincadeira, se os dois exemplos relatados pelos Henri admitem a interpretação como lembranças encobridoras relativas a vivências e desejos posteriores? Refiro-me à lembrança da mesa posta, onde havia um recipiente com gelo, o que devia se unir ao falecimento da avó, e àquela do galho que um menino arrancou num passeio e uma pessoa lhe prestou ajuda.

Ele pensou por um momento e respondeu:

"Quanto à primeira, não sei o que dizer. É muito provável que haja aí um deslocamento, mas não descubro os elos intermediários. Para a segunda, arriscarei uma interpretação, se a pessoa que a comunica como sendo dela não for francesa."

Agora sou eu que não o entendo. Que diferença isso faria?

"Muita diferença, já que provavelmente é a expressão verbal que fornece a ligação entre a lembrança encobridora e o que é encoberto. Em alemão, 'arrancar uma' [*sich einen ausreissen*] é uma conhecida referência vulgar à masturbação.* A cena recuaria à primeira infância a

---

* Cf. *A interpretação dos sonhos* (1900), nota ao último sonho do cap. VI, seção D (p. 391 do v. 4 destas *Obras completas*).

lembrança de ser seduzido para a masturbação, pois alguém o ajuda a fazê-lo. Mas não condiz, afinal, porque na cena infantil há várias outras pessoas."

Ao passo que a indução ao onanismo teve de ocorrer na solidão e em segredo. Justamente esse contraste fala em favor de sua concepção, a meu ver. Serve, de novo, para tornar a cena inocente. Sabe o que significa ver "muitas pessoas desconhecidas" num sonho, como sucede frequentemente nos sonhos em que estamos nus e nos sentimos muito incomodados? Não significa outra coisa senão... segredo — algo que, portanto, é expresso também pelo seu oposto. Mas a interpretação não deixa de ser uma brincadeira; afinal, não sabemos realmente se um francês reconhecerá uma alusão ao onanismo nas palavras *casser une branche d'un arbre* [quebrar um galho de uma árvore] ou numa expressão um tanto corrigida.

Essa análise, que procurei comunicar do modo mais fiel possível, há de ter esclarecido em alguma medida o conceito de *lembrança encobridora*, como uma lembrança que deve seu valor não ao próprio conteúdo, mas à relação com outro conteúdo que foi suprimido. Conforme o tipo dessa relação, é possível distinguir diferentes classes de lembrança encobridora. Encontramos exemplos de duas dessas classes entre as lembranças infantis que são chamadas de as mais remotas, se incluímos no conceito de lembrança encobridora a cena infantil incompleta e, por isso, inocente. É de prever que também se formarão lembranças encobridoras a partir dos resíduos mnêmicos de épocas posteriores da vida. Quem não perder de vista sua característica principal — grande capacidade de se manter na memória, apesar do conteúdo totalmente irrelevante — poderá facilmente verificar numerosos exemplos dessa espécie em sua memória. Uma parte dessas lembranças encobridoras de conteúdo vivenciado posteriormente deve sua importância à relação com vivências da infância que permaneceram suprimidas, ou seja, o oposto do caso por mim analisado, em que uma lembrança infantil é justificada por coisas vivenciadas depois. Conforme haja uma ou outra dessas relações cronológicas entre aquilo que encobre e o que é encoberto, a lembrança encobridora pode ser designada como *regressiva* ou *antecipadora*. De outro ponto de vista, diferenciamos entre lembranças encobridoras positivas e negativas (ou *refratárias*), isto é, cujo conteúdo se acha numa relação de oposição com o conteúdo suprimido. O tema merece uma abordagem mais profunda. Aqui eu me contento em indicar os processos complicados — bem análogos à formação de sintomas histéricos, por sinal — que participam da criação do nosso patrimônio mnêmico.

Nossas primeiras lembranças infantis sempre serão objeto de especial interesse, pois nelas o problema mencionado no início — de como acontece que as impressões de maior efeito no futuro não deixem necessariamente um traço mnêmico — convida à reflexão sobre a gênese das lembranças conscientes. Sem dúvida, primeiro nos inclinaremos a separar as lembranças encobridoras aqui abordadas, como componentes heterogêneos em meio aos vestígios de memória da infância, e a formar a ideia simples, quanto às imagens restantes, de que surgem ao mesmo tempo que a vivência, como resultado imediato do efeito desta, e depois retornam de vez em quando, segundo as conhecidas leis de reprodução. Porém, uma observação mais apurada revela alguns traços que não se harmonizam com essa concepção. Sobretudo o seguinte. Na maioria das cenas infantis significativas e, em outros aspectos, inatacáveis, a pessoa vê a si mesma como criança na recordação, tendo o conhecimento de que é ela mesma essa criança; mas a vê como um observador de fora da cena veria. Os Henri não deixam de assinalar que muitos dos que participaram de sua pesquisa enfatizaram essa peculiaridade das cenas infantis. Ora, está claro que essa imagem mnêmica não pode ser uma repetição exata da impressão recebida naquele tempo. A pessoa se achava no meio de uma situação e não atentava para si, mas sim para o mundo exterior.

Sempre que numa lembrança a própria pessoa aparece como um objeto entre outros objetos, essa contraposição do Eu que age e do Eu que lembra pode ser tomada como evidência de que a impressão original sofreu uma elaboração. É como se um traço mnêmico da infância tivesse sido traduzido de volta para uma forma plástica e visual numa época posterior (do despertar [da lembrança]). Mas uma reprodução da impressão original nunca nos chegou à consciência.

Temos de conceder a um segundo fato uma força comprobatória ainda maior em favor dessa outra concepção das cenas infantis. Entre as lembranças infantis de vivências importantes que se apresentam com igual segurança e nitidez, há cenas que, recorrendo-se à confirmação — através da lembrança de adultos, por exemplo —, revelam terem sido falseadas. Não que sejam completamente inventadas; são falsas na medida em que colocam uma situação num lugar onde não ocorreu (como num dos exemplos mencionados pelos Henri), juntam pessoas numa só ou as trocam, ou se revelam como combinação de duas vivências distintas. Tendo em vista a intensidade sensorial das imagens e a boa capacidade da memória nos indivíduos jovens, a simples infidelidade da memória não tem papel considerável nesse caso. Uma investigação aprofundada mostra que tais falseamentos da lembrança são tendenciosos, isto é, que servem à finalidade da repressão e substituição de impressões desagradáveis ou chocantes. Logo, também essas lembranças falseadas precisam ter surgido numa época em que esses conflitos e impulsos para a repressão já podiam estar presentes na vida psíquica, ou seja, muito depois daquela que elas lembram em seu conteúdo. Mas também nesses casos a lembrança falseada é a primeira de que tomamos conhecimento; o material de que foi forjada, constituído de traços mnêmicos, permanece desconhecido para nós em sua forma original.

Essa compreensão diminui, em nossa avaliação, a distância entre as lembranças encobridoras e as demais recordações da infância. Talvez seja questionável que tenhamos lembranças conscientes *da* infância, mas sim *relativas* à infância. Nossas lembranças infantis não mostram os primeiros anos de vida como foram, e sim como pareceram às épocas posteriores em que despertaram. Nessas épocas do despertar, as lembranças infantis não *emergiram*, como se costuma dizer, e sim foram *formadas*, e uma série de motivos, alheios à intenção de fidelidade histórica, influiu tanto nessa formação como na escolha das lembranças.

TEXTOS BREVES
(1897-1899)

TEXTOS BREVES

LISTA DOS TRABALHOS CIENTÍFICOS DO DR. SIGMUND FREUD, 1877-1897*

1. "Beobachtungen über Gestaltung und feineren Bau der als Hoden beschriebenen Lappenorgane des Aals" [Observações sobre a configuração e a estrutura fina dos órgãos lobulados da enguia, descritos como testículos].
S.B. Akad. Wiss. Wien, i Abt., v. 75 (1877).

2. "Über den Ursprung der hinteren Nervenwurzeln im Rückenmarke von Ammocoetes (*Petromyzon Planeri*)" [Sobre a origem das raízes nervosas posteriores da medula espinal do amocete (*Petromyzon planeri*)].
Ibid., III Abt., v. 75 (1877).

3. "Über Spinalganglien und Rückenmark des Petromyzon" [Sobre os gânglios raquidianos e a medula espinhal do *Petromyzon*].
Ibid., III Abt., v. 78 (1878).

4. "Notiz über eine Methode zur anatomischen Präparation des Nervensystems" [Nota sobre um método de preparação anatômica do sistema nervoso].
Zbl. med. Wiss., v. 17, n. 26 (1879).

---

* Publicado primeiramente como opúsculo de 24 páginas por Franz Deuticke, de Viena. Traduzido de *Gesammelte Werke I*, pp. 463-88. O original inclui *abstracts* dos trabalhos, mas aqui são reproduzidos apenas os títulos.

5. "Über den Bau der Nervenfasern und Nervenzellen beim Flusskrebs" [Sobre a estrutura das fibras e células nervosas do caranguejo de água doce].
S.B. Akad. Wiss. Wien, i Abt., v. 85 (1882).

6. "Die Struktur der Elemente des Nervensystems" [A estrutura dos elementos do sistema nervoso] (palestra na Sociedade Psiquiátrica, 1882). Depois publicado em *Jb. Psychiat. Neurol.*, v. 5, 1884.

7. "Eine neue Methode zum Studium des Faserverlaufes im Zentralnervensystem" [Um novo método para o estudo dos tratos nervosos do sistema nervoso central].
Arch. Anat. Physiol., Lpz., Ant. Abt., 453 (1884).

7a. "A New Histological Method for the Study of Nerve-Tracts in the Brain and Spinal Chord" [Edição inglesa do anterior] *Brain*, v. 7 (1884).

8. "Ein Fall von Hirnblutung mit indirekten basalen Herdsymptomen bei Scorbut" [Um caso de hemorragia cerebral com sintomas indiretos de um foco basal num paciente com escorbuto].
Wien. med. Wschr., v. 34, n. 9 e 10 (1884).

9. "Über Coca" [Sobre a cocaína].
Zbl. ges. Ther., v. 2 (1884).

10. "Beitrag zur Kenntnis der Cocawirkung" [Contribuição ao conhecimento do efeito da cocaína].
Wien. med. Wschr., v. 35, n. 5 (1885).

11. "Zur Kenntnis der Olivenzwischenschicht" [Nota sobre o trato interolivar].
Neurol. Zbl., v. 4, n. 12 (1885).

12. "Ein Fall von Muskelatrophie mit ausgebreiteten Sensibilitätstörungen (Syringomyelie)" [Um caso de atrofia muscular com extensos distúrbios da sensibilidade (siringomielia)].
Wien. med. Wschr., v. 35, n. 13 e 14 (1885).

APÓS A OBTENÇÃO DA *PRIVATDOZENTUR*

13. "Akute multiple Neuritis der spinalen und Hirnnerven" [Neurite aguda múltipla dos nervos da espinha e do cérebro].
Wien. med. Wschr., v. 36, n. 6 (1886).

14. "Über die Beziehung des Strickkörpers zum Hinterstrang und Hinterstrangskern nebst Bemerkungen über zwei Felder der Oblongata" [Sobre a relação do corpo restiforme com o funículo dorsal e seu núcleo, com observações sobre dois campos da medula oblongata] (em colaboração com o dr. L. Darkchevitch, de Moscou).
Neurol. Zbl., v. 5, n. 6 (1886).

15. "Über den Ursprung des Nervus acusticus" [Sobre a origem do nervo acústico].
Mschr. Ohrenheilk., *N. F.*, v. 20, n. 8 e 9 (1886).

16. "Beobachtung einer hochgradigen Hemianästhesie bei einem hysterischen Manne" [Observação de um caso grave de hemianestesia num homem histérico] (exame do órgão da visão pelo dr. Königstein). Palestra na Sociedade dos Médicos.
Wien. med. Wschr., v. 36, n. 49 (1886).

17. "Bemerkungen über Cocaïnsucht und Cocaïnfurcht" [Observações sobre o vício da cocaína e o temor da cocaína] (com referência a uma palestra de W. A. Hammond).
Ibid., v. 37 (1887).

18. "Über Hemianopsie im frühesten Kindesalter" [Sobre a hemianopsia na primeira infância].
Ibid., v. 38 (1888).

19. *Zur Auffassung der Aphasien. Eine kritische Studie* [*A compreensão das afasias: Um estudo crítico*].*
Viena: Franz Deuticke, 1891.

20. "Klinische Studie über die halbseitige Cerebrallähmung der Kinder" [Estudo clínico sobre a para-

---

* Esse livro é considerado a mais importante contribuição de Freud à neurologia. Dele há duas edições brasileiras, ambas com o título *Sobre a concepção das afasias*: uma da editora Autêntica, com tradução de Emiliano de Brito Rossi (2013), e outra da Zahar, no volume *Afasias* (que inclui ensaio de L. A. Garcia-Roza), com tradução de Renata Dias Mundt (2014). Uma edição portuguesa anterior intitulava-se *A interpretação das afasias* (Lisboa: Edições 70, 2003).

lisia cerebral unilateral na criança] (em colaboração com o dr. O. Rie).
N. 3 de *Contribuições à pediatria*, editada pelo dr. M. Kassowitz (1891).

21. "Ein Fall von hypnotischer Heilung nebst Bemerkungen über die Entstehung hysterischer Symptome durch den 'Gegenwillen'" [Um caso de cura por hipnose, com observações sobre o surgimento de sintomas histéricos devido à "contravontade"].
Z. Hypn., n. 3-4 (1892-3).

22. "Charcot".
Wien. med. Wschr., v. 43 (1893).

23. "Über ein Symptom, das häufig die Enuresis nocturna der Kinder begleitet" [Sobre um sintoma que frequentemente acompanha a enurese noturna da criança].
Neurol. Zbl., v. 12 (1893).

24. "Über den psychischen Mechanismus hysterischer Phänomene" [Sobre o mecanismo psíquico dos fenômenos histéricos] (comunicação preliminar, em colaboração com o dr. J. Breuer).
Ibid., v. 12 (1893).

25. "Zur Kenntnis der cerebralen Diplegien des Kindesalters (im Anschlusse an die Little'sche Krankheit)" [Contribuição ao conhecimento das diplegias cerebrais infantis (com referência à doença de Little)].

N. 3, Nova Série de *Beiträge zur Kinderheilkunde* [*Contribuições à pediatria*], editada pelo dr. M. Kassowitz (1893).

26. "Über familiäre Formen von cerebralen Diplegien" [Sobre formas familiares de diplegias cerebrais].
Neurol. Zbl., v. 12, n. 15 e 16 (1893).

27. "Les Diplégies cérébrales infantiles".
Rev. Neurol., v. 1 (1893).

28. "Quelques Considérations pour une étude comparative des paralysies motrices organiques et hystériques".
Arch. neurol., v. 26 (1893).

29. "Die Abwehr-Neuropsychosen" [As neuropsicoses de defesa].
Neurol. Zbl., v. 13, n. 10 e 11 (1894).

30. "Obsessions et phobies".
Rev. Neurol., v. 3 (1895).

31. *Studien über Hysterie* [Estudos sobre a histeria] (em colaboração com o dr. J. Breuer). Viena: Franz Deuticke, 1895.

32. "Über die Berechtigung, von der Neurasthenie einen bestimmten Symptomkomplex als Angstneurose abzutrennen" [Sobre os motivos para separar da

neurastenia um complexo de sintomas, a "neurose de angústia"].
Neurol. Zbl., v. 14, n. 2 (1895).

33. "Zur Kritik de 'Angstneurose'" [A crítica à "neurose de angústia"].
Wien. klin. Rdsch., v. 9, n. 27-9 (1895).

34. "Über die Bernhardt'sche Sensibilitätsstörung am Oberschenkel" [Sobre o distúrbio de Bernhardt, de sensibilidade na coxa].
Neurol. Zbl., v. 14, n. 11 (1895).

35. "Weitere Bemerkungen über die Abwehr-Neuropsychosen" [Novas observações sobre as neuropsicoses de defesa].
Ibid., v. 15, n. 10 (1896).

36. "Zur Ätiologie der Hysterie" [A etiologia da histeria].
Wien. klin. Rdsch., v. 10, n. 22-6 (1896).

37. "L'Hérédité et l'étiologie des névroses".
Rev. Neurol., v. 4 (1896).

38. "Die infantile Cerebrallähmung" [A paralisia cerebral infantil].
Handbuch der speziellen Pathologie und Therapie, de Nothnagel, v. 9, tomo 2, 1897.

APÊNDICE

A. OBRAS REALIZADAS SOB MINHA INFLUÊNCIA

E. Rosenthal. *Contribution à l'étude des diplégies cérébrales de l'enfance*. Thèse de Lyon (Médaille d'argent), 1892.

L. Rosenberg, *Casuistische Beiträge zur Kenntnis der cerebralen Kinderlähmungen und der Epilepsie*. (N. 4 da Nova Série de *Contribuições à pediatria*, editada pelo dr. M. Kassowitz (1893).

B. TRADUÇÕES DO FRANCÊS

J.-M. Charcot, *Neue Vorlesungen über die Krankheiten des Nervensystems, insbesondere über Hysterie* (Viena: Toeplitz & Deuticke, 1886).

H. Bernheim, *Die Suggestion und ihre Heilwirkung* (Viena: Franz Deuticke [1889-9], 2. ed., 1896).

H. Bernheim, *Neue Studien über Hypnotismus, Suggestion und Psychotherapie* (Viena: Franz Deuticke, 1892).

J.-M. Charcot, *Poliklinische Vorträge*, v. 1 (*Leçons du mardi*). Com notas do tradutor (Viena: Franz Deuticke, 1892-4).

NOTA AUTOBIOGRÁFICA (1901 [1899])*

FREUD, SIGMUND, Viena. Nascido em 6 de maio de 1856, em Freiberg, na Morávia. Estudou em Viena, aluno do fisiologista Brücke, formou-se em medicina em 1881, discípulo de Charcot em Paris, 1885-6, nomeado *Privatdozent* [algo como docente-livre ou conferencista] de neuropatologia em Viena em 1885, atua como médico e como docente da Universidade de Viena desde 1886, indicado como *professor extraordinarius* em 1897. Freud escreveu inicialmente trabalhos de histologia e anatomia cerebral, depois textos clínicos sobre neuropatologia, traduziu obras de Charcot e Bernheim. Em 1884, publicou "Sobre a cocaína", trabalho que introduziu a cocaína na medicina; em 1891, *A compreensão das afasias*; em 1891 e 1893, monografias sobre a paralisia cerebral infantil, que resultaram, em 1897, no volume sobre o tema do *Handbuch*, de Nothnagel; em 1895, *Estudos sobre a histeria* (com o dr. Josef Breuer). Desde então, Freud se voltou para o estudo das psiconeuroses, em especial da histeria, e numa série de escritos menores enfatizou a importância etiológica da vida sexual para as neuroses; também desenvolveu uma nova psicoterapia da histeria, da qual muito pouco foi publicado. Um livro, *A interpretação dos sonhos*, está no prelo.

* Publicada primeiramente em J. L. Pagel (org.), *Biographisches Lexicon hervorragender Ärzte des neunzehnten Jahrhunderts* [Dicionário biográfico de médicos eminentes do século XIX], Berlim e Viena: Urban & Schwarzenberg. Traduzida de *Gesammelte Werke. Nachtragsband*, p. 371.

ÍNDICE REMISSIVO

AS INDICAÇÕES *NA* E *NT* DESIGNAM
AS NOTAS DO AUTOR E DO TRADUTOR,
RESPECTIVAMENTE.

ÍNDICE REMISSIVO

"ab-reação", 46, 52, 67
abstinência, 79, 96-8, 107-9, 113, 118, 129, 150, 240
abuso(s), 152-3, 163, 173, 213-4, 223
ação adequada, 106-7; *ver também* desafogo psíquico; satisfação sexual
"acumulação da excitação", 114; *ver também* excitação, excitações
Adão, mito de, 18
adolescentes, 95; *ver também* puberdade; virginal, angústia
afeição, 112-3
afeto(s), 26-7, 35, 37-8, 40, 44-8, 52, 54-5, 57-60, 62, 64-5, 67, 91, 108, 110-1, 120, 161, 165, 169-72, 174, 271, 279, 283
agorafobia, 64, 78, 90, 121-2, 240
agressividade, agressão, agressões, 156-7, 167-8, 173, 215, 230
alcoólatra, 103
Alemanha, 29
alimentação, 248
Alpes, 291-3
alucinação, alucinações, 39, 66, 88, 93, 178-80, 184, 187, 189, 283
amnésia, 272, 277; *ver também* esquecimento
amor, 72-3, 75, 290, 294
Amorrortu, 61NT, 284NT
Análise fragmentária de uma histeria (Freud), 14NT
análise psíquica, 52, 78, 173; *ver também* psicanálise

analogia(s), 35, 38, 96, 185-6, 193, 271, 277
anamnese, 100-1, 118, 125-6, 192-3, 217, 254
anestesia, 235
angústia, 41, 60, 64, 70, 74, 78-80, 83-105, 107-15, 117-33, 135-6, 138, 144, 149-51, 157, 165-7, 172, 205, 224, 240-2, 250, 252-4, 260, 311
Année psychologique, L' (periódico), 278
ansiedade, 70, 77, 85-6, 89, 240
anticonceptivos, meios, 252; *ver também coitus interruptus*; *coitus reservatus*; intercurso preventivo
apoplexia, 123
aritmomania, 74, 174
arritmia cardíaca, 87
arteriosclerose, 82
ataque cardíaco, 101, 114
ato sexual *ver* coito
atrofiamento do instinto sexual feminino, 106
autorrecriminações, 61-2, 71-2, 230; *ver também* recriminação, recriminações

babá(s), 163-4, 213-4, 286-7, 297
bacilo de Koch, 135, 216
Beard, 82, 142, 144, 146-7
bem-estar, 100, 296
Bernheim, 31, 312-3
blasfêmias, 47
Boltraffio, 266-7, 269-71
Boringhieri, 61NT, 284NT
Bósnia, 265, 269, 273

ÍNDICE REMISSIVO

Botticelli, 266-7, 269, 271
Breuer, 13, 30, 33, 36-8, 40-1, 43, 50-1, 53NA, 55-6, 77, 151, 160-1, 177, 179, 194-5, 197, 200, 203, 225NT, 231, 257-8, 309-10, 313

Cäcilie M., 42NT
caquexias, 82
Carone, A. M., 284NT
cartas, jogo de, 273
casamento, 63, 66, 72, 102, 112, 186, 251, 292, 295
"catártico", método (Breuer), 55, 257
causas concorrentes ou acessórias das neuroses, 134-5, 145-7, 155; *ver também* neurose(s), neurótica(s), neurótico(s)
cefalastenia, 102
cérebro, 21, 30, 106, 225, 245; *ver também* sistema nervoso
cerimonial obsessivo, 173-5
Charcot, 14, 16, 18-27, 29-31, 33-8, 79, 140, 142, 156, 192, 197, 203, 217, 309, 312-3
Chiste e sua relação com o inconsciente, O (Freud), 14NT
cirrose, 103
cisão da consciência, 27, 50-3, 56-7
classe trabalhadora, 28, 217
climatério, 96-7, 108-9
coação, 85, 171, 209
cocaína, 250, 306, 308, 313
cogitar, mania de, 91
coito, 79, 95-7, 99, 104, 107, 110, 125, 150, 161, 208, 212, 252

"Coito na infância" (Stekel), 213
coitus interruptus, 79, 95, 97-104, 108-10, 112-3, 118, 123-5, 240-1, 246
coitus reservatus, 95, 112-3
cólera, 70, 73
comoção, 34, 121, 123, 135, 147-8, 192
Compreensão das afasias, A (Freud), 308, 313
concepções no casamento, número de, 251-2
congestões, 88, 92
consciência, 21, 24, 27, 48, 50-3, 55-9, 61-2, 64, 75, 77, 86, 154, 169-70, 172-3, 175, 180, 186, 188-9, 200, 210, 218, 222, 228, 231, 235-6, 297, 301
conscienciosidade, 169, 174-5, 188
conscientes, atos e processos, 156, 174, 219, 226, 228, 269, 295, 300, 302
constipação, 93, 149, 240
"Construções na Análise" (Freud), 266NT
conversão, 54-7, 60, 65, 93, 114, 176
convulsão epiléptica, 129; *ver também* epilepsia
coreia, 123, 137, 142
córtex cerebral, 106
criança(s), 42, 88, 152, 154, 162-3, 177, 181, 189, 212-5, 223-4, 256, 258-9, 276-7, 279-80, 283, 286-7, 301, 309; *ver também* infância, infantil, infantis
Cuvier, 18

317

ÍNDICE REMISSIVO

defecação, 60, 222
defesa, neuropsicoses de, 49-67, 161, 163, 165, 167, 169, 171, 173, 175, 177, 179, 181, 183, 185, 187, 189
"defesa primária", 175, 188
"defesa secundária", 172-5, 189
defloração, 294, 296-7
deformação, 187, 189, 261
degeneração, 29, 51, 54, 57, 69, 144, 255
delírio(s), 34, 47, 103, 172, 179, 190, 257
dementia praecox, 184
demônio, 27, 30
depressão, 249-50
Der neurasthenische Angstaffekt bei Zwangsvorstellungen und der primordiale Grübelzwang (Kaan), 83NA
Des Peurs Maladives ou phobies (Gélineau), 69NA
desafogo psíquico, 106-7, 113; *ver também* ação adequada; satisfação sexual
desconfiança, 62, 73, 152, 169, 172, 186, 188
desejo(s), 16, 48, 62, 72-3, 105, 109, 123, 156-7, 204, 295-6, 298
Deus, 18
devaneios, 62
diabetes, 147
diarreia, 92-3, 150
dipsomania, 174
dispepsia, 82, 149, 240, 242, 247
dispneia, 87-8, 110, 114, 130, 150
dissimilar vs. similar, hereditariedade, 142; *ver também* hereditariedade
dor(es), 36, 42-4, 85, 93, 114, 202, 222, 229, 240, 242, 260, 279
Duchenne, 20
dúvida, mania de, 74-5, 86, 92, 174

ejaculação, 96-7
ejaculatio praecox, 95, 109
Elisabeth von R., 53NA
Emmy von N., 39NT, 228NT
emoção, emoções, emocional, 56, 70-1, 73, 77-8, 151, 154, 244, 255, 279, 289
"empobrecimento da excitação", 114; *ver também* excitação, excitações
empregados domésticos, 163
encobridoras, lembranças, 275-303; *ver também* lembrança(s); memória
Eneida (Virgílio), 295NT
"Enquête sur les premiers souvenirs de l'enfance" (V. e C. Henri), 278
entorpecimento, 174
epilepsia, 29, 128-30, 143, 147
Erb, 142
ereção, 62-3
erótica(s), erótico(s), 47, 53, 62-3
"erros de raciocínio", 284
escleroses, 19-20
espécie humana *ver* ser humano
especulação, mania de, 74, 80
espinhal, reflexo, 106
esquecimento, 44, 46, 52-3, 264-

5, 267, 271, 274; *ver também* amnésia

Estudos sobre a histeria (Breuer e Freud), 13, 36, 39NT, 42NT, 52NA, 53NA, 77NT, 151NA, 160, 180, 183NT, 194NT, 202NT, 225NT, 228NT, 231NT, 257-8, 310, 313

État mental des hystériques (Janet), 51NA

etiologia da histeria, 191-231; *ver também* histeria, histérica(s), histéricos(s)

etiologia das neuroses, 103, 139-58, 232-62; *ver também* neurose(s), neurótica(s), neurótico(s)

Eu, o, 27, 52, 54-5, 60-1, 64, 66, 76-7, 160, 172, 175, 186, 189-90, 218, 301

"excesso de trabalho" *ver* "trabalho excessivo"

excitação, excitações, 44-5, 54-6, 60-1, 67, 79, 84, 96-7, 104-15, 122, 128-30, 150, 152, 154, 158, 161, 164, 166, 206, 228, 240, 247

expectativa angustiada, 85-6, 89-90, 92, 121; *ver também* angústia

fadiga, 149, 240
fala, distúrbio da, 41
felicidade, 234, 261
filho(s), 22, 39, 41, 63, 66, 72, 76, 85, 100, 102, 122-3, 125, 177, 184, 213, 246, 251, 253, 261, 289
flatulência, 82

Flechsig, 20
Fliess, Wilhelm, 91NT, 256
flores, 287-8, 291, 293-4, 297
fobia(s), 50, 52, 54, 57-8, 60, 62-4, 67, 69-70, 74, 77-80, 89-92, 121, 130-1, 150, 164, 174-5, 259-61, 285-6
fome intensa, 87-8
forças motrizes, 294
Fournier, 142
Fra Angelico, 266
França, 16-7, 29, 31, 140
Freiberg (Morávia), 313
freiras, 47
Friedreich, doença de, 142
Fritsch, 20
fruste, irritation génésique, 79NT

Gambetta, 23
Gélineau, 69NA
genital, genitais, 76, 126, 150, 152, 161, 166, 178, 184, 206, 212, 222, 224, 234, 256
gônadas, 256
gozo, 150, 250
gravidez, 63, 100, 246
Guinon, 140

hábitos(s), 164, 249-50; *ver também* vício
Hecker, 83, 87, 117
Heiterethei, Die (Ludwig), 185, 283
Henri, V. e C., 278-80, 285, 298, 301-2
hereditariedade, 29, 31, 76, 120, 127, 132-3, 135-7, 139-58, 163, 192, 207, 216, 244, 248

Herzegovina, 265, 267-9, 273
hesitação *ver* dúvida, mania de
hidrofobia, 40
hidroterapia, 101, 178, 180, 238, 247-9, 260
hiperestesia auditiva, 84-5
hipnoides, histerias, 48, 52
hipnose, 30-1, 35, 39-40, 43-4, 48, 56, 60, 197, 257, 309
hipocondria, 85, 98, 172
hipocondríacos, 74
histeria, histérica(s), histéricos(s), 26-30, 33-43, 46-8, 50-7, 60-1, 64-5, 67, 70, 76-7, 84, 86, 88, 93, 95-6, 102, 104, 111-5, 120, 124-5, 138, 140, 143-4, 147, 151-8, 160-8, 176, 179-81, 183, 189, 192-209, 212-22, 224-30, 238-9, 243, 254, 257-61, 271-2, 276-7, 295, 300, 308-9, 311, 313
histologia, 23, 231, 313
Hitzig, 20
homens, 23, 28-9, 72, 94, 96-8, 100, 107-8, 113, 125, 157, 162, 205, 214, 230, 249, 253
Huntington, coreia de, 142

idade do conteúdo das primeiras lembranças infantis, 278-80; *ver também* lembrança(s); memória
Idade Média, 27, 30
ideia original vs. ideia substitutiva, 71, 73
imagem mnêmica, 221, 280-1, 301; *ver também* lembrança(s); memória

imoralidade infantil, 168
"Imperative Ideas" (Tuke), 69NA
impotência sexual, 79, 95, 97-8, 125, 223, 241, 252-3
impulso(s), 60, 63, 73-4, 106-7, 174, 256, 294-5, 302
inconsciente, o, 77, 151-2, 154-7, 160, 162, 180, 183, 186, 198, 218-9, 221, 228, 274, 293-6
inconscientes, atos e processos, 156, 180, 218-9, 221, 228-9, 231, 257, 294
incontinência urinária, 73; *ver também* urinar
incubação, 34
inervação, 54-6, 60-1, 87, 176
infância, infantil, infantis, 40-1, 152-4, 156-8, 161-8, 170-1, 176, 181, 183-4, 186, 188, 204, 206-25, 227, 229-30, 239, 255-7, 276-85, 287-9, 291-303, 308-9, 311, 313; *ver também* criança(s)
Inibição, sintoma e angústia (Freud), 86NT, 176NT
inocência, 234, 280, 295-6
insônia, 41, 85, 88, 150, 240
instinto(s), instintuais, 106, 204, 253, 256
intercurso preventivo, 95; *ver também coitus interruptus; coitus reservatus*
Interpretação dos sonhos, A (Freud), 13, 257, 282NT, 298NT, 313
irmã, 72, 76, 157, 163-4, 181, 212, 224, 286-7
irmão, 152, 157, 163-4, 179, 181-3, 212, 217

ÍNDICE REMISSIVO

irritabilidade, 84, 150
irritação genésica fruste, 79
Itália, 265

Janet, 30, 50-1, 56, 64, 140, 155
Juízo Final, 265, 268

Kaan, 83
Kneipp, 101, 246

"larvares", estados de angústia, 87
lembrança(s), 27, 40, 44, 46-7, 60, 69, 76-8, 90, 152-6, 158, 162, 164-7, 169-70, 172-6, 180-2, 185, 190, 198-202, 204, 206-7, 209, 215, 218-21, 227-8, 266-7, 271-3, 276-90, 293-303; *ver também* memória
libertinos, 223
libido, libidinal, libidinais, 97, 105-10, 120, 131, 163, 168, 215, 240, 256
Liébault, 31
locomoção, 78, 89-90, 150
Löwenfeld, Leopold, 13, 119-22, 124-30, 132, 138
Lucy R., 53NA
Ludwig, O., 185, 283

Macbeth, lady (personagem), 76
mãe, 40, 66, 72-3, 102, 122-3, 173, 177, 181
Mal-estar na civilização, O (Freud), 86NT
malthusianismo, 251
manicômios, 66
masturbação, 62, 71-2, 97-8, 107, 112-3, 149-50, 163, 240-2, 247, 249-50, 252, 298-9
maturação sexual, 152, 162, 166-7, 169, 239
medicina, 16, 18, 72, 118, 233, 252, 261, 313
medidas protetoras, 91, 172, 174
medo *ver* angústia; fobia(s)
medula, 20, 305, 307
melancolia, 82, 111, 172, 259
memória, 75, 77, 121, 174, 190, 194, 207, 264-8, 271-3, 276-82, 286-9, 293-4, 300, 302; *ver também* lembrança(s)
menopausa, 109
metabolismo, 28
meticulosidade, 174
misofobia (medo de sujeira), 76
mitos gregos, 284
Möbius, 82, 92
Morávia, 313
morfina, 250
morte, 16, 19, 78, 85, 101-2, 121, 123, 258, 268-9, 280
mulher(es), 16, 23, 36, 41, 53, 62, 71-6, 79, 85, 94-100, 102, 104, 106-9, 112, 121-3, 125, 130, 157, 162-3, 177-8, 180-1, 186, 189, 212, 214-5, 224, 230, 235-6, 248, 252, 261, 279, 283, 287
músculos, 93

narcóticos, 250
nervos/terminações nervosas, 106, 137, 233; *ver também* sistema nervoso
nervosismo, 236

neurastenia, neurastênica(s), neurastênico(s), 64, 69, 79, 82-4, 86, 88, 93, 97-8, 101-2, 107, 109, 111-5, 117, 120, 123, 138, 142, 144-7, 149-51, 157, 166-7, 172, 238-50, 252-4, 311
neurologia, neurologista(s), 16, 82, 117, 308
Neurologisches Zentralblatt (periódico), 51, 90, 117, 145, 160, 165, 233
neuropatia(s), 31, 141-3
neurose(s), neurótica(s), neurótico(s), 13, 26, 28-33, 48, 50, 54, 57, 64, 67, 69, 78-80, 82-6, 88-105, 107-15, 117-28, 130-3, 135-8, 140, 144-58, 160-1, 163-8, 170-2, 175-7, 180, 188-90, 192, 204, 206-7, 209, 211-3, 215-8, 223-4, 227, 229-30, 233-46, 250-4, 257, 259, 271, 276-7, 280, 283-4, 311, 313; *ver também* etiologia das neuroses
nojo, 40, 184, 195-6, 223
nosografia, 18, 144
Nothnagel, 311, 313

obsessão, obsessões, obsessiva(s), obsessivo(s), 13, 50, 52-4, 57-61, 63-4, 67, 69-80, 85, 90-2, 96, 111-4, 144, 147, 151-2, 156-8, 160, 162-3, 166-76, 180-1, 188-90, 209, 214, 229-30, 238, 243, 254, 257-61, 271, 276

obstipação, 82
ocasião, fobias de, 78
ódio, 70, 72
onanismo *ver* masturbação
opinião pública, 253
Oppenheim, 56
Orvieto (Itália), 265, 267

P., sra., 177, 179, 182, 185, 187
Pagel, J. L., 313NT
pai, 23, 36, 39, 53, 76, 101-2, 121, 123, 261, 267, 289-90, 292-3
pais, 177, 182, 204, 213, 234, 253, 280, 286; *ver também* mãe
palavra como substituto do ato, 45
Palavras de Freud, As (Souza), 107NT, 282NT
palpitações, 87, 121, 130
paralisia(s), 17, 20, 28, 30, 34-6, 38, 82, 122, 142, 242, 311, 313
paralisia cerebral infantil, 313
paralysis agitans, 123
paranoia, 176-7, 179-83, 187-90, 229, 271, 282-3
paraplegia histérica, 224
parestesias, 85, 88, 93, 114, 149, 222
Parkinson, doença de, 147
Pascal, 69
Pathologie und Therapie der Neurasthenie und Hysterie (Löwenfeld), 119
patofobia, 74
pavor, 38, 47, 85, 88, 104, 120-1, 123, 125, 135

pavor nocturnus, 88
penitência, medidas de, 174
pesquisa anamnésica *ver* anamnese
Peyer, 92
Pinel, 24, 26
polução, poluções, 73, 107-8, 130, 149, 240
potência masculina insuficiente *ver* impotência sexual
prazer, prazerosa(s), prazeroso(s), 18, 105, 156-7, 168-9, 230, 252, 267-8, 295
preservativo, coito com, 95
primo(s), 76, 164, 215, 287, 291, 297
profilaxia, 252-3
projeção, 188
pronomes de tratamento, 285NT
próstata, 92
pseudoangina pectoris, 87
psicanálise, 151-2, 154-5, 160, 162, 164, 173, 177, 190, 209, 212, 243, 257, 259, 285, 294NT; *ver também* análise psíquica
"psicastenia", 57
psiconeuroses *ver* neurose(s), neurótica(s), neurótico(s)
Psicopatologia da vida cotidiana (Freud), 14NT, 266NT
psicose(s), 50, 53, 56-7, 61-2, 65-7, 82, 176-7, 184, 229
psicoterapia, 91, 257, 313; *ver também* terapia
psique, 106-8, 110, 171, 276, 279; *ver também* vida psíquica

psiquiatria, 177, 231
Psychichen Zwangserscheinungen, Die (Löwenfeld), 13
puberdade, 152, 154-6, 161, 164, 166, 204-7, 213-4, 218-9, 256
pudor, 186, 234-5, 253
puritanismo médico, 234-5

"Quelques Définitions récentes de l'hystérie" (Janet), 51NA, 56NA
Questão da análise leiga, A (Freud), 285NT

raciocínio, 170, 227, 284
Ragusa (Croácia), 265, 268
recriminação, recriminações, 61, 157, 168-73, 175, 179, 181-2, 186-9, 227; *ver também* autorrecriminações
religiosa, angústia, 172
reminiscências, 162, 210; *ver também* lembrança(s)
remorso, 70
repouso, 73, 129, 248
repressão, repressões, reprimida(s), reprimido(s), 55, 60, 64, 91, 109, 160, 164-6, 168-72, 174-6, 180-84, 186, 188-90, 218, 267-71, 273, 282-3, 295, 302
repugnância, 72, 179
respiração, 74, 87, 110
retenção, histerias de, 52
retorno do reprimido, 169, 172, 174, 184, 186, 188-9
reumáticos, músculos, 93
Revolução Francesa (1789), 24

ÍNDICE REMISSIVO

Revue Neurologique (periódico), 92, 233
Rosenberg, 312
Rosenthal, 312

Salpêtrière (clínica/escola), 16-9, 21, 23-4, 26, 30
sanatório(s), 163, 247, 250, 260
satisfação sexual, 79, 95-7, 105, 112, 118, 125, 149, 223, 240, 247, 250, 252, 296
saúde, 44, 52, 56, 85, 122, 147, 169, 252, 258, 270
sedução, 152, 157, 163, 167-8, 213, 215, 224
senescência, 97, 108
sensação, sensações, 35, 55, 62-3, 73, 85, 87, 89-90, 92-4, 107, 109, 149, 178, 180, 183-5, 205-6, 209, 222-3, 229, 252, 265, 293, 297
sensibilidade, 84, 93, 95, 204, 226, 240, 252, 307, 311
sentimento(s), 52-3, 72, 86-7, 210, 223, 236, 277
ser humano, 60, 256, 284
sexualidade, sexual, sexuais, 13, 53, 57-60, 62-4, 71, 79, 94-9, 101-10, 113, 115, 117-21, 124-6, 128-32, 135-6, 138, 148-58, 161-71, 173, 183, 188, 202-10, 212-24, 229-30, 232-62, 267-70, 295-6, 313; *ver também* vida sexual/*vita sexualis*
Sexualleben und Nervenleiden (Löwenfeld), 13
sífilis, 31, 142, 193
Signorelli, 266-7, 269, 271

similar vs. dissimilar, hereditariedade, 142; *ver também* hereditariedade
sintoma(s), 17, 28, 33, 35-44, 48, 50, 54-5, 61, 64, 67, 69-70, 74, 76-80, 82-4, 86-8, 92-3, 96, 98-9, 101, 110-5, 117, 120, 131, 138, 151, 154-5, 157, 160-1, 164, 168-9, 172, 174-6, 178-9, 184, 186, 188-90, 192-208, 212-3, 217-22, 224-5, 229, 237-8, 240-1, 243-4, 246-7, 249, 258, 260, 270-1, 283, 300, 306, 309, 311
sistema nervoso, 44-5, 47, 78, 94, 103, 110-1, 127-9, 137, 140, 240, 305-6; *ver também* nervos/terminações nervosas
"Sobre a cocaína" (Freud), 306, 313
sonambulismo, 30
sono, 27, 41, 56, 247
Stekel, 213
Strachey, James, 52NT, 54NT, 79NT, 90NT, 151NT, 160NT, 169NT, 176NT, 184NT, 188NT, 285NT
Strümpell, 56
substituição, 71-2, 76-8, 80, 91, 113, 142, 157, 176, 189, 267, 269, 271, 282-3, 302
sujeira, 60, 76, 173
suor(es), 87-8, 110, 130, 150
superstição, 174

taquicardia, 87, 150
tensão libidinal, 106; *ver também* libido, libidinal, libidinais

terapia, 24, 48, 64, 100, 127, 137, 147, 160, 238, 246-9, 251, 255, 258-9, 261, 271
terminações nervosas *ver* nervos
Thomsen, doença de, 137, 142
tifo, 244, 261
tique(s), 39-40, 76
tontura, 88
topografia cerebral, 21; *ver também* cérebro
Tourette, 140
"trabalho excessivo", 98, 109, 146, 245, 249
trabalhos científicos de Freud, lista dos (1877-97), 305-11
traço mnêmico, 54-5, 162, 164, 166, 300-1
Trafoi (Itália), 270
traição, temor da, 174
trauma(s), 27-8, 30, 34-6, 38-48, 102-3, 122, 155, 161-8, 186, 192, 197, 204-5, 211-2
tremor(es), 20, 121, 130, 150
Três ensaios sobre a teoria da sexualidade (Freud), 14NT, 167
tuberculose, 43, 135, 216
Tuke, 69NA
Türck, Ludwig, 20
Turquia, 235

"Über larvierte und abortive Angstzustände bei Neurasthenie" (Hecker), 83NA
urinar, 60, 62-3, 73, 93, 109, 222

varíola, 216
vergonha, 169, 171, 181, 279

vertigem, 88-90, 93-4, 98-9, 130, 150, 240, 247
vesículas seminais, 106-7
vício, 91, 250, 308; *ver também* hábitos(s)
vida psíquica, 33, 44, 105, 155, 171, 194, 262, 283, 296, 302; *ver também* psique
vida sexual/*vita sexualis*, 57, 71, 94, 98, 124-6, 128-32, 136, 138, 148, 150-2, 157-8, 161, 166, 203, 206, 233-39, 241-2, 245, 250, 253, 255-6, 313; *ver também* sexualidade, sexual, sexuais
Viena, 22, 33, 67, 187, 213, 273-4, 305, 308, 310, 313
vigília, 27, 37, 48
Virgílio, 295NT
virginal, angústia, 95, 108, 113, 115, 165
viúvas, angústia das, 96
vômitos, 40, 195-6, 198-9, 202

Wiener klinischen Rundschau (periódico), 233
Wörishofen (Alemanha), 101NT, 246

xingamento, 45-6, 187

Young-Helmholtz, teoria de, 19

Zentralblatt für Neurologie (periódico), 33
zona motora do cérebro, 21
zonas histerogênicas, 28, 42; *ver também* histeria, histérica(s), histéricos(s)

**SIGMUND FREUD,
OBRAS COMPLETAS
EM 20 VOLUMES**

COORDENAÇÃO DE PAULO CÉSAR DE SOUZA

1. TEXTOS PRÉ-PSICANALÍTICOS (1886-1899)
2. ESTUDOS SOBRE A HISTERIA (1893-1895)
3. PRIMEIROS ESCRITOS PSICANALÍTICOS (1893-1899)
4. A INTERPRETAÇÃO DOS SONHOS (1900)
5. PSICOPATOLOGIA DA VIDA COTIDIANA E SOBRE OS SONHOS (1901)
6. TRÊS ENSAIOS SOBRE A TEORIA DA SEXUALIDADE, ANÁLISE FRAGMENTÁRIA DE UMA HISTERIA ("O CASO DORA") E OUTROS TEXTOS (1901-1905)
7. O CHISTE E SUA RELAÇÃO COM O INCONSCIENTE (1905)
8. O DELÍRIO E OS SONHOS NA GRADIVA, ANÁLISE DA FOBIA DE UM GAROTO DE CINCO ANOS ("O PEQUENO HANS") E OUTROS TEXTOS (1906-1909)
9. OBSERVAÇÕES SOBRE UM CASO DE NEUROSE OBSESSIVA ("O HOMEM DOS RATOS"), UMA RECORDAÇÃO DE INFÂNCIA DE LEONARDO DA VINCI E OUTROS TEXTOS (1909-1910)
10. OBSERVAÇÕES PSICANALÍTICAS SOBRE UM CASO DE PARANOIA RELATADO EM AUTOBIOGRAFIA ("O CASO SCHREBER"), ARTIGOS SOBRE TÉCNICA E OUTROS TEXTOS (1911-1913)
11. TOTEM E TABU, HISTÓRIA DO MOVIMENTO PSICANALÍTICO E OUTROS TEXTOS (1913-1914)
12. INTRODUÇÃO AO NARCISISMO, ENSAIOS DE METAPSICOLOGIA E OUTROS TEXTOS (1914-1916)
13. CONFERÊNCIAS INTRODUTÓRIAS À PSICANÁLISE (1915-1917)
14. HISTÓRIA DE UMA NEUROSE INFANTIL ("O HOMEM DOS LOBOS"), ALÉM DO PRINCÍPIO DO PRAZER E OUTROS TEXTOS (1917-1920)
15. PSICOLOGIA DAS MASSAS E ANÁLISE DO EU E OUTROS TEXTOS (1920-1923)
16. O EU E O ID, ESTUDO AUTOBIOGRÁFICO E OUTROS TEXTOS (1923-1925)
17. INIBIÇÃO, SINTOMA E ANGÚSTIA, O FUTURO DE UMA ILUSÃO E OUTROS TEXTOS (1926-1929)
18. O MAL-ESTAR NA CIVILIZAÇÃO, NOVAS CONFERÊNCIAS INTRODUTÓRIAS E OUTROS TEXTOS (1930-1936)
19. MOISÉS E O MONOTEÍSMO, COMPÊNDIO DE PSICANÁLISE E OUTROS TEXTOS (1937-1939)
20. ÍNDICES E BIBLIOGRAFIA

PARA MAIS INFORMAÇÕES SOBRE OS VOLUMES PUBLICADOS, ACESSE:
www.companhiadasletras.com.br

ESTA OBRA FOI COMPOSTA
EM FOURNIER E CONDUIT
POR RAUL LOUREIRO
E IMPRESSA EM OFSETE PELA
GEOGRÁFICA SOBRE PAPEL
PÓLEN DA SUZANO S.A.
PARA A EDITORA SCHWARCZ
EM JULHO DE 2024

A marca FSC® é a garantia de que a madeira utilizada na fabricação do papel deste livro provém de florestas que foram gerenciadas de maneira ambientalmente correta, socialmente justa e economicamente viável, além de outras fontes de origem controlada.

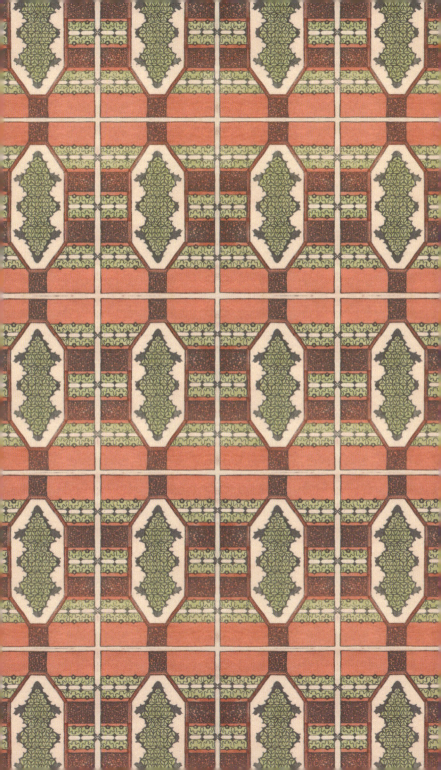

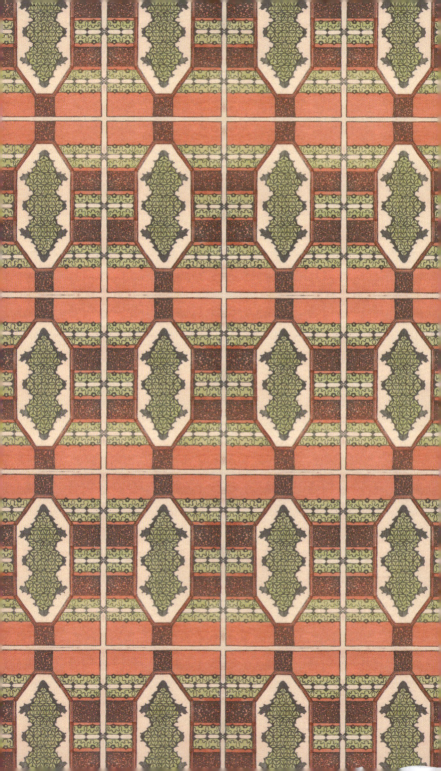